PROCEDIMENTO E PROCESSO ADMINISTRATIVOS

JOSÉ CASALTA NABAIS

PROCEDIMENTO E PROCESSO ADMINISTRATIVOS

6.ª EDIÇÃO

3.ª Reimpressão

ALMEDINA

PROCEDIMENTO E PROCESSO ADMINISTRATIVOS

AUTOR
JOSÉ CASALTA NABAIS

EDITOR
EDIÇÕES ALMEDINA, SA
Av. Fernão Magalhães, n.° 584, 5.° Andar
3000-174 Coimbra
Tel.: 239 851 904
Fax: 239 851 901
www.almedina.net
editora@almedina.net

PRÉ-IMPRESSÃO | IMPRESSÃO | ACABAMENTO
G.C. GRÁFICA DE COIMBRA, LDA.
Palheira – Assafarge
3001-453 Coimbra
producao@graficadecoimbra.pt

Janeiro, 2011

DEPÓSITO LEGAL
299845/09

Biblioteca Nacional de Portugal – Catalogação na Publicação

PORTUGAL. Leis, decretos, etc.

Procedimento e processo administrativos / [org.] José
Casalta Nabais. – 6ª ed. – (Códigos simples)
ISBN 978-972-40-3974-9

I – NABAIS, José Casalta

CDU 342
35.07

CONSTITUIÇÃO DA REPÚBLICA PORTUGUESA

ARTIGO 20.°
(Acesso ao direito e tutela jurisdicional efectiva)

1. A todos é assegurado o acesso ao direito e aos tribunais para defesa dos seus direitos e interesses legalmente protegidos, não podendo a justiça ser denegada por insuficiência de meios económicos.

2. Todos têm direito, nos termos da lei, à informação e consulta jurídicas, ao patrocínio judiciário e a fazer-se acompanhar por advogado perante qualquer autoridade.

3. A lei define e assegura a adequada protecção do segredo de justiça.

4. Todos têm direito a que uma causa em que intervenham seja objecto de decisão em prazo razoável e mediante processo equitativo.

5. Para defesa dos direitos, liberdades e garantias pessoais, a lei assegura aos cidadãos procedimentos judiciais caracterizados pela celeridade e prioridade, de modo a obter tutela efectiva e em tempo útil contra ameaças ou violações desses direitos.

. . . .

ARTIGO 22.°
(Responsabilidade das entidades públicas)

O Estado e as demais entidades públicas são civilmente responsáveis, em forma solidária com os titulares dos seus órgãos, funcionários ou agentes, por acções ou omissões praticadas no exercício das suas funções e por causa desse exercício, de que resulte violação dos direitos, liberdades e garantias ou prejuízo para outrem.

. . . .

ARTIGO 52.°
(Direito de petição e direito de acção popular)

1. Todos os cidadãos têm o direito de apresentar, individual ou colectivamente, aos órgãos de soberania ou a quaisquer autoridades petições, representações, reclamações ou queixas para defesa dos seus direitos, da Constituição, das leis ou do interesse geral e bem assim o direito de serem informados, em prazo razoável, sobre o resultado da respectiva apreciação.

2. A lei fixa as condições em que as petições apresentadas colectivamente à Assembleia da República são apreciadas pelo Plenário.

3. É conferido a todos, pessoalmente ou através de associações de defesa dos interesses em causa, o direito de acção popular nos casos e termos previstos na lei, incluindo o direito de requerer para o lesado ou lesados a correspondente indemnização, nomeadamente para:

a) Promover a prevenção, a cessação ou a perseguição judicial das infracções contra a saúde pública, os direitos dos consumidores, a qualidade de vida e a preservação do ambiente e do património cultural;

b) Assegurar a defesa dos bens do Estado, das regiões autónomas e das autarquias locais.

. . . .

ARTIGO 209.°
(Categorias de tribunais)

1. Além do Tribunal Constitucional, existem as seguintes categorias de tribunais:

a) O Supremo Tribunal de Justiça e os tribunais judiciais de primeira e de segunda instância;

b) O Supremo Tribunal Administrativo e os demais tribunais administrativos e fiscais;

c) O Tribunal de Contas.

2. Podem existir tribunais marítimos, tribunais arbitrais e julgados de paz.

3. A lei determina os casos e as formas em que os tribunais previstos nos números anteriores se podem constituir, separada ou conjuntamente, em tribunais de conflitos.

4. Sem prejuízo do disposto quanto aos tribunais militares, é proibida a existência de tribunais com competência exclusiva para o julgamento de certas categorias de crimes.

. . . .

ARTIGO 212.°
(Tribunais administrativos e fiscais)

l. O Supremo Tribunal Administrativo é o órgão superior da hierarquia dos tribunais administrativos e fiscais, sem prejuízo da competência própria do Tribunal Constitucional.

2. O Presidente do Supremo Ttribunal Administrativo é eleito de entre e pelos respectivos juízes.

3. Compete aos tribunais administrativos e fiscais o julgamento das acções e recursos contenciosos que tenham por objecto dirimir os litígios emergentes das relações jurídicas administrativas e fiscais.

. . . .

TÍTULO IX
Administração Pública

ARTIGO 266.°
(Princípios fundamentais)

1. A Administração Pública visa a prossecução do interesse público no respeito pelos direitos e interesses legalmente protegidos dos cidadãos.

2. Os órgãos e agentes administrativos estão subordinados à Constituição e à lei e devem actuar, no exercício das suas funções, com respeito pelos princípios da igualdade, da proporcionalidade, da justiça, da imparcialidade e da boa-fé.

ARTIGO 267.°
(Estrutura da Administração)

1. A Administração Pública será estruturada de modo a evitar a burocratização, a aproximar os serviços das populações e a assegurar a participação dos interessados na sua gestão efectiva, designadamente por intermédio de associações públicas, organizações de moradores e outras formas de representação democrática.

2. Para efeito do disposto no número anterior, a lei estabelecerá adequadas formas de descentralização e desconcentração administrativas, sem prejuízo da necessária eficácia e unidade de acção da Administração e dos poderes de direcção, superintendência e tutela dos órgãos competentes.

3. A lei pode criar entidades administrativas independentes.

4. As associações públicas só podem ser constituídas para a satisfação de necessidades específicas, não podem exercer funções próprias das associações sindicais e têm organização interna baseada no respeito dos direitos dos seus membros e na formação democrática dos seus órgãos.

5. O processamento da actividade administrativa será objecto de lei especial, que assegurará a racionalização dos meios a utilizar pelos serviços e a participação dos cidadãos na formação das decisões ou deliberações que lhes disserem respeito.

6. As entidades privadas que exerçam poderes públicos podem ser sujeitas, nos termos da lei, a fiscalização administrativa.

ARTIGO 268.°
(Direitos e garantias dos administrados)

1. Os cidadãos têm o direito de ser informados pela Administração, sempre que o requeiram, sobre o andamento dos processos em que sejam directamente interessados, bem como o de conhecer as resoluções definitivas que sobre eles forem tomadas.

2. Os cidadãos têm também o direito de acesso aos arquivos e registos administrativos, sem prejuízo do disposto na lei em matérias relativas à segurança interna e externa, à investigação criminal e à intimidade das pessoas.

3. Os actos administrativos estão sujeitos a notificação aos interessados, na forma prevista na lei, e carecem de fundamentação expressa e acessível quando afectem direitos ou interesses legalmente protegidos.

4. É garantido aos administrados tutela jurisdicional efectiva dos seus direitos ou interesses legalmente protegidos, incluindo, nomeadamente, o reconhecimento desses direitos ou interesses, a impugnação de quaisquer actos administrativos que os lesem, independentemente da sua forma, a determinação da prática de actos administrativos legalmente devidos e a adopção de medidas cautelares adequadas.

5. Os cidadãos têm igualmente direito de impugnar as normas administrativas com eficácia externa lesivas dos seus direitos ou interesses legalmente protegidos.

6. Para efeitos dos n.ºs 1 e 2, a lei fixará um prazo máximo de resposta por parte da Administração.

. . . .

ARTIGO 271.°
(Responsabilidade dos funcionários e agentes)

1. Os funcionários e agentes do Estado e das demais entidades públicas são responsáveis civil, criminal e disciplinarmente pelas acções ou omissões praticadas no exercício das suas funções e por causa desse exercício de que resulte violação dos direitos ou interesses legalmente protegidos dos cidadãos, não dependendo a acção ou procedimento, em qualquer fase, de autorização hierárquica.

2. É excluída a responsabilidade do funcionário ou agente que actue no cumprimento de ordens ou instruções emanadas de legítimo superior hierárquico e em matéria de serviço, se previamente delas tiver reclamado ou tiver exigido a sua transmissão ou confirmação por escrito.

3. Cessa o dever de obediência sempre que o cumprimento das ordens ou instruções implique a prática de qualquer crime.

4. A lei regula os termos em que o Estado e as demais entidades públicas têm direito de regresso contra os titulares dos seus órgãos, funcionários e agentes.

PROCEDIMENTO ADMINISTRATIVO

Decreto-Lei n.° 442/91

de 15 de Novembro

1. O incremento constante das tarefas que à Administração Pública portuguesa cabe realizar nos mais diversos sectores da vida colectiva bem como a necessidade de reforçar a eficiência do seu agir e de garantir a participação dos cidadãos nas decisões que lhes digam respeito têm vindo a fazer sentir cada vez mais a necessidade de elaboração de uma disciplina geral do procedimento administrativo.

A Constituição de 1976, indo ao encontro do desejo generalizado de muitos especialistas e práticos, veio dispor no artigo 268.°, n.° 3, que "o processamento da actividade administrativa será objecto de lei especial, que assegurará a racionalização dos meios a utilizar pelos serviços e a participação dos cidadãos na formação das decisões que lhes disserem respeito".

Foi em cumprimento desse preceito constitucional – hoje o artigo 267.°, n.° 4 – e dos objectivos que há muito vinham sendo definidos que se elaborou o presente Código do Procedimento Administrativo.

2. Na elaboração deste Código tiveram-se em conta os ensinamentos do direito comparado e a larga experiência que já se pode colher da aplicação de leis de procedimento administrativo em países com sistemas político-administrativos tão diferentes como a Áustria, os Estados Unidos da América, a Espanha, a Jugoslávia e a Polónia, para apenas citar alguns dos mais importantes sob este ponto de vista. Particular atenção mereceu a Lei do Procedimento Administrativo da República Federal da Alemanha, publicada em 1976, e a riquíssima elaboração doutrinal a que deu lugar.

Foi, porém, na doutrina e na jurisprudência portuguesas que se recolheram, de maneira decisiva, muitas das soluções adoptadas, devendo igualmente mencionar-se os projectos anteriormente elaborados, que serviram como trabalhos preparatórios indispensáveis.

A primeira versão do projecto, com data de 1980, foi entretanto submetida a ampla discussão pública, em resultado da qual foi elaborada em 1982 uma segunda versão.

Finalmente em 1987 o Governo incumbiu um grupo de especialistas de preparar uma terceira versão.

É o resultado desse trabalho que constitui o presente diploma, tendo o texto sido ainda objecto de ajustamentos introduzidos após a audição dos diferentes departamentos ministeriais. Além disso, e muito embora a Assembleia da República não tenha apreciado o projecto na especialidade no âmbito do processo de concessão de autorização legistativa, ainda assim foi possível encontrar soluções de consenso que constituem aperfeiçoamentos da redacção final.

3. Nas primeiras versões do projecto deste diploma adoptava-se a designação tradicional entre nós de "processo administrativo gracioso"; a final perfilhou-se a designação mais moderna e mais rigorosa de "procedimento administrativo".

A nova nomenclatura é utilizada não tanto por razões teóricas como sobretudo por razões práticas, uma vez que se afigura ser mais facilmente compreensível para o grande público a noção de procedimento administrativo. Trata-se, no fundo, de regular juridicamente o modo de proceder da Administração perante os particulares. Daí a designação de Código do Procedimento Administrativo.

4. Um Código do Procedimento Administrativo visa sempre, fundamentalmente, alcançar cinco objectivos:

a) Disciplinar a organização e o funcionamento da Administração Pública, procurando racionalizar a actividade dos serviços;

b) Regular a formação da vontade da Administração, por forma a que sejam tomadas decisões justas, legais, úteis e oportunas;

c) Assegurar a informação dos interessados e a sua participação na formação das decisões que lhes digam directamente respeito;

d) Salvaguardar em geral a transparência da acção administrativa e o respeito pelos direitos e interesses legítimos dos cidadãos;

e) Evitar a burocratização e aproximar os serviços públicos das populações.

Até aqui, apesar de uma lei do procedimento administrativo haver sido prometida por sucessivos governos desde o já longínquo ano de 1962, nem a Administração conhecia com rigor os seus deveres para com os particulares no decurso dos procedimentos administrativos por ela levados a cabo, nem os cidadãos sabiam com clareza quais os seus direitos perante a Administração Pública.

A partir de agora, e em virtude da elaboração deste Código, tanto o cidadão comum como os órgãos e funcionários da Administração passam a dispor de um diploma onde se condensa, em linguagem clara e que se julga acessível, o que de essencial têm de saber para pautar a sua conduta por forma correcta e para conhecerem os seus direitos e deveres uns para com os outros.

5. O âmbito de aplicação das disposições do Código do Procedimento Administrativo abrange todos os órgãos da Administração Pública que estabeleçam relações com os particulares, no desempenho da sua actividade de gestão pública (artigo 2.°). Os princípios gerais da actuação administrativa contidos no Código são ainda aplicáveis a toda e qualquer actividade da Administração Pública, mesmo que meramente técnica ou de gestão privada (artigo 2.°, n.° 4).

Pretende-se, assim, por um lado, regular expressamente a actuação intersubjectiva de gestão pública da Administração, enquanto, por outro lado, a restante actividade administrativa, sem ser directamente regulada, não deixa de ficar subordinada aos princípios gerais da acção administrativa.

Prevê-se ainda a possibilidade de os preceitos deste Código serem mandados aplicar à actuação dos órgãos das instituições particulares de interesse público (artigo 2.°, n.° 5), bem como a procedimentos especiais, sempre que esta aplicação não envolva diminuição de garantias dos particulares (artigo 2.°, n.° 6).

6. O Código divide-se em quatro partes:

Parte I – Princípios gerais;
Parte II – Dos sujeitos;
Parte III – Do procedimento administrativo;
Parte IV – Da actividade administrativa.

Na parte I contêm-se as disposições preliminares (artigos 1.° e 2.°) e a enunciação dos princípios gerais da acção administrativa (artigos 3.° a 12.°).

Na parte II, que se ocupa dos sujeitos do procedimento, existem dois capítulos: o primeiro disciplina os órgãos administrativos (artigos 13.° a 51.°) e o segundo regula os interessados (artigos 52.° e 53.°).

A parte III versa sobre o procedimento administrativo e comporta quatro capítulos: um sobre princípios gerais (artigos 54.° a 60.°), outro sobre o direito à informação (artigos 61.° a 65.°), um terceiro sobre notificações e prazos (artigos 66.° a 73.°) e um quarto sobre a marcha do procedimento (artigos 74.° a 113.°).

Finalmente, a parte IV trata da actividade administrativa, e contém três capítulos, correspondentes às três principais formas jurídicas da actividade administrativa de gestão pública: o regulamento (artigos 114.° a 119.°),o acto administrativo (artigos 120.° a 177.°) e o contrato administrativo (artigos 178.° a 188.°).

Houve a preocupação de eliminar os artigos desnecessários e de simplificar a redacção dos restantes: da primeira para a terceira versão, foram suprimidos 83 artigos, e muitos dos que ficaram foram drasticamente reduzidos.

7. Na parte I estão contidos os princípios gerais da Administração Pública, designadamente o princípio da legalidade (artigo 3.°), o princípio da prossecução do interesse público e da protecção dos direitos e interesses do cidadão (artigo 4.°), os princípios da igualdade e da proporcionalidade (artigo 5.°) os princípios da justiça e da imparcialidade (artigo 6.°), o princípio da colaboração da Administração com os particulares (artigo 7.°), o princípio da participação (artigo 8.°), o princípio da decisão (artigo 9.°), o princípio da desburocratização e da eficiência (artigo 10.°), o princípio da gratuitidade (artigo 11.°) e o princípio do acesso à justiça (artigo 12.°). Trata-se de princípios gerais cuja existência decorre, expressa ou implicitamente, dos preceitos constitucionais (máxime, artigos 266.° e seguintes) e que respeitam à organização e ao funcionamento de uma Administração Pública típica de um moderno Estado de Direito.

8. A parte II do Código ocupa-se dos sujeitos das relações administrativas, compreendendo um capítulo I, referente aos órgãos administrativos, e um capítulo II, referente aos interessados.

No capítulo I são enumerados os órgãos da Administração Pública (artigo 13.°); é regulado o funcionamento dos órgãos colegiais (artigos 14.° e seguintes); são estabelecidas regras referentes à competência dos órgãos administrativos (artigos 29.° e seguintes); é definido o regime jurídico da delegação de poderes e da substituição (artigos 35.° e seguintes); é determinada a competência para a resolução de conflitos de jurisdição, de atribuições e de competências (artigos 42.° e 43.°), e são reguladas as garantias de imparcialidade da Administração Pública (artigos 44.° e seguintes).

No capítulo II é estabelecido o direito de intervenção dos particulares no procedimento administrativo (artigo 52.°) e é atribuída legitimidade para iniciar o procedimento administrativo ou intervir nele aos titulares de direitos ou interesses legalmente protegidos e às associações que tenham por fim a defesa desses interesses, bem como aos titulares de interesses difusos e às associações dedicadas à defesa dos mesmos (artigo 53.°). Consideram-se, inovadoramente, interesses difusos os que tenham por objecto bens fundamentais como a saúde pública, a habitação, a educação, o património cultural, e o ambiente e a qualidade de vida [artigo 53.°, n.° 2, alínea *a*)].

9. A parte III ocupa-se do procedimento administrativo, que é iniciado oficiosamente ou a requerimento dos interessados (artigo 54.°).

O desenvolvimento do procedimento administrativo é enquadrado por princípios gerais que visam equilibrar a participação dos interessados e a celeridade da Administração Pública.

Assim, o procedimento rege-se pelo princípio do inquisitório (artigo 56.°), procurando afastar formalidades inúteis e assegurar o contraditório. Particular relevo merecem as disposições que concretizam o direito à informação (artigos 61.° e seguintes), num esforço de tornar a actividade administrativa mais transparente, e remetendo para legislação própria o desenvolvimento do novo princípio constitucional da administração aberta (artigo 65.°).

O capítulo III (artigos 66.° e seguintes) é dedicado às notificações e aos prazos. A matéria é disciplinada por forma a garantir aos interessados um efectivo conhecimento dos actos administrativos.

O capítulo IV ocupa-se da marcha do procedimento (artigos 74.° e seguintes), merecendo ser sublinhada a preocupação de facilitar e promover a colaboração entre a Administração Pública e os interessados, bem como as reais possibilidades de participação destes na instrução e na discussão das questões pertinentes.

As diversas formas de extinção do procedimento são reguladas em pormenor, nomeadamente a decisão.

Duas notas merecem referência especial: a concretização do preceito constitucional que visa assegurar a participação dos cidadãos na formação das decisões que lhes disserem respeito, que se fez consistir no direito de audiência dos interessados antes de ser tomada a decisão final do procedimento (artigos 100.° a 105.°), e a inovação que se traduz em enumerar um conjunto de situações em que ao silêncio da Administração a lei passa a imputar o significado de deferimento (artigo 108.°).

10. A parte IV é dedicada à actividade administrativa.

No capítulo I estabelecem-se algumas regras genericamente aplicáveis à actividade regulamentar da Administração.

O princípio da participação dos administrados no processo de elaboração dos regulamentos inspira algumas das suas disposições. Desde logo, reconhece-se aos particulares o direito de dirigirem petições à Administração, com vista a desencadear o procedimento regulamentar (artigo 115.°). Por outro lado, prevê-se a possibilidade da audiência prévia dos interessados no caso de regulamentos cujo conteúdo lhes possa ser desfavorável (artigo 117.°), ao mesmo tempo que se incentiva a submissão a apreciação pública, para recolha de sugestões, de regulamentos cuja matéria o permita (artigo 118.°).

No tocante à elaboração dos projectos de regulamento, acolhe-se no artigo 116.° a regra da fundamentação obrigatória. Por seu turno, a proibição da mera revogação – sem substituição por nova disciplina – dos regulamentos necessários à execução das leis em vigor e a obrigatoriedade da especificação, quando for caso disso, das normas revogadas pelo novo regulamento surgem ditadas, respectivamente, pela necessidade de obviar a vazios susceptíveis de comprometer a efectiva aplicação da lei e por preocupações de certeza e segurança na definição do direito aplicável.

11. O capítulo II da parte IV ocupa-se do acto administrativo (artigos 120.° e seguintes).

A fim de evitar dúvidas e contradições que têm perturbado a nossa jurisprudência, sublinha-se com particular energia que só há acto administrativo aí onde a decisão administrativa tiver por objecto uma situação individual e concreta (artigo 120.°) e contiver a identificação adequada do destinatário ou destinatários [artigo 123.°, n.° 2, alínea *b*)].

Em matéria de fundamentação do acto, manteve-se no essencial o disposto no Decreto-Lei n.° 256-A/77, de 17 de Junho (artigos 124.° e seguintes).

Quanto à eficácia do acto administrativo, regulam-se em pormenor os termos da eficácia retroactiva e da eficácia diferida (artigos 128.° e

129.°) e disciplina-se cuidadosamente, com preocupações de garantia dos particulares, a publicação e a notificação dos actos administrativos.

Em matéria de invalidade dos actos, cuidou-se de explicitar com rigor quais os actos nulos, definindo-os em termos mais amplos do que os usuais e estabelecendo que os actos que ofendam o conteúdo essencial de um direito fundamental ou cujo objecto constitua um crime são sempre nulos (artigo 133.°). Manteve-se a anulabilidade como regra geral dos actos administrativos inválidos (artigo 135.°).

A revogação do acto administrativo, dada a sua importância prática, foi objecto de toda uma secção (artigos 138.° e seguintes), onde se procurou consagrar soluções hoje pacíficas na doutrina e jurisprudência portuguesas.

A secção V, sobre a execução do acto administrativo, representa um esforço de introduzir ordem numa zona particularmente sensível e importante da actividade da Administração, onde esta mais claramente se manifesta como poder (artigos 149.° e seguintes).

Feita a distinção clara entre executoriedade e execução, reafirma-se o princípio da legalidade, agora quanto à execução, e admite-se a apreciação contenciosa dos actos de execução arguidos de ilegalidade própria, isto é, que não seja mera consequência do acto exequendo. São previstas as três modalidades clássicas da execução quanto ao seu objecto – para pagamento de quantia certa, entrega de coisa certa e prestação de facto –, remetendo-se, no que respeita ao processo de execução para pagamento de quantia certa, para o disposto no Código de Processo das Contribuições e Impostos.

Uma reflexão cuidadosa levou a reforçar, nesta matéria, as exigências que deve satisfazer a Administração Pública num Estado de Direito. Daí que a imposição coerciva, sem recurso aos tribunais, dos actos administrativos só seja possível desde que seja feita pelas formas e nos termos admitidos por lei (artigo 149.°, n.° 2). Também a execução das obrigações positivas de prestação de facto infungível é rodeada, atenta a sua natureza, de especialíssimas cautelas (artigo 157.°, n.° 3).

12. Na secção VI da parte IV regulam-se a reclamação e os recursos administrativos, os quais podem, em regra, ter por fundamento a ilegalidade ou a inconveniência do acto administrativo (artigo 159.°).

No que se refere aos efeitos destas garantias dos cidadãos, regista-se que a reclamação suspende a eficácia do acto quando este não é susceptível de recurso contencioso (artigo 163.°).

O recurso hierárquico necessário tem, em geral, efeito suspensivo, cabendo, todavia, ao órgão recorrido atribuir-lhe efeito meramente devolutivo quando a não execução imediata do acto possa causar graves inconvenientes para o interesse público. Quanto ao recurso hierárquico facultativo, não tem efeito suspensivo (artigo 170.°).

Por último, intoduziu-se, pela primeira vez, a distinção – já esboçada no ensino e na jurisprudência – entre o recurso hierárquico, o recurso hierárquico impróprio e o recurso tutelar, disciplinando-se as três figuras em conformidade com a sua diferente natureza (artigos 176.° e seguintes).

13. Na matéria dos contratos administrativos o legislador teve a preocupação de não se substituir à doutrina nem invadir os terrenos que cabem à jurisprudência.

A importância do contrato numa Administração que se quer em medida crescente aberta ao diálogo e à colaboração com os administrados, eficiente e maleável, impunha, porém, que se traçassem alguns princípios orientadores.

Optou-se por não definir os tipos de contratos administrativos e construir sobre a definição o respectivo regime. Julgou-se mais prudente enunciar os poderes da Administração como parte no contrato (artigo 180.°).

Com vista ao alargamento do uso do instrumento contratual, consagrou-se o princípio da admissibilidade da sua utilização, salvo quando outra coisa resultar da lei ou da própria natureza das relações que tiver por objecto (artigo 179.°).

No que respeita ao processo de formação dos contratos aplicar-se-ão, na medida do possível, as disposições relativas ao procedimento administrativo (artigo 181.°).

O Código consagra o modo de escolha do co-contratante e regula de forma geral a dispensa de concurso, limitando, naturalmente, esta possibilidade (artigos 182.° e 183.°).

Estabelece-se, com carácter geral, a não executoriedade dos actos administrativos interpretativos ou que modifiquem ou extingam relações contratuais, pondo, assim, termo à possibilidade de comportamentos abusivos. De acordo com esta orientação, dispõe-se que a execução forçada das obrigações contratuais devidas pelos particulares, salvo se outra coisa tiver sido previamente acordada, só pode ser obtida mediante acção a propor no tribunal competente (artigo 187.°).

Por último, consagra-se a admissibilidade de cláusulas compromissórias a celebrar nos termos da legislação processual civil (artigo 188.°).

14. A complexidade e delicadeza das matérias tratadas, a novidade de muitas soluções, as inevitáveis lacunas de um diploma legal com este objecto e extensão, o número e qualidade dos seus destinatários aconselham a que se preveja não só um prazo relativamente dilatado para a sua entrada em vigor como ainda que se estabeleça um período experimental, findo o qual o Código seja obrigatoriamente revisto. Permite-se, deste modo, não só a continuação de uma discussão pública teórica, mas colher os ensinamentos resultantes da sua prática. Para melhor aproveitar as críticas e sugestões que certamente serão feitas e avaliar a experiência da sua aplicação experimental, o Governo tem intenção de criar uma comissão que recolha todos os elementos úteis e proponha as alterações e melhoramentos que a experiência torne aconselháveis.

15. Com a publicação do Código do Procedimento Administrativo o Governo, ao mesmo tempo que realiza uma das tarefas fundamentais do seu Programa em matéria de Administração Pública, tem fundadas esperanças de que ele constitua um dos instrumentos importantes da reforma administrativa – reforma indispensável para que a Administração portuguesa possa cumprir cabalmente as tarefas que lhe cabem nestes últimos anos do século XX. Espera-se, designadamente, que a renovação que vai permitir prepare a Administração Pública para a plena integração do País na Comunidade Europeia, a qual nunca será realizável com êxito sem que o aparelho administrativo se encontre suficientemente apetrechado e renovado no seu espírito, nos seus métodos e nas suas práticas.

Assim:

No uso da autorização legislativa concedida pela Lei n.° 32/91, de 20 de Julho, e nos termos da alínea *b*) do n.° 1 do artigo 201.° da Constituição, o Governo decreta o seguinte:

ARTIGO 1.°
(Aprovação)

É aprovado o Código do Procedimento Administrativo, que se publica em anexo ao presente decreto-lei e que dele faz parte integrante.

ARTIGO 2.°
(Entrada em vigor)

O presente diploma entra em vigor seis meses após a data da sua publicação.

ARTIGO 3.°
(Revisão)

O Código do Procedimento Administrativo será revisto no prazo de três anos a contar da data da sua entrada em vigor, devendo ser recolhidos os elementos úteis resultantes da sua aplicação para introdução das alterações que se mostrem necessárias.

ARTIGO 4.°
(Norma revogatória)

São revogados os Decretos-Leis n.os 13458, de 12 de Abril de 1927, e 370/83, de 6 de Outubro.

Decreto-Lei n.° 6/96

de 31 de Janeiro

O decreto-lei que aprovou o Código do Procedimento Administrativo (CPA) determinava, no seu artigo 3.°, que o CPA devia ser revisto no prazo de três anos a contar da data da sua entrada em vigor.

A Modernização Administrativa acompanhou os três primeiros anos de vigência do Código do Procedimento Administrativo e desse acompanhamento verificou que a Administração Pública recebeu bem as principais inovações e exigências do Código, adaptando-se no seu modo de funcionamento e na sua forma de agir à nova disciplina.

Realizaram-se centenas de acções de formação, colóquios e seminários, por iniciativa do Governo, de universidades e de outras entidades, e surgiram numerosos comentários e anotações ao Código, o que não só mostra a atenção e interesse da comunidade científica como contribui para tornar o Código mais conhecido e mais claro.

O estudo técnico de avaliação do Código, que pela primeira vez se realizou em colaboração com vários serviços públicos seleccionados, confirmou a generalizada aceitação do diploma e permitiu detectar os principais pontos carecidos de revisão ou clarificação.

O presente decreto-lei, preparado com o apoio da comissão especializada que elaborou o Código de 1991, condensa as respostas que se julgam mais adequadas às diversas questões suscitadas e permite aperfeiçoar significativamente o Código à luz da reflexão teórica e experiência prática sem pôr em causa a filosofia modernizadora que sempre o inspirou e a preocupação de acautelar a posição do cidadão perante a Administração Pública.

São as seguintes as principais inovações ora introduzidas:

a) Clarifica-se o ambito de aplicação do Código de modo a tornar claro que as disposições procedimentais do Código são aplicáveis subsidiariamente aos procedimentos especiais;

b) Consagra-se expressamente o princípio da boa fé, implícito na redacção originária do Código, que se tem por indispensável ao enraizamento da confiança nas relações entre os particulares e a Administração;

c) Prevê-se a forma de fundamentar as deliberações tomadas por escrutínio secreto;

d) Permite-se a prorrogação do prazo geral para a conclusão do procedimento, que passa assim a ser de 90 dias prorrogável por igual período mediante autorização do imediato superior hierárquico;

e) Ressalvam-se do acesso à informação os casos de segredo comercial ou industrial ou segredo relativo à propriedade literária, artística ou científica, em sintonia com o disposto na lei sobre o acesso aos documentos administrativos;

f) Introduz-se a regra da contagem contínua dos prazos de duração superior a seis meses sem prejuízo de nos restantes se continuarem a excluir os sábados, domingos e feriados;

g) Determina-se que a audiência prévia suspende a contagem dos prazos em todos os procedimentos administrativos e prevê-se a sua não realização nos casos em que o procedimento se dirige a um muito elevado número de interessados;

h) Introduz-se a regra de que a reclamação de acto de que não caiba recurso contencioso suspende o prazo para a interposição do recurso administrativo necessário;

i) Adaptam-se as regras sobre o co-contratante ao novo regime dos concursos públicos.

Refira-se, por último, que, dada a extrema importancia da legislação que ora se altera, entende-se dever publicar em anexo a versão integral do Código do Procedimento Administrativo para reunir num só texto as normas em vigor. Assim: No uso da autorização legislativa concedida pela Lei n.° 34/95, de 18 de Agosto, e nos termos das alíneas *a*) e *b*) do n.° 1 do artigo 201.° da Constituição, o Governo decreta o seguinte:

ARTIGO 1.°

Os artigos 2.°, 9.°, 11.°, 14.°, 22.°, 23.°, 24.°, 31.°, 35.°, 44.°, 52.°, 58.°, 62.°, 63.°, 70.°, 71.°, 72.°, 84.°, 92.°, 100.°, 103.°, 113.°, 123.°, 128.°, 149.°, 155.°, 163.°, 164.°, 172.°, 175.°, 182.°, 183.° e 185.° do Código do Procedimento Administrativo, aprovado pelo Decreto-Lei n.° 442/91, de 15 de Novembro, passam a ter a seguinte redacção:

As alterações foram introduzidas no local próprio.

ARTIGO 2.°

Ao Código do Procedimento Administrativo são aditados os artigos 6.°-A e 189.°, com a seguinte redacção:

Inseridos no local próprio.

ARTIGO 3.°

É revogado o n.° 2 do artigo 187.° do Código do Procedimento Administrativo.

ARTIGO 4.°

O Código do Procedimento Administrativo, aprovado pelo Decreto--Lei n.° 442/91, de 15 de Novembro, com as alterações decorrentes do presente diploma, é republicado em anexo, com as necessárias correcções materiais.

CÓDIGO DO PROCEDIMENTO ADMINISTRATIVO

PARTE I
PRINCÍPIOS GERAIS

CAPÍTULO I
Disposições preliminares

ARTIGO 1.°
(Definição)

1. Entende-se por procedimento administrativo a sucessão ordenada de actos e formalidades tendentes à formação e manifestação da vontade da Administração Pública ou à sua execução.

2. Entende-se por processo administrativo o conjunto de documentos em que se traduzem os actos e formalidades que integram o procedimento administrativo.

ARTIGO 2.°
(Âmbito de aplicação)

1. As disposições deste Código aplicam-se a todos os órgãos da Administração Pública que, no desempenho da actividade administrativa de gestão pública, estabeleçam relações com os particulares, bem como aos actos em matéria administrativa praticados pelos órgãos do Estado que, embora não integrados na Administração Pública, desenvolvam funções materialmente administrativas.

2. São órgãos da Administração Pública, para os efeitos deste Código:

a) Os órgãos do Estado e das Regiões Autónomas que exerçam funções administrativas;

b) Os órgãos dos institutos públicos e das associações públicas;

c) Os órgãos das autarquias locais e suas associações e federações.

3. O regime instituído pelo presente Código é ainda aplicável aos actos praticados por entidades concessionárias no exercício de poderes de autoridade.

4. Os preceitos deste Código podem ser mandados aplicar por lei à actuação dos órgãos das instituições particulares de interesse público.

5. Os princípios gerais da actividade administrativa constantes do presente Código e as normas que concretizam preceitos constitucionais são aplicáveis a toda e qualquer actuação da Administração Pública, ainda que meramente técnica ou de gestão privada.

6. As disposições do presente Código relativas à organização e à actividade administrativas são aplicáveis a todas as actuações da Administração Pública no domínio da gestão pública.

7. No domínio da actividade de gestão pública, as restantes disposições do presente Código aplicam-se supletivamente aos procedimentos especiais, desde que não envolvam diminuição das garantias dos particulares.

CAPÍTULO II
Princípios gerais

ARTIGO 3.°
(Princípio da legalidade)

1. Os órgãos da Administração Pública devem actuar em obediência à lei e ao direito, dentro dos limites dos poderes que lhes estejam atribuídos e em conformidade com os fins para que os mesmos poderes lhes forem conferidos.

2. Os actos administrativos praticados em estado de necessidade, com preterição das regras estabelecidas neste Código, são válidos, desde que os seus resultados não pudessem ter sido alcançados de outro modo, mas os lesados terão o direito de ser indemnizados nos termos gerais da responsabilidade da Administração.

ARTIGO 4.°
(Princípio da prossecução do interesse público e da protecção dos direitos e interesses dos cidadãos)

Compete aos órgãos administrativos prosseguir o interesse público, no respeito pelos direitos e interesses legalmente protegidos dos cidadãos.

ARTIGO 5.°
(Princípios da igualdade e da proporcionalidade)

1. Nas suas relações com os particulares, a Administração Pública deve reger-se pelo princípio da igualdade, não podendo privilegiar, beneficiar, prejudicar, privar de qualquer direito ou isentar de qualquer dever nenhum administrado em razão de ascendência, sexo, raça, língua, território de origem, religião, convicções políticas ou ideológicas, instrução, situação económica ou condição social.

2. As decisões da Administração que colidam com direitos subjectivos ou interesses legalmente protegidos dos particulares só podem afectar essas posições em termos adequados e proporcionais aos objectivos a realizar.

ARTIGO 6.°
(Princípios da justiça e da imparcialidade)

No exercício da sua actividade, a Administração Pública deve tratar de forma justa e imparcial todos os que com ela entrem em relação.

ARTIGO 6.º-A
(Princípio da boa fé)

1. No exercício da actividade administrativa e em todas as suas formas e fases, a Administração Pública e os particulares devem agir e relacionar-se segundo as regras da boa fé.

2. No cumprimento do disposto nos números anteriores, devem ponderar-se os valores fundamentais do direito, relevantes em face das situações consideradas, e, em especial:

a) A confiança suscitada na contraparte pela actuação em causa;

b) O objectivo a alcançar com a actuação empreendida.

ARTIGO 7.º
(Princípio da colaboração da Administração com os particulares)

1. Os órgãos da Administração Pública devem actuar em estreita colaboração com os particulares, procurando assegurar a sua adequada participação no desempenho da função administrativa, cumprindo-lhes, designadamente:

a) Prestar aos particulares as informações e os esclarecimentos de que careçam;

b) Apoiar e estimular as iniciativas dos particulares e receber as suas sugestões e informações.

2. A Administração Pública é responsável pelas informações prestadas por escrito aos particulares, ainda que não obrigatórias.

ARTIGO 8.º
(Princípio da participação)

Os órgãos da Administração Pública devem assegurar a participação dos particulares, bem como das associações que tenham por objecto a defesa dos seus interesses, na formação das decisões que lhes disserem respeito, designadamente através da respectiva audiência nos termos deste Código.

ARTIGO 9.°
(Princípio da decisão)

1. Os órgãos administrativos têm, nos termos regulados neste Código, o dever de se pronunciar sobre todos os assuntos da sua competência que lhes sejam apresentados pelos particulares, e nomeadamente:

a) Sobre os assuntos que lhes disserem directamente respeito;

b) Sobre quaisquer petições, representações, reclamações ou queixas formuladas em defesa da Constituição, das leis ou do interesse geral.

2. Não existe o dever de decisão quando, há menos de dois anos contados da data da apresentação do requerimento, o órgão competente tenha praticado um acto administrativo sobre o mesmo pedido formulado pelo mesmo particular com os mesmos fundamentos.

ARTIGO 10.°
(Princípio da desburocratização e da eficiência)

A Administração Pública deve ser estruturada de modo a aproximar os serviços das populações e de forma não burocratizada, a fim de assegurar a celeridade, a economia e a eficiência das suas decisões.

ARTIGO 11.°
(Princípio da gratuitidade)

1. O procedimento administrativo é gratuito, salvo na parte em que leis especiais impuserem o pagamento de taxas ou de despesas efectuadas pela Administração.

2. Em caso de comprovada insuficiência económica, demonstrada nos termos da lei sobre o apoio judiciário, a Administração isentará, total ou parcialmente, o interessado do pagamento das taxas ou das despesas referidas no número anterior.

ARTIGO 12.°
(Princípio do acesso à justiça)

Aos particulares é garantido o acesso à justiça administrativa, a fim de obter a fiscalização contenciosa dos actos da Administração, bem como para tutela dos seus direitos ou interesses legalmente protegidos, nos termos previstos na legislação reguladora do contencioso administrativo.

PARTE II

DOS SUJEITOS

CAPÍTULO I
Dos órgãos administrativos

SECÇÃO I
Generalidades

ARTIGO 13.°
(Órgãos da Administração Pública)

São órgãos da Administração Pública, para os efeitos deste Código, os previstos no n.° 2 do artigo 2.°.

SECÇÃO II
Dos órgãos colegiais

ARTIGO 14.°
(Presidente e secretário)

1. Sempre que a lei não disponha de forma diferente, cada órgão administrativo colegial tem um presidente e um secretário, a eleger pelos membros que o compõem.

2. Cabe ao presidente do órgão colegial, além de outras funções que lhe sejam atribuídas, abrir e encerrar as reuniões, dirigir os trabalhos e assegurar o cumprimento das leis e a regularidade das deliberações.

3. O Presidente pode, ainda, suspender ou encerrar antecipadamente as reuniões, quando circunstâncias excepcionais o justifiquem, mediante decisão fundamentada, a incluir na acta da reunião.

4. O Presidente, ou quem o substituir, pode interpor recurso contencioso e pedir a suspensão jurisdicional da eficácia das deliberações tomadas pelo órgão colegial a que preside que considere ilegais.

ARTIGO 15.°
(Substituição do presidente e secretário)

1. Salvo disposição legal em contrário, o presidente e o secretário de qualquer órgão colegial são substituídos, respectivamente, pelo vogal mais antigo e pelo vogal mais moderno.

2. No caso de os vogais possuírem a mesma antiguidade, a substituição faz-se, respectivamente, pelo vogal de mais idade e pelo mais jovem.

ARTIGO 16.°
(Reuniões ordinárias)

1. Na falta de determinação legal ou de deliberação do órgão, cabe ao presidente a fixação dos dias e horas das reuniões ordinárias.

2. Quaisquer alterações ao dia e hora fixados para as reuniões devem ser comunicadas a todos os membros do órgão colegial, de forma a garantir o seu conhecimento seguro e oportuno.

ARTIGO 17.°
(Reuniões extraordinárias)

1. As reuniões extraordinárias têm lugar mediante convocação do presidente, salvo disposição especial.

2. O presidente é obrigado a proceder à convocação sempre que pelo menos um terço dos vogais lho solicitem por escrito, indicando o assunto que desejam ver tratado.

3. A convocatória da reunião deve ser feita para um dos 15 dias seguintes à apresentação do pedido, mas sempre com uma antecedência mínima de quarenta e oito horas sobre a data da reunião extraordinária.

4. Da convocatória devem constar, de forma expressa e especificada, os assuntos a tratar na reunião.

ARTIGO 18.º
(Ordem do dia)

1. A ordem do dia de cada reunião é estabelecida pelo presidente que, salvo disposição especial em contrário, deve incluir os assuntos que para esse fim lhe forem indicados por qualquer vogal, desde que sejam da competência do órgão e o pedido seja apresentado por escrito com uma antecedência mínima de cinco dias sobre a data da reunião.

2. A ordem do dia deve ser entregue a todos os membros com a antecedência de, pelo menos, quarenta e oito horas sobre a data da reunião.

ARTIGO 19.º
(Objecto das deliberações)

Só podem ser objecto de deliberação os assuntos incluídos na ordem do dia da reunião, salvo se, tratando-se de reunião ordinária, pelo menos dois terços dos membros reconhecerem a urgência de deliberação imediata sobre outros assuntos.

ARTIGO 20.º
(Reuniões públicas)

1. As reuniões dos órgãos administrativos não são públicas, salvo disposição da lei em contrário.

2. Quando as reuniões hajam de ser públicas, deve ser dada publicidade aos dias, horas e locais da sua realização, de forma a garantir o conhecimento dos interessados com uma antecedência de, pelo menos, quarenta e oito horas sobre a data da reunião.

ARTIGO 21.°
(Inobservância das disposições sobre convocação de reuniões)

A ilegalidade resultante da inobservância das disposições sobre a convocação de reuniões só se considera sanada quando todos os membros do órgão compareçam à reunião e não suscitem oposição à sua realização.

ARTIGO 22.°
(Quórum)

1. Os órgãos colegiais só podem, regra geral, deliberar quando esteja presente a maioria do número legal dos seus membros com direito a voto.

2. Sempre que se não disponha de forma diferente, não se verificando na primeira convocação o quórum previsto no número anterior, será convocada nova reunião, com o intervalo de, pelo menos, vinte e quatro horas, prevendo-se nessa convocação que o órgão delibere desde que esteja presente um terço dos seus membros com direito a voto, em número não inferior a três.

ARTIGO 23.°
(Proibição da abstenção)

No silêncio da lei, é proibida a abstenção aos membros dos órgãos colegiais consultivos que estejam presentes à reunião e não se encontrem impedidos de intervir.

ARTIGO 24.°
(Formas de votação)

1. Salvo disposição legal em contrário, as deliberações são tomadas por votação nominal, devendo votar primeiramente os vogais e, por fim, o presidente.

2. As deliberações que envolvam a apreciação de comportamentos ou das qualidades de qualquer pessoa são tomadas por escrutínio secreto; em caso de dúvida, o órgão colegial deliberará sobre a forma de votação.

3. Quando exigida, a fundamentação das deliberações tomadas por escrutínio secreto será feita pelo presidente do órgão colegial após a votação, tendo presente a discussão que a tiver precedido.

4. Não podem estar presentes no momento da discussão nem da votação os membros dos órgãos colegiais que se encontrem ou se considerem impedidos.

ARTIGO 25.°
(Maioria exigível nas deliberações)

1. As deliberações são tomadas por maioria absoluta de votos dos membros presentes à reunião, salvo nos casos em que, por disposição legal, se exija maioria qualificada ou seja suficiente maioria relativa.

2. Se for exigível maioria absoluta e esta se não formar, nem se verificar empate, proceder-se-á imediatamente a nova votação e, se aquela situação se mantiver, adiar-se-á a deliberação para a reunião seguinte, na qual será suficiente a maioria relativa.

ARTIGO 26.°
(Empate na votação)

1. Em caso de empate na votação, o presidente tem voto de qualidade, salvo se a votação se tiver efectuado por escrutíneo secreto.

2. Havendo empate em votação por escrutíneo secreto, proceder-se-á imediatamente a nova votação e, se o empate se mantiver, adiar-se-á a deliberação para a reunião seguinte; se na primeira votação dessa reunião se mantiver o empate, proceder-se-á a votação nominal.

ARTIGO 27.°
(Acta da reunião)

1. De cada reunião será lavrada acta, que conterá um resumo de tudo o que nela tiver ocorrido, indicando, designadamente, a data e o local da reunião, os membros presentes, os assuntos apreciados, as deliberações tomadas e a forma e o resultado das respectivas votações.

2. As actas são lavradas pelo secretário e postas à aprovação de todos os membros no final da respectiva reunião ou no início da seguinte, sendo assinadas, após a aprovação, pelo presidente e pelo secretário.

3. Nos casos em que o órgão assim o delibere, a acta será aprovada, em minuta, logo na reunião a que disser respeito.

4. As deliberações dos órgãos colegiais só podem adquirir eficácia depois de aprovadas as respectivas actas ou depois de assinadas as minutas, nos termos do número anterior.

ARTIGO 28.°
(Registo na acta do voto de vencido)

1. Os membros do órgão colegial podem fazer constar da acta o seu voto de vencido e as razões que o justifiquem.

2. Aqueles que ficarem vencidos na deliberação tomada e fizerem registo da respectiva declaração de voto na acta ficam isentos da responsabilidade que daquela eventualmente resulte.

3. Quando se trate de pareceres a dar a outros órgãos administrativos, as deliberações serão sempre acompanhadas das declarações de voto apresentadas.

SECÇÃO III
Da competência

ARTIGO 29.°
(Irrenunciabilidade e inalienabilidade)

1. A competência é definida por lei ou por regulamento e é irrenunciável e inalienável, sem prejuízo do disposto quanto à delegação de poderes e à substituição.

2. É nulo todo o acto ou contrato que tenha por objecto a renúncia à titularidade ou ao exercício da competência conferida aos órgãos administrativos, sem prejuízo da delegação de poderes e figuras afins.

ARTIGO 30.°
(Fixação da competência)

1. A competência fixa-se no momento em que se inicia o procedimento, sendo irrelevantes as modificações de facto que ocorram posteriormente.

2. São igualmente irrelevantes as modificações de direito, excepto se for extinto o órgão a que o procedimento estava afecto, se deixar de ser competente ou se lhe for atribuída a competência de que inicialmente carecesse.

3. Quando o órgão territorialmente competente passar a ser outro, deve o processo ser-lhe remetido oficiosamente.

ARTIGO 31.°
(Questões prejudiciais)

1. Se a decisão final depender da resolução de uma questão da competência de outro órgão administrativo ou dos tribunais, o procedimento deve ser suspenso até que o órgão ou tribunal competente se pronunciem, salvo se da não resolução imediata do assunto resultarem graves prejuízos.

2. A suspensão cessa:

a) Quando, a decisão da questão prejudicial depender da apresentação de pedido pelo interessado e este o não apresentar perante o órgão administrativo ou o tribunal competente nos 30 dias seguintes à notificação da suspensão;

b) Quando o procedimento ou o processo instaurado para conhecimento da questão prejudicial estiver parado, por culpa do interessado, por mais de 30 dias;

c) Quando, por circunstâncias supervenientes, a falta de resolução imediata do assunto causar graves prejuízos.

3. Se não for declarada a suspensão ou esta cessar, o órgão administrativo conhecerá das questões prejudiciais, mas a respectiva decisão não produzirá quaisquer efeitos fora do procedimento em que for proferida.

ARTIGO 32.°
(Conflitos de competência territorial)

Em caso de dúvida sobre a competência territorial, a entidade que decidir o conflito designará como competente o órgão cuja localização oferecer, em seu entender, maiores vantagens para a boa resolução do assunto.

ARTIGO 33.°
(Controlo da competência)

1. Antes de qualquer decisão, o órgão administrativos deve certificar-se de que é competente para conhecer da questão.

2. A incompetência deve ser suscitada oficiosamente pelo órgão administrativo e pode ser arguida pelos interessados.

ARTIGO 34.°
(Apresentação de requerimento a órgão incompetente)

1. Quando o particular, por erro desculpável e dentro do prazo fixado, dirigir requerimento, petição, reclamação ou recurso a órgão incompetente, proceder-se-á da seguinte forma:

a) Se o órgão competente pertencer ao mesmo ministério ou à mesma pessoa colectiva, o requerimento, petição, reclamação ou recurso ser-lhe-á oficiosamente remetido, de tal se notificando o particular;

b) Se o órgão competente pertencer a outro ministério ou a outra pessoa colectiva, o requerimento, petição, reclamação ou recurso será devolvido ao seu autor, acompanhado da indicação do ministério ou da pessoa colectiva a quem se deverá dirigir.

2. No caso previsto na alínea *b*) do número anterior, começa a correr novo prazo, idêntico ao fixado, a partir da notificação da devolução ali referida.

3. Em caso de erro indesculpável, o requerimento, petição, reclamação ou recurso não será apreciado, de tal se notificando o particular em prazo não superior a quarenta e oito horas.

4. Da qualificação do erro cabe reclamação e recurso, nos termos gerais.

SECÇÃO IV
Da delegação de poderes e da substituição

ARTIGO 35.°
(Da delegação de poderes)

1. Os órgãos administrativos normalmente competentes para decidir em determinada matéria podem, sempre que para tal estejam habilitados por lei, permitir, através de um acto de delegação de poderes, que outro órgão ou agente pratique actos administrativos sobre a mesma matéria.

2. Mediante um acto de delegação de poderes, os órgãos competentes para decidir em determinada matéria podem sempre permitir que o seu imediato inferior hierárquico, adjunto ou substituto pratiquem actos de administração ordinária nessa matéria.

3. O disposto no número anterior vale igualmente para a delegação de poderes dos órgãos colegiais nos respectivos presidentes, salvo havendo lei de habilitação específica que estabeleça uma particular repartição de competências entre os diversos órgãos.

ARTIGO 36.°
(Da subdelegação de poderes)

1. Salvo disposição legal em contrário, o delegante pode autorizar o delegado a subdelegar.

2. O subdelegado pode subdelegar as competências que lhe tenham sido subdelegadas, salvo disposição legal em contrário ou reserva expressa do delegante ou subdelegante.

ARTIGO 37.°
(Requisitos do acto de delegação)

1. No acto de delegação ou subdelegação, deve o órgão delegante ou subdelegante especificar os poderes que são delegados ou subdelegados ou quais os actos que o delegado ou subdelegado pode praticar.

2. Os actos de delegação e subdelegação de poderes estão sujeitos a publicação no *Diário da República* ou, tratando-se da administração local, no boletim da autarquia, e devem ser afixados nos lugares do estilo quando tal boletim não exista.

ARTIGO 38.°
(Menção da qualidade de delegado ou subdelegado)

O órgão delegado ou subdelegado deve mencionar essa qualidade no uso da delegação ou subdelegação.

ARTIGO 39.°
(Poderes do delegante ou subdelegante)

1. O órgão delegante ou subdelegante pode emitir directivas ou instruções vinculativas para o delegado ou subdelegado sobre o modo como devem ser exercidos os poderes delegados ou subdelegados.

2. O órgão delegante ou subdelegante tem o poder de avocar, bem como o poder de revogar os actos praticados pelo delegado ou subdelegado ao abrigo da delegação ou subdelegação.

ARTIGO 40.°
(Extinção da delegação ou subdelegação)

A delegação e a subdelegação de poderes extinguem-se:

a) Por revogação do acto de delegação ou subdelegação;

b) Por caducidade, resultante de se terem esgotado os seus efeitos ou da mudança dos titulares dos órgãos delegante ou delegado, subdelegante ou subdelegado.

ARTIGO 41.°
(Substituição)

1. Nos casos de ausência, falta ou impedimento do titular do cargo, a sua substituição cabe ao substituto designado na lei.

2. Na falta de designação pela lei, a substituição cabe ao inferior hierárquico imediato, mais antigo, do titular a substituir.

3. O exercício de funções em substituição abrange os poderes delegados ou subdelegados no substituído.

SECÇÃO V
Dos conflitos de jurisdição, de atribuições e de competência

ARTIGO 42.°
(Competência para a resolução dos conflitos)

1. Os conflitos de jurisdição são resolvidos pelo Tribunal de Conflitos, nos termos da legislação respectiva.

2. Os conflitos de atribuições são resolvidos:

a) Pelos tribunais administrativos, mediante recurso contencioso, quando envolvam órgãos de pessoas colectivas diferentes;

b) Pelo Primeiro-Ministro, quando envolvam órgãos de ministérios diferentes;

c) Pelo ministro, quando envolvam órgãos do mesmo ministério ou pessoas colectivas dotadas de autonomia sujeitas ao seu poder de superintendência.

3. Os conflitos de competência são resolvidos pelo órgão de menor categoria hierárquica que exercer poderes de supervisão sobre os órgãos envolvidos.

ARTIGO 43.°
(Resolução administrativa dos conflitos)

1. A resolução dos conflitos de competência, bem como dos conflitos de atribuições entre ministérios diferentes, pode ser solicitada por qualquer interessado, mediante requerimento fundamentado dirigido à entidade competente para a decisão do procedimento, e deve ser oficiosamente suscitada pelos órgãos em conflito logo que dele tenham conhecimento.

2. O órgão competente para a resolução deve ouvir os órgãos em conflito, se estes ainda não se tiverem pronunciado, e proferir a decisão no prazo de 30 dias.

SECÇÃO VI
Das garantias de imparcialidade

ARTIGO 44.°
(Casos de impedimento)

1. Nenhum titular de órgão ou agente da Administração Pública pode intervir em procedimento administrativo ou em acto ou contrato de direito público ou privado da Administração Pública nos seguintes casos:

a) Quando nele tenha interesse, por si, como representante ou como gestor de negócios de outra pessoa;

b) Quando, por si ou como representante de outra pessoa, nele tenha interesse o seu cônjuge, algum parente ou afim em linha recta ou até ao 2.° grau da linha colateral, bem como qualquer pessoa com quem viva em economia comum;

c) Quando, por si ou como representante de outra pessoa, tenha interesse em questão semelhante à que deva ser decidida, ou quando tal situação se verifique em relação a pessoa abrangida pela alínea anterior;

d) Quando tenha intervindo no procedimento como perito ou mandatário ou haja dado parecer sobre questão a resolver;

e) Quando tenha intervindo no procedimento como perito ou mandatário o seu cônjuge, parente ou afim em linha recta ou até ao 2.° grau da linha colateral, bem como qualquer pessoa com quem viva em economia comum;

f) Quando contra ele, seu cônjuge ou parente em linha recta esteja intentada acção judicial proposta por interessado ou pelo respectivo cônjuge;

g) Quando se trate de recurso de decisão proferida por si, ou com a sua intervenção, ou proferida por qualquer das pessoas referidas na alínea *b*) ou com intervenção destas.

2. Excluem-se do disposto no número anterior as intervenções que se traduzam em actos de mero expediente, designadamente actos certificativos.

ARTIGO 45.°
(Arguição e declaração do impedimento)

1. Quando se verifique causa de impedimento em relação a qualquer titular de órgão ou agente administrativo, deve o mesmo comunicar desde logo o facto ao respectivo superior hierárquico ou ao presidente do órgão colegial dirigente, consoante os casos.

2. Até ser proferida a decisão definitiva ou praticado o acto, qualquer interessado pode requerer a declaração do impedimento, especificando as circunstâncias de facto que constituam a sua causa.

3. Compete ao superior hierárquico ou ao presidente do órgão colegial conhecer da existência do impedimento e declará-lo, ouvindo, se considerar necessário, o titular do órgão ou agente.

4. Tratando-se do impedimento do presidente do órgão colegial, a decisão do incidente compete ao próprio órgão, sem intervenção do presidente.

ARTIGO 46.°
(Efeitos da arguição do impedimento)

1. O titular do órgão ou agente deve suspender a sua actividade no procedimento logo que faça a comunicação a que se refere o n.° 1 do artigo anterior ou tenha conhecimento do requerimento a que se refere o n.° 2 do mesmo preceito, até à decisão do incidente, salvo ordem em contrário do respectivo superior hierárquico.

2. Os impedidos nos termos do artigo 44.° deverão tomar todas as medidas que forem inadiáveis em caso de urgência ou de perigo, as quais deverão ser ratificadas pela entidade que os substituir.

ARTIGO 47.°
(Efeitos da declaração do impedimento)

1. Declarado o impedimento do titular do órgão ou agente, será o mesmo imediatamente substituído no procedimento pelo respectivo substituto legal, salvo se o superior hierárquico daquele resolver avocar a questão.

2. Tratando-se de órgão colegial, se não houver ou não puder ser designado substituto, funcionará o órgão sem o membro impedido.

ARTIGO 48.°
(Fundamento da escusa e suspeição)

1. O titular de órgão ou agente deve pedir dispensa de intervir no procedimento quando ocorra circunstância pela qual possa razoavelmente suspeitar-se da sua isenção ou da rectidão da sua conduta e, designadamente:

a) Quando, por si ou como representante de outra pessoa, nele tenha interesse parente ou afim em linha recta ou até ao 3.° grau de linha colateral, ou tutelado ou curatelado dele ou do seu cônjuge;

b) Quando o titular do órgão ou agente ou o seu cônjuge, ou algum parente ou afim na linha recta, for credor ou devedor de pessoa singular ou colectiva com interesse directo no procedimento, acto ou contrato;

c) Quando tenha havido lugar ao recebimento de dádivas, antes ou depois de instaurado o procedimento, pelo titular do órgão ou agente, seu cônjuge, parente ou afim na linha recta;

d) Se houver inimizade grave ou grande intimidade entre o titular do órgão ou agente ou o seu cônjuge e a pessoa com interesse directo no procedimento, acto ou contrato.

2. Com fundamento semelhante e até ser proferida decisão definitiva, pode qualquer interessado opor suspeição a titulares de órgãos ou agentes que intervenham no procedimento, acto ou contrato.

ARTIGO 49.°
(Formulação do pedido)

1. Nos casos previstos no artigo anterior, o pedido deve ser dirigido à entidade competente para dele conhecer, indicando com precisão os factos que o justifiquem.

2. O pedido do titular do órgão ou agente só será formulado por escrito quando assim for determinado pela entidade a quem for dirigido.

3. Quando o pedido seja formulado por interessados no procedimento, acto ou contrato, será sempre ouvido o titular do órgão ou o agente visado.

ARTIGO 50.°
(Decisão sobre a escusa ou suspeição)

1. A competência para decidir da escusa ou suspeição defere-se nos termos referidos nos n.os 3 e 4 do artigo 45.°.

2. A decisão será proferida no prazo de oito dias.

3. Reconhecida procedência ao pedido, observar-se-á o disposto nos artigos 46.° e 47.°.

ARTIGO 51.°
(Sanção)

1. Os actos ou contratos em que tiverem intervindo titulares de órgão ou agentes impedidos são anuláveis nos termos gerais.

2. A omissão do dever de comunicação a que alude o artigo 45.°, n.° 1, constitui falta grave para efeitos disciplinares.

CAPÍTULO II
Dos interessados

ARTIGO 52.°
(Intervenção no procedimento administrativo)

1. Todos os particulares têm o direito de intervir pessoalmente no procedimento administrativo ou de nele se fazer representar ou assistir, designadamente através de advogado ou solicitador.

2. A capacidade de intervenção no procedimento, salvo disposição especial, tem por base e por medida a capacidade de exercício de direitos segundo a lei civil, a qual é também aplicável ao suprimento da incapacidade.

ARTIGO 53.°
(Legitimidade)

1. Têm legitimidade para iniciar o procedimento administrativo e para intervir nele os titulares de direitos subjectivos ou interesses legalmente protegidos, no âmbito das decisões que nele forem ou possam ser tomadas, bem como as associações sem carácter político ou sindical que tenham por fim a defesa desses interesses.

2. Consideram-se, ainda, dotados de legitimidade para a protecção de interesses difusos:

a) Os cidadãos a quem a actuação administrativa provoque ou possa previsivelmente provocar prejuízos relevantes em bens fundamentais como a saúde pública, a habitação, a educação, o património cultural, o ambiente, o ordenamento do território e a qualidade de vida;

b) Os residentes na circunscrição em que se localize algum bem do domínio público afectado pela acção da Administração.

3. Para defender os interesses difusos de que sejam titulares os residentes em determinada circunscrição têm legitimidade as associações dedicadas à defesa de tais interesses e os órgãos autárquicos da respectiva área.

4. Não podem reclamar nem recorrer aqueles que, sem reserva, tenham aceitado, expressa ou tacitamente, um acto administrativo depois de praticado.

PARTE III
DO PROCEDIMENTO ADMINISTRATIVO

CAPÍTULO I
Princípios gerais

ARTIGO 54.°
(Iniciativa)

O procedimento administrativo inicia-se oficiosamente ou a requerimento dos interessados.

ARTIGO 55.°
(Comunicação aos interessados)

1. O início oficioso do procedimento será comunicado às pessoas cujos direitos ou interesses legalmente protegidos possam ser lesados pelos actos a praticar no procedimento e que possam ser desde logo nominalmente identificadas.

2. Não haverá lugar à comunicação determinada no número anterior nos casos em que a lei a dispense e naqueles em que a mesma possa prejudicar a natureza secreta ou confidencial da matéria, como tal classificada nos termos legais, ou a oportuna adopção das providências a que o procedimento se destina.

3. A comunicação deverá indicar a entidade que ordenou a instauração do procedimento, a data em que o mesmo se iniciou, o serviço por onde o mesmo corre e o respectivo objecto.

ARTIGO 56.°
(Princípio do inquisitório)

Os órgãos administrativos, mesmo que o procedimento seja instaurado por iniciativa dos interessados, podem proceder às diligências que considerem convenientes para a instrução, ainda que sobre matérias não mencionadas nos requerimentos ou nas respostas dos interessados, e decidir sobre coisa diferente ou mais ampla do que a pedida, quando o interesse público assim o exigir.

ARTIGO 57.°
(Dever de celeridade)

Os órgãos administrativos devem providenciar pelo rápido e eficaz andamento do procedimento, quer recusando e evitando tudo o que for impertinente ou dilatório, quer ordenando e promovendo tudo o que for necessário ao seguimento do procedimento e à justa e oportuna decisão.

ARTIGO 58.°
(Prazo geral para a conclusão)

1. O procedimento deve ser concluído no prazo de 90 dias, salvo se outro prazo decorrer da lei ou for imposto por circunstâncias excepcionais.

2. O prazo previsto no número anterior pode ser prorrogado, por um ou mais períodos, até ao limite de mais 90 dias, mediante autorização do imediato superior hierárquico ou do órgão colegial competente.

3. A inobservância dos prazos a que se referem os números anteriores deve ser justificada pelo órgão responsável, perante o imediato superior hierárquico ou perante o órgão colegial competente, dentro dos 10 dias seguintes ao termo dos mesmos prazos.

ARTIGO 59.°
(Audiência dos interessados)

Em qualquer fase do procedimento podem os órgãos administrativos ordenar a notificação dos interessados para, no prazo que lhes for fixado, se pronunciarem acerca de qualquer questão.

ARTIGO 60.°
(Deveres gerais dos interessados)

1. Os interessados têm o dever de não formular pretensões ilegais, não articular factos contrários à verdade, nem requerer diligências meramente dilatórias.

2. Os interessados têm também o dever de prestar a sua colaboração para o conveniente esclarecimento dos factos e a descoberta da verdade.

CAPÍTULO II
Do direito à informação

ARTIGO 61.°
(Direito dos interessados à informação)

1. Os particulares têm o direito de ser informados pela Administração, sempre que o requeiram, sobre o andamento dos procedimentos em que sejam directamemte interessados, bem como o direito de conhecer as resoluções definitivas que sobre eles forem tomadas.

2. As informações a prestar abrangem a indicação do serviço onde o procedimento se encontra, os actos e diligências praticados, as deficiências a suprir pelos interessados, as decisões adoptadas e quaisquer outros elementos solicitados.

3. As informações solicitadas ao abrigo deste artigo serão fornecidas no prazo máximo de 10 dias.

ARTIGO 62.°
(Consulta do processo e passagem de certidões)

1. Os interessados têm o direito dc consultar o processo que não contenha documentos classificados ou que revelem segredo comercial ou industrial ou segredo relativo à propriedade literária, artística ou científica.

2. O direito referido no número anterior abrange os documentos nominativos relativos a terceiros, desde que excluídos os dados pessoais que não sejam públicos, nos termos legais.

3. Os interessados têm o direito, mediante o pagamento das importâncias que forem devidas, de obter certidão, reprodução ou declaração autenticada dos documentos que constem dos processos a que tenham acesso.

ARTIGO 63.°
(Certidões independentes de despacho)

1. Os funcionários competentes são obrigados a passar aos interessados, independentemente de despacho e no prazo de 10 dias a contar da apresentação do requerimento, certidão, reprodução ou declaração autenticada de documentos de que constem, consoante o pedido, todos ou alguns dos seguintes elementos:

a) Data da apresentação de requerimentos, petições, reclamações, recursos ou documentos semelhantes;

b) Conteúdo desses documentos ou pretensão neles formulada;

c) Andamento que tiveram ou situação em que se encontram;

d) Resolução tomada ou falta de resolução.

2. O dever estabelecido no número anterior não abrange os documentos classificados ou que revelem segredo comercial ou industrial ou segredo relativo à propriedade literária, artística ou científica.

ARTIGO 64.°
(Extensão do direito de informação)

1. Os direitos reconhecidos nos artigos 61.° a 63.° são extensivos a quaisquer pessoas que provem ter interesse legítimo no conhecimento dos elementos que pretendam.

2. O exercício dos direitos previstos no número anterior depende de despacho do dirigente do serviço, exarado em requerimento escrito, instruído com os documentos probatórios do interesse legítimo invocado.

ARTIGO 65.°
(Princípio da administração aberta)

1. Todas as pessoas têm o direito de acesso aos arquivos e registos administrativos, mesmo que não se encontre em curso qualquer procedimento que lhes diga directamente respeito, sem prejuízo do disposto na lei em matérias relativas à segurança interna e externa, à investigação criminal e à intimidade das pessoas.

2. O acesso aos arquivos e registos administrativos é regulado em diploma próprio.

CAPÍTULO III
Das notificações e dos prazos

SECÇÃO I
Das notificações

ARTIGO 66.°
(Dever de notificar)

Devem ser notificados aos interessados os actos administrativos que:

a) Decidam sobre quaisquer pretensões por eles formuladas;

b) Imponham deveres, sujeições ou sanções, ou causem prejuízos;

c) Criem, extingam, aumentem ou diminuam direitos ou interesses legalmente protegidos, ou afectem as condições do seu exercício.

ARTIGO 67.°
(Dispensa de notificação)

1. É dispensada a notificação dos actos nos casos seguintes:

a) Quando sejam praticados oralmente na presença dos interessados;

b) Quando o interessado, através de qualquer intervenção no procedimento, revele perfeito conhecimento do conteúdo dos actos em causa.

2. Os prazos cuja contagem se inicie com a notificação começam a correr no dia seguinte ao da prática do acto ou no dia seguinte àquele em que ocorrer a intervenção, respectivamente nos casos previstos nas alíneas *a*) e *b*) do número anterior.

ARTIGO 68.°
(Conteúdo da notificação)

1. Da notificação devem constar:

a) O texto integral do acto administrativo;

b) A identificação do procedimento administrativo, incluindo a indicação do autor do acto e a data deste;

c) O órgão competente para apreciar a impugnação do acto e o prazo para este efeito, no caso de o acto não ser susceptível de recurso contencioso.

2. O texto integral do acto pode ser substituído pela indicação resumida do seu conteúdo e objecto, quando o acto tiver deferido inteiramente a pretensão formulada pelo interessado ou respeite à prática de diligências processuais.

ARTIGO 69.°
(Prazo das notificações)

Quando não exista prazo especialmente fixado, os actos administrativos devem ser notificados no prazo de oito dias.

ARTIGO 70.°
(Forma das notificações)

1. As notificações podem ser feitas:

a) Por via postal, desde que exista distribuição domiciliária na localidade de residência ou sede do notificando;

b) Pessoalmente, se esta forma de notificação não prejudicar a celeridade do procedimento ou se for inviável a notificação por via postal;

c) Por telegrama, telefone, telex ou telefax, se a urgência do caso recomendar o uso de tais meios;

d) Por edital a afixar nos locais do estilo, ou anúncio a publicar no *Diário da República*, no boletim municipal ou em dois jornais mais lidos da localidade da residência ou sede dos notificandos, se os interessados forem desconhecidos ou em tal número que torne inconveniente outra forma de notificação.

2. Sempre que a notificação seja feita por telefone, será a mesma confirmada nos termos das alíneas *a*) e *b*) do número anterior, consoante os casos, no dia útil imediato, sem prejuízo de a notificação se considerar feita na data da primeira comunicação.

SECÇÃO II
Dos prazos

ARTIGO 71.°
(Prazo geral)

1. Excluindo o disposto nos artigos 108.° e 109.°, e na falta de disposição especial ou de fixação pela Administração, o prazo para os actos a praticar pelos órgãos administrativos é de 10 dias.

2. É igualmente de 10 dias o prazo para os interessados requererem ou praticarem quaisquer actos, promoverem diligências, responderem sobre os assuntos acerca dos quais se devam pronunciar ou exercerem outros poderes no procedimento.

ARTIGO 72.°
(Contagem dos prazos)

1. À contagem dos prazos são aplicáveis as seguintes regras:

a) Não se inclui na contagem o dia em que ocorrer o evento a partir do qual o prazo começa a correr;

b) O prazo começa a correr independentemente de quaisquer formalidades e suspende-se nos sábados, domingos e feriados;

c) O termo do prazo que caia em dia em que o serviço perante o qual deva ser praticado o acto não esteja aberto ao público, ou não funcione durante o período normal, transfere-se para o primeiro dia útil seguinte.

2. Na contagem dos prazos legalmente fixados em mais de seis meses incluem-se os sábados, domingos e feriados.

ARTIGO 73.°
(Dilação)

1. Se os interessados residirem ou se encontrarem fora do continente e neste se localizar o serviço por onde o procedimento corra, os prazos fixados na lei, se não atenderem já a essa circunstância, só se iniciam depois de decorridos:

a) 5 dias, se os interessados residirem ou se encontrarem no território das regiões autónomas;

b) 15 dias, se os interessados residirem ou se encontrarem em país estrangeiro europeu;

c) 30 dias, se os interessados residirem ou se encontrarem em Macau ou em país estrangeiro fora da Europa.

2. A dilação da alínea *a*) do número anterior é igualmente aplicável se o procedimento correr em serviço localizado numa região autónoma e os interessados residirem ou se encontrarem noutra ilha da mesma região autónoma, na outra região autónoma ou no continente.

3. As dilações das alíneas *b*) e *c*) do n.° 1 são aplicáveis aos procedimentos que corram em serviços localizados nas regiões autónomas.

CAPÍTULO IV
Da marcha do procedimento

SECÇÃO I
Do início

ARTIGO 74.°
(Requerimento inicial)

1. O requerimento inicial dos interessados, salvo nos casos em que a lei admite o pedido verbal, deve ser formulado por escrito e conter:

a) A designação do órgão administrativo a que se dirige;

b) A identificação do requerente, pela indicação do nome, estado, profissão e residência;

c) A exposição dos factos em que se baseia o pedido e, quando tal seja possível ao requerente, os respectivos fundamentos de direito;

d) A indicação do pedido, em termos claros e precisos;

e) A data e a assinatura do requerente, ou de outrem a seu rogo, se o mesmo não souber ou não puder assinar.

2. Em cada requerimento não pode ser formulado mais de um pedido, salvo se se tratar de pedidos alternativos ou subsidiários.

ARTIGO 75.°
(Formulação verbal do requerimento)

Quando a lei admita a formulação verbal do requerimento, será lavrado termo para este efeito, o qual deve conter as menções a que se referem as alíneas *a*) a *d*) do n.° 1 do artigo anterior e ser assinado, depois de datado, pelo requerente e pelo agente que receba o pedido.

ARTIGO 76.°
(Deficiência do requerimento inicial)

1. Se o requerimento inicial não satisfizer o disposto no artigo 74.°, o requerente será convidado a suprir as deficiências existentes.

2. Sem prejuízo do disposto no número anterior, devem os órgãos e agentes administrativos procurar suprir oficiosamente as deficiências dos requerimentos, de modo a evitar que os interessados sofram prejuízos por virtude de simples irregularidade ou de mera imperfeição na formulação dos seus pedidos.

3. Serão liminarmente indeferidos os requerimentos não identificados e aqueles cujo pedido seja ininteligível.

ARTIGO 77.°
Apresentação de requerimentos

1. Os requerimentos devem ser apresentados nos serviços dos órgãos aos quais são dirigidos, salvo o disposto nos números seguintes.

2. Os requerimentos dirigidos aos órgãos centrais podem ser apresentados nos serviços locais desconcentrados do mesmo ministério ou organismo, quando os interessados residem na área da competência destes.

3. Quando os requerimentos sejam dirigidos a órgãos que não disponham de serviços na área da residência dos interessados, podem aqueles ser apresentados na secretaria do Governo Civil do respectivo distrito ou nos Gabinetes dos Ministros da República para a Região Autónoma dos Açores ou da Madeira.

4. Os requerimentos apresentados nos termos previstos nos números anteriores são remetidos aos órgãos competentes pelo registo do correio e no prazo de três dias após o seu recebimento, com a indicação da data em que este se verificou.

ARTIGO 78.°
(Apresentação dos requerimentos em representações diplomáticas ou consulares)

1. Os requerimentos podem também ser apresentados nos serviços das representações diplomáticas ou consulares sediadas no país em que residam ou se encontrem os interessados.

2. As representações diplomáticas ou consulares remeterão os requerimentos aos órgãos a quem sejam dirigidos, com a indicação da data em que se verificou o recebimento.

ARTIGO 79.°
(Envio de requerimento pelo correio)

Salvo disposição em contrário, os requerimentos dirigidos a órgãos administrativos podem ser remetidos pelo correio, com aviso de recepção.

ARTIGO 80.°
(Registo de apresentação de requerimentos)

1. A apresentação de requerimentos, qualquer que seja o modo por que se efectue, será sempre objecto de registo, que menciona o respectivo número de ordem, a data, o objecto do requerimento, o número de documentos juntos e o nome do requerente.

2. Os requerimentos são registados segundo a ordem da sua apresentação, considerando-se simultaneamente apresentados os recebidos pelo correio na mesma distribuição.

3. O registo será anotado nos requerimentos, mediante a menção do respectivo número e data.

ARTIGO 81.°
(Recibo da entrega de requerimentos)

1. Os interessados podem exigir recibo comprovativo da entrega dos requerimentos apresentados.

2. O recibo pode ser passado em duplicado ou em fotocópia do requerimento que o requerente apresente para esse fim.

ARTIGO 82.°
(Outros escritos apresentados pelos interessados)

O disposto nesta secção é aplicável, com as devidas adaptações, às exposições, reclamações, respostas e outros escritos semelhantes apresentados pelos interessados.

ARTIGO 83.°
(Questões que prejudiquem o desenvolvimento normal do procedimento)

O órgão administrativo, logo que estejam apurados os elementos necessários, deve conhecer de qualquer questão que prejudique o desenvolvimento normal do procedimento ou impeça a tomada de decisão sobre o seu objecto e, nomeadamente, das seguintes questões:

a) A incompetência do órgão administrativo;

b) A caducidade do direito que se pretende exercer;

c) A ilegitimidade dos requerentes;

d) A extemporaneidade do pedido.

SECÇÃO II

Das medidas provisórias

ARTIGO 84.°
(Admissibilidade de medidas provisórias)

1. Em qualquer fase do procedimento pode o órgão competente para a decisão final, oficiosamente ou a requerimento dos interessados, ordenar as medidas provisórias que se mostrem necessárias, se houver justo receio de, sem tais medidas, se produzir lesão grave ou de difícil reparação dos interesses públicos em causa.

2. A decisão de ordenar ou alterar qualquer medida provisória deve ser fundamentada e fixar prazo para a sua validade.

3. A revogação das medidas provisórias também deve ser fundamentada.

4. O recurso hierárquico necessário das medidas provisórias não suspende a sua eficácia, salvo quando o órgão competente o determine.

ARTIGO 85.°
(Caducidade das medidas provisórias)

Salvo disposição especial, as medidas provisórias caducam:

a) Logo que for proferida decisão definitiva no procedimento;

b) Quando decorrer o prazo que lhes tiver sido fixado, ou a respectiva prorrogação;

c) Se decorrer o prazo fixado na lei para a decisão final;

d) Se, não estando estabelecido tal prazo, a decisão final não for proferida dentro dos seis meses seguintes à instauração do procedimento.

SECÇÃO III
Da instrução

SUBSECÇÃO I
Disposições gerais

ARTIGO 86.°
(Direcção da instrução)

1. A direcção da instrução cabe ao órgão competente para a decisão, salvo o disposto nos diplomas orgânicos dos serviços ou em preceitos especiais.

2. O órgão competente para a decisão pode delegar a competência para a direcção da instrução em subordinado seu, excepto nos casos em que a lei imponha a sua direcção pessoal.

3. O órgão competente para dirigir a instrução pode encarregar subordinado seu da realização de diligências instrutórias específicas.

4. Nos órgãos colegiais, as delegações previstas no n.° 2 podem ser conferidas a membros do órgão ou a agente dele dependente.

ARTIGO 87.°
(Factos sujeitos a prova)

1. O órgão competente deve procurar averiguar todos os factos cujo conhecimento seja conveniente para a justa e rápida decisão do procedimento, podendo, para o efeito, recorrer a todos os meios de prova admitidos em direito.

2. Não carecem de prova nem de alegação os factos notórios, bem como os factos de que o órgão competente tenha conhecimento em virtude do exercício das suas funções.

3. O órgão competente fará constar do procedimento os factos de que tenha conhecimento em virtude do exercício das suas funções.

ARTIGO 88.°
(Ónus da prova)

1. Cabe aos interessados provar os factos que tenham alegado, sem prejuízo do dever cometido ao órgão competente nos termos do n.° 1 do artigo anterior.

2. Os interessados podem juntar documentos e pareceres ou requerer diligências de prova úteis para o esclarecimento dos factos com interesse para a decisão.

3. As despesas resultantes das diligências de prova serão suportadas pelos interessados que as tiverem requerido, sem prejuízo do disposto no n.° 2 do artigo 11.°.

ARTIGO 89.°
(Solicitação de provas aos interessados)

1. O órgão que dirigir a instrução pode determinar aos interessados a prestação de informações, a apresentação de documentos ou coisas, a sujeição a inspecções e a colaboração noutros meios de prova.

2. É legítima a recusa às determinações previstas no número anterior, quando a obediência às mesmas:

a) Envolver a violação de segredo profissional;

b) Implicar o esclarecimento de factos cuja revelação esteja proibida ou dispensada por lei;

c) Importar a revelação de factos puníveis, praticados pelo próprio interessado, pelo seu cônjuge ou por seu ascendente ou descendente, irmão ou afim nos mesmos graus;

d) For susceptível de causar dano moral ou material ao próprio interessado ou a alguma das pessoas referidas na alínea anterior.

ARTIGO 90.°
(Forma da prestação de informações ou da apresentação de provas)

1. Quando seja necessária a prestação de informações ou a apresentação de provas pelos interessados, serão estes notificados para o fazerem, por escrito ou oralmente, no prazo e condições que forem fixados.

2. Se o interessado não residir no município da sede do órgão instrutor, a prestação verbal de informações pode ter lugar através de órgão ou serviço com sede no município da sua residência, determinado pelo instrutor, salvo se o interessado preferir comparecer perante o órgão instrutor.

ARTIGO 91.°
(Falta de prestação de provas)

1. Se os interessados regularmente notificados para a prática de qualquer acto previsto no artigo anterior não derem cumprimento à notificação, poderá proceder-se a nova notificação ou prescindir-se da prática do acto, conforme as circunstâncias aconselharem.

2. A falta de cumprimento da notificação é livremente apreciada para efeitos de prova, consoante as circunstâncias do caso, não dispensando o órgão administrativo de procurar averiguar os factos, nem de proferir a decisão.

3. Quando as informações, documentos ou actos solicitados ao interessado sejam necessários à apreciação do pedido por ele formulado, não será dado seguimento ao procedimento, disso se notificando o particular.

ARTIGO 92.°
(Realização de diligências por outros serviços)

O órgão instrutor pode solicitar a realização de diligências de prova a outros serviços da administração central, regional ou local, quando elas não possam ser por si efectuadas.

ARTIGO 93.°
(Produção antecipada de prova)

1. Havendo justo receio de vir a tornar-se impossível ou de difícil realização a produção de qualquer prova com interesse para a decisão, pode o órgão competente, oficiosamente ou a pedido fundamentado dos interessados, proceder à sua recolha antecipada.

2. A produção antecipada de prova pode ter lugar antes da instauração do procedimento.

SUBSECÇÃO II
Dos exames e outras diligências

ARTIGO 94.°
(Realização de diligências)

1. Os exames, vistorias, avaliações e outras diligências semelhantes são efectuados por perito ou peritos com os conhecimentos especializados necessários às averiguações que constituam o respectivo objecto.

2. As diligências previstas neste artigo podem, também, ser solicitadas directamente a serviços públicos que, pela sua competência, sejam aptos para a respectiva realização.

3. A forma de nomeação de peritos e a sua remuneração são estabelecidas em diploma próprio.

ARTIGO 95.°
(Notificação aos interessados)

1. Os interessados serão notificados da diligência ordenada, do respectivo objecto e do perito ou peritos para ela designados pela Administração, salvo se a diligência incidir sobre matérias de carácter secreto ou confidencial.

2. Na notificação dar-se-á também conhecimento, com a antecedência mínima de 10 dias, da data, hora e local em que terá início a diligência.

ARTIGO 96.°
(Designação de peritos pelos interessados)

Quando a Administração designe peritos, podem os interessados indicar os seus em número igual ao da Administração.

ARTIGO 97.°
(Formulação de quesitos aos peritos)

1. O órgão que dirigir a instrução e os interessados podem formular quesitos a que os peritos deverão responder ou determinar a estes que se pronunciem expressamente sobre certos pontos.

2. O órgão que dirigir a instrução pode excluir do objecto da diligência os quesitos ou pontos indicados pelos interessados que tenham por objecto matéria de carácter secreto ou confidencial.

SUBSECÇÃO III
Dos pareceres

ARTIGO 98.°
(Espécies de pareceres)

1. Os pareceres são obrigatórios ou facultativos, consoante sejam ou não exigidos por lei; e são vinculativos ou não vinculativos, conforme as respectivas conclusões tenham ou não de ser seguidas pelo órgão competente para a decisão.

2. Salvo disposição expressa em contrário, os pareceres referidos na lei consideram-se obrigatórios e não vinculativos.

ARTIGO 99.°
(Forma e prazo dos pareceres)

1. Os pareceres devem ser sempre fundamentados e concluir de modo expresso e claro sobre todas as questões indicadas na consulta.

2. Na falta de disposição especial, os pareceres serão emitidos no prazo de 30 dias, excepto quando o órgão competente para a instrução fixar, fundamentadamente, prazo diferente.

3. Quando um parecer obrigatório e não vinculativo não for emitido dentro dos prazos previstos no número anterior, pode o procedimento prosseguir e vir a ser decidido sem o parecer, salvo disposição legal expressa em contrário.

SUBSECÇÃO IV

Da audiência dos interessados

ARTIGO 100.°
(Audiência dos interessados)

1. Concluída a instrução, e salvo o disposto no artigo 103.°, os interessados têm o direito de ser ouvidos no procedimento antes de ser tomada a decisão final, devendo ser informados, nomeadamente, sobre o sentido provável desta.

2. O órgão instrutor decide, em cada caso, se a audiência dos interessados é escrita ou oral.

3. A realização da audiência dos interessados suspende a contagem de prazos em todos os procedimentos administrativos.

ARTIGO 101.°
(Audiência escrita)

1. Quando o órgão instrutor optar pela audiência escrita, notificará os interessados para, em prazo não inferior a 10 dias, dizerem o que se lhes oferecer.

2. A notificação fornece os elementos necessários para que os interessados fiquem a conhecer todos os aspectos relevantes para a decisão, nas matérias de facto e de direito, indicando também as horas e o local onde o processo poderá ser consultado.

3. Na resposta, os interessados podem pronunciar-se sobre as questões que constituem objecto do procedimento, bem como requerer diligências complementares e juntar documentos.

ARTIGO 102.°
(Audiência oral)

1. Se o órgão instrutor optar pela audiência oral, ordenará a convocação dos interessados com a antecedência de pelo menos oito dias.

2. Na audiência oral podem ser apreciadas todas as questões com interesse para a decisão, nas matérias de facto e de direito.

3. A falta de comparência dos interessados não constitui motivo de adiamento da audiência, mas, se for apresentada justificação da falta até ao momento fixado para a audiência, deve proceder-se ao adiamento desta.

4. Da audiência será lavrada acta, da qual consta o extracto das alegações feitas pelos interessados, podendo estes juntar quaisquer alegações escritas, durante a diligência ou posteriormente.

ARTIGO 103.°
(Inexistência e dispensa de audiência dos interessados)

1. Não há lugar a audiência dos interessados:

a) Quando a decisão seja urgente;

b) Quando seja razoavelmente de prever que a diligência possa comprometer a execução ou a utilidade da decisão.

c) Quando o número de interessados a ouvir seja de tal forma elevado que a audiência se torne impraticável, devendo nesse caso proceder-se a consulta pública, quando possível, pela forma mais adequada.

2. O órgão instrutor pode dispensar a audiência dos interessados nos seguintes casos:

a) Se os interessados já se tiverem pronunciado no procedimento sobre as questões que importem à decisão e sobre as provas produzidas;

b) Se os elementos constantes do procedimento conduzirem a uma decisão favorável aos interessados.

ARTIGO 104.°
(Diligências complementares)

Após a audiência, podem ser efectuadas, oficiosamente ou a pedido dos interessados, as diligências complementares que se mostrem convenientes.

ARTIGO 105.°
(Relatório do instrutor)

Quando o órgão instrutor não for competente para a decisão final, elaborará um relatório no qual indica o pedido do interessado, resume o conteúdo do procedimento e formula uma proposta de decisão, sintetizando as razões de facto e de direito que a justificam.

SECÇÃO IV
Da decisão e outras causas de extinção

ARTIGO 106.°
(Causas de extinção)

O procedimento extingue-se pela tomada da decisão final, bem como por qualquer dos outros factos previstos nesta secção.

ARTIGO 107.°
(Decisão final expressa)

Na decisão final expressa, o órgão competente deve resolver todas as questões pertinentes suscitadas durante o procedimento e que não hajam sido decididas em momento anterior.

ARTIGO 108.°
(Deferimento tácito)

1. Quando a prática de um acto administrativo ou o exercício de um direito por um particular dependam de aprovação ou autorização de um órgão administrativo, consideram-se estas concedidas, salvo disposição em contrário, se a decisão não for proferida no prazo estabelecido por lei.

2. Quando a lei não fixar prazo especial, o prazo de produção do deferimento tácito será de 90 dias a contar da formulação do pedido ou da apresentação do processo para esse efeito.

3. Para os efeitos do disposto neste artigo, consideram-se dependentes de aprovação ou autorização de órgão administrativo, para além daqueles relativamente aos quais leis especiais prevejam o deferimento tácito, os casos de:

a) Licenciamento de obras particulares;

b) Alvarás de loteamento;
c) Autorizações de trabalho concedidas a estrangeiros;
d) Autorizações de investimento estrangeiro;
e) Autorização para laboração contínua;
f) Autorização de trabalho por turnos;
g) Acumulação de funções públicas e privadas.

4. Para o cômputo dos prazos previstos nos n.os 1 e 2 considera-se que os mesmos se suspendem sempre que o procedimento estiver parado por motivo imputável ao particular.

ARTIGO 109.°
(Indeferimento tácito)

1. Sem prejuízo do disposto no artigo anterior, a falta, no prazo fixado para a sua emissão, de decisão final sobre pretensão dirigida a órgão administrativo competente confere ao interessado, salvo disposição em contrário, a faculdade de presumir indeferida essa pretensão, para poder exercer o respectivo meio legal de impugnação.

2. O prazo a que se refere o número anterior é, salvo o disposto em lei especial, de 90 dias.

3. Os prazos referidos no número anterior contam-se, na falta de disposição especial:

a) Da data da entrada do requerimento ou petição no serviço competente, quando a lei não imponha formalidades especiais para a fase preparatória da decisão;

b) Do termo do prazo fixado na lei para a conclusão daquelas formalidades ou, na falta de fixação, do termo dos três meses seguintes à apresentação da pretensão;

c) Da data do conhecimento da conclusão das mesmas formalidades, se essa for anterior ao termo do prazo aplicável de acordo com a alínea anterior.

ARTIGO 110.°
(Desistência e renúncia)

1. Os interessados podem, mediante requerimento escrito, desistir do procedimento ou de alguns dos pedidos formulados, bem como renunciar aos seus direitos ou interesses legalmente protegidos, salvo nos casos previstos na lei.

2. A desistência ou renúncia dos interessados não prejudica a continuação do procedimento, se a Administração entender que o interesse público assim o exige.

ARTIGO 111.°
(Deserção)

1. Será declarado deserto o procedimento que, por causa imputável ao interessado, esteja parado por mais de seis meses, salvo se houver interesse público na decisão do procedimento.

2. A deserção não extingue o direito que o particular pretendia fazer valer.

ARTIGO 112.°
(Impossibilidade ou inutilidade superveniente)

1. O procedimento extingue-se quando o órgão competente para a decisão verificar que a finalidade a que ele se destinava ou o objecto da decisão se tornaram impossíveis ou inúteis.

2. A declaração da extinção a que se refere o número anterior é sempre fundamentada, dela cabendo recurso contencioso nos termos gerais.

ARTIGO 113.°
(Falta de pagamento de taxas ou despesas)

1. O procedimento extingue-se pela falta de pagamento, no prazo devido, de quaisquer taxas ou despesas de que a lei faça depender a realização dos actos procedimentais, salvo os casos previstos no n.° 2 do artigo 11.°.

2. Os interessados podem obstar à extinção do procedimento se realizarem o pagamento em dobro da quantia em falta nos 10 dias seguintes ao termo do prazo fixado para o seu pagamento.

PARTE IV
DA ACTIVIDADE ADMINISTRATIVA

CAPÍTULO I
Do regulamento

ARTIGO 114.°
(Âmbito de aplicação)

As disposições do presente capítulo aplicam-se a todos os regulamentos da Administração Pública.

ARTIGO 115.°
(Petições)

1. Os interessados podem apresentar aos órgãos competentes petições em que solicitem a elaboração, modificação ou revogação de regulamentos, as quais devem ser fundamentadas, sem o que a Administração não tomará conhecimento delas.

2. O órgão com competência regulamentar informará os interessados do destino dado às petições formuladas ao abrigo do n.° 1, bem como dos fundamentos da posição que tomar em relação a elas.

ARTIGO 116.°
(Projecto de regulamento)

Todo o projecto de regulamento é acompanhado de uma nota justificativa fundamentada.

ARTIGO 117.°
(Audiência dos interessados)

1. Tratando-se de regulamento que imponha deveres, sujeições ou encargos, e quando a isso se não oponham razões de interesse público, as quais serão sempre fundamentadas, o órgão com competência regulamentar deve ouvir, em regra, sobre o respectivo projecto, nos termos definidos em legislação própria, as entidades representativas dos interesses afectados, caso existam.

2. No preâmbulo do regulamento far-se-á menção das entidades ouvidas.

ARTIGO 118.°
(Apreciação pública)

1. Sem prejuízo do disposto no artigo anterior e quando a natureza da matéria o permita, o órgão competente deve, em regra, nos termos a definir na legislação referida no artigo anterior, submeter a apreciação pública, para recolha de sugestões, o projecto de regulamento, o qual será, para o efeito, publicado na 2.ª série do *Diário da República* ou no jornal oficial da entidade em causa.

2. Os interessados devem dirigir por escrito as suas sugestões ao órgão com competência regulamentar, dentro do prazo de 30 dias contados da data da publicação do projecto de regulamento.

3. No preâmbulo do regulamento far-se-á menção de que o respectivo projecto foi objecto de apreciação pública, quando tenha sido o caso.

ARTIGO 119.°
(Regulamentos de execução e revogatórios)

1. Os regulamentos necessários à execução das leis em vigor não podem ser objecto de revogação global sem que a matéria seja simultaneamente objecto de nova regulamentação.

2. Nos regulamentos far-se-á sempre menção especificada das normas revogadas.

CAPÍTULO II
Do acto administrativo

SECÇÃO I
Da validade do acto administrativo

ARTIGO 120.°
(Conceito de acto administrativo)

Para os efeitos da presente lei, consideram-se actos administrativos as decisões dos órgãos da Administração que ao abrigo de normas de direito público visem produzir efeitos jurídicos numa situação individual e concreta.

ARTIGO 121.°
(Condição, termo ou modo)

Os actos administrativos podem ser sujeitos a condição, termo ou modo, desde que estes não sejam contrários à lei ou ao fim a que o acto se destina.

ARTIGO 122.°
(Forma dos actos)

1. Os actos administrativos devem ser praticados por escrito, desde que outra forma não seja prevista por lei ou imposta pela natureza e circunstâncias do acto.

2. A forma escrita só é obrigatória para os actos dos órgãos colegiais quando a lei expressamente a determinar, mas esses actos devem ser sempre consignados em acta, sem o que não produzirão efeitos.

ARTIGO 123.°
(Menções obrigatórias)

1. Sem prejuízo de outras referências especialmente exigidas por lei, devem sempre constar do acto.

a) A indicação da autoridade que o praticou e a menção da delegação ou subdelegação de poderes, quando exista:

b) A identificação adequada do destinatário ou destinatários;

c) A enunciação dos factos ou actos que lhe deram origem, quando relevantes;

d) A fundamentação, quando exigível;

e) O conteúdo ou o sentido da decisão e o respectivo objecto;

f) A data em que é praticado;

g) A assinatura do autor do acto ou do presidente do órgão colegial de que emane.

2. Todas as mensões exigidas pelo número anterior devem ser enunciadas de forma clara, precisa e completa, de modo a poderem determinar-se inequivocamente o seu sentido e alcance e os efeitos jurídicos do acto administrativo.

ARTIGO 124.°
(Dever de fundamentação)

1. Para além dos casos em que a lei especialmente o exija, devem ser fundamentados os actos administrativos que, total ou parcialmente:

a) Neguem, extingam, restrinjam ou afectem por qualquer modo direitos ou interesses legalmente protegidos, ou imponham ou agravem deveres, encargos ou sanções;

b) Decidam reclamação ou recurso;

c) Decidam em contrário de pretensão ou oposição formulada por interessado, ou de parecer, informação ou proposta oficial;

d) Decidam de modo diferente da prática habitualmente seguida na resolução de casos semelhantes, ou na interpretação e aplicação dos mesmos princípios ou preceitos legais;

e) Impliquem revogação, modificação ou supensão de acto administrativo anterior.

2. Salvo disposição da lei em contrário, não carecem de ser fundamentados os actos de homologação de deliberações tomadas por júris, bem como as ordens dadas pelos superiores hierárquicos aos seus subalternos em matéria de serviço e com a forma legal.

ARTIGO 125.º
(Requisitos da fundamentação)

1. A fundamentação deve ser expressa, através de sucinta exposição dos fundamentos de facto e de direito da decisão, podendo consistir em mera declaração de concordância com os fundamentos de anteriores pareceres, informações ou propostas, que constituirão neste caso parte integrante do respectivo acto.

2. Equivale à falta de fundamentação a adopção de fundamentos que, por obscuridade, contradição ou insuficiência, não esclareçam concretamente a motivação do acto.

3. Na resolução de assuntos da mesma natureza, pode utilizar-se qualquer meio mecânico que reproduza os fundamentos das decisões, desde que tal não envolva diminuição das garantias dos interessados.

ARTIGO 126.º
(Fundamentação de actos orais)

1. A fundamentação dos actos orais abrangidos pelo n.º 1 do artigo 124.º que não constem de acta deve, a requerimento dos interessados, e para efeitos de impugnação, ser reduzida a escrito e comunicada integralmente àqueles, no prazo de dez dias, através da expedição de ofício sob registo do correio ou de entrega de notificação pessoal, a cumprir no mesmo prazo.

2. O não exercício, pelos interessados, da faculdade conferida pelo número anterior não prejudica os efeitos da eventual falta de fundamentação do acto.

SECÇÃO II
Da eficácia do acto administrativo

ARTIGO 127.º
(Regra geral)

1. O acto administrativo produz os seus efeitos desde a data em que for praticado, salvo nos casos em que a lei ou o próprio acto lhe atribuam eficácia retroactiva ou diferida.

2. Para efeitos do disposto no número anterior, o acto considera-se praticado logo que estejam preenchidos os seus elementos, não obstando à perfeição do acto, para esse fim, qualquer motivo determinante de anulabilidade.

ARTIGO 128.º
(Eficácia retroactiva)

1. Têm eficácia retroactiva os actos administrativos:

a) Que se limitem a interpretar actos anteriores;

b) Que dêem execução a decisões dos tribunais, anulatórias de actos administrativos, salvo tratando-se de actos renováveis;

c) A que a lei atribua efeito retroactivo.

2. Fora dos casos abrangidos pelo número anterior, o autor do acto administrativo só pode atribuir-lhe eficácia retroactiva:

a) Quando a retroactividade seja favorável para os interessados e não lese direitos ou interesses legalmente protegidos de terceiros, desde que à data a que se pretende fazer remontar a eficácia do acto já existissem os pressupostos justificativos da retroactividade;

b) Quando estejam em causa decisões revogatórias de actos administrativos tomadas por órgãos ou agentes que os praticaram, na sequência de reclamação ou recurso hierárquico;

c) Quando a lei o permitir.

ARTIGO 129.º
(Eficácia diferida)

O acto administrativo tem eficácia diferida:

a) Quando estiver sujeito a aprovação ou a referendo;

b) Quando os seus efeitos ficarem dependentes de condição ou termo suspensivos;

c) Quando os seus efeitos, pela natureza do acto ou por disposição legal, dependerem da verificação de qualquer requisito que não respeite à validade do próprio acto.

ARTIGO 130.°
(Publicidade obrigatória)

1. A publicidade dos actos administrativos só é obrigatória quando exigida por lei.

2. A falta de publicidade do acto, quando legalmente exigida, implica a sua ineficácia.

ARTIGO 131.°
(Termos da publicação obrigatória)

Quando a lei impuser a publicação do acto mas não regular os respectivos termos, deve a mesma ser feita no *Diário da República,* ou na publicação oficial adequada a nível regional ou local, no prazo de 30 dias, e conter todos os elementos referidos no n.° 2 do artigo 123.°.

ARTIGO 132.°
(Eficácia dos actos constitutivos de deveres ou encargos)

1. Os actos que constituam deveres ou encargos para os particulares e não estejam sujeitos a publicação começam a produzir efeitos a partir da sua notificação aos destinatários, ou de outra forma de conhecimento oficial pelos mesmos, ou do começo de execução do acto.

2. Presume-se o conhecimento oficial sempre que o interessado intervenha no procedimento administrativo e aí revele conhecer o conteúdo do acto.

3. Para os fins do n.° 1, só se considera começo de execução o início da produção de quaisquer efeitos que atinjam os destinatários.

SECÇÃO III
Da invalidade do acto administrativo

ARTIGO 133.°
(Actos nulos)

1. São nulos os actos a que falte qualquer dos elementos essenciais ou para os quais a lei comine expressamente essa forma de invalidade.

2. São, designadamente, actos nulos:

a) Os actos viciados de usurpação de poder;

b) Os actos estranhos às atribuições dos ministérios ou das pessoas colectivas referidas no artigo 2.° em que o seu autor se integre;

c) Os actos cujo objecto seja impossível, ininteligível ou constitua um crime;

d) Os actos que ofendam o conteúdo essencial de um direito fundamental;

e) Os actos praticados sob coacção;

f) Os actos que careçam em absoluto de forma legal;

g) As deliberações de órgãos colegiais que forem tomadas tumultuosamente ou com inobservância do quórum ou da maioria legalmente exigidos;

h) Os actos que ofendam os casos julgados;

i) Os actos consequentes de actos administrativos anteriormente anulados ou revogados, desde que não haja contra-interessados com interesse legítimo na manutenção do acto consequente.

ARTIGO 134.°
(Regime da nulidade)

1. O acto nulo não produz quaisquer efeitos jurídicos, independentemente da declaração de nulidade.

2. A nulidade é invocável a todo o tempo por qualquer interessado e pode ser declarada, também a todo o tempo, por qualquer órgão administrativo ou por qualquer tribunal.

3. O disposto nos números anteriores não prejudica a possibilidade de atribuição de certos efeitos jurídicos a situações de facto decorrentes de actos nulos, por força do simples decurso do tempo, de harmonia com os princípios gerais de direito.

ARTIGO 135.°
(Actos anuláveis)

São anuláveis os actos administrativos praticados com ofensa dos princípios ou normas jurídicas aplicáveis para cuja violação se não preveja outra sanção.

ARTIGO 136.°
(Regime da anulabilidade)

1. O acto administrativo anulável pode ser revogado nos termos previstos no artigo 141.°.

2. O acto anulável é susceptível de impugnação perante os tribunais nos termos da legislação reguladora do contencioso administrativo.

ARTIGO 137.°
(Ratificação, reforma e conversão)

1. Não são susceptíveis de ratificação, reforma e conversão os actos nulos ou inexistentes.

2. São aplicáveis à ratificação, reforma e conversão dos actos administrativos anuláveis as normas que regulam a competência para a revogação dos actos inválidos e a sua tempestividade.

3. Em caso de incompetência, o poder de ratificar o acto cabe ao órgão competente para a sua prática.

4. Desde que não tenha havido alteração ao regime legal, a ratificação, reforma e conversão retroagem os seus efeitos à data dos actos a que respeitam.

SECÇÃO IV

Da revogação do acto administrativo

ARTIGO 138.°
(Iniciativa da revogação)

Os actos administrativos podem ser revogados por iniciativa dos órgãos competentes, ou a pedido dos interessados, mediante reclamação ou recurso administrativo.

ARTIGO 139.°
(Actos insusceptíveis de revogação)

1. Não são susceptíveis de revogação:

a) Os actos nulos ou inexistentes;

b) Os actos anulados contenciosamente;

c) Os actos revogados com eficácia retroactiva.

2. Os actos cujos efeitos tenham caducado ou se encontrem esgotados podem ser objecto de revogação com eficácia retroactiva.

ARTIGO 140.°
(Revogabilidade dos actos válidos)

1. Os actos administrativos que sejam válidos são livremente revogáveis, excepto nos casos seguintes:

a) Quando a sua irrevogabilidade resultar de vinculação legal;

b) Quando forem constitutivos de direitos ou de interesses legalmente protegidos;

c) Quando deles resultem, para a Administração, obrigações legais ou direitos irrenunciáveis.

2. Os actos constitutivos de direitos ou interesses legalmente protegidos são, contudo, revogáveis:

a) Na parte em que sejam desfavoráveis aos interesses dos seus destinatários;

b) Quando todos os interessados dêem a sua concordância à revogação do acto e não se trate de direitos ou interesses indisponíveis.

ARTIGO 141.°
(Revogabilidade dos actos inválidos)

1. Os actos administrativos que sejam inválidos só podem ser revogados com fundamento na sua invalidade e dentro do prazo do respectivo recurso contencioso ou até à resposta da entidade recorrida.

2. Se houver prazos diferentes para o recurso contencioso, atender-se-á ao que terminar em último lugar.

ARTIGO 142.°
(Competência para a revogação)

1. Salvo disposição especial, são competentes para a revogação dos actos administrativos, além dos seus autores, os respectivos superiores hierárquicos, desde que não se trate de acto da competência exclusiva do subalterno.

2. Os actos administrativos praticados por delegação ou subdelegação de poderes podem ser revogados pelo órgão delegante ou subdelegante, bem como pelo delegado ou subdelegado enquanto vigorar a delegação ou subdelegação.

3. Os actos administrativos praticados por órgãos sujeitos a tutela administrativa só podem ser revogados pelos órgãos tutelares nos casos expressamente permitidos por lei.

ARTIGO 143.°
(Forma dos actos de revogação)

1. O acto de revogação, salvo disposição especial, deve revestir a forma legalmente prescrita para o acto revogado.

2. No entanto, deve o acto de revogação revestir a mesma forma que tiver sido utilizada na prática do acto revogado quando a lei não estabelecer forma alguma para este, ou quando o acto revogado tiver revestido forma mais solene do que a legalmente prevista.

ARTIGO 144.°
(Formalidades a observar na revogação)

São de observar na revogação dos actos administrativos as formalidades exigidas para a prática do acto revogado, salvo nos casos em que a lei dispuser de forma diferente.

ARTIGO 145.°
(Eficácia da revogação)

1. A revogação dos actos administrativos apenas produz efeitos para o futuro, salvo o disposto nos números seguintes.

2. A revogação tem efeito retroactivo, quando se fundamente na invalidade do acto revogado.

3. O autor da revogação pode, no próprio acto, atribuir-lhe efeito retroactivo:

a) Quando este seja favorável aos interessados;

b) Quando os interessados tenham concordado expressamente com a retroactividade dos efeitos e estes não respeitem a direitos ou interesses indisponíveis.

ARTIGO 146.°
(Efeitos repristinatórios da revogação)

A revogação de um acto revogatório só produz efeitos repristinatórios se a lei ou o acto de revogação assim expressamente o determinarem.

ARTIGO 147.°
(Alteração e substituição dos actos administrativos)

Na falta de disposição especial, são aplicáveis à alteração e substituição dos actos administrativos as normas reguladoras da revogação.

ARTIGO 148.°
(Rectificação dos actos administrativos)

1. Os erros de cálculo e os erros materiais na expressão da vontade do órgão administrativo, quando manifestos, podem ser rectificados, a todo o tempo, pelos órgãos competentes para a revogação do acto.

2. A rectificação pode ter lugar oficiosamente ou a pedido dos interessados, tem efeitos retroactivos e deve ser feita sob a forma e com a publicidade usadas para a prática do acto rectificado.

SECÇÃO V
Da execução do acto administrativo

ARTIGO 149.°
(Executoriedade)

1. Os actos administrativos são executórios logo que eficazes.

2. O cumprimento das obrigações e o respeito pelas limitações que derivam de um acto administrativo podem ser impostos coercivamente pela Administração sem recurso prévio aos tribunais, desde que a imposição seja feita pelas formas e nos termos previstos no presente Código ou admitidos por lei.

3. O cumprimento das obrigações pecuniárias resultantes de actos administrativos pode ser exigido pela Administração nos termos do artigo 155.°.

ARTIGO 150.°
(Actos não executórios)

1. Não são executórios:

a) Os actos cuja eficácia esteja suspensa;

b) Os actos de que tenha sido interposto recurso com efeito suspensivo;

c) Os actos sujeitos a aprovação;

d) Os actos confirmativos de actos executórios.

2. A eficácia dos actos administrativos pode ser suspensa pelos órgãos competentes para a sua revogação e pelos órgãos tutelares a quem a lei conceda esse poder, bem como pelos tribunais administrativos nos termos da legislação do contencioso administrativo.

ARTIGO 151.°
(Legalidade da execução)

1. Salvo em estado de necessidade, os órgãos da Administração Pública não podem praticar nenhum acto ou operação material de que resulte limitação de direitos subjectivos ou interesses legalmente protegidos dos particulares, sem terem praticado previamente o acto administrativo que legitime tal actuação.

2. Na execução dos actos administrativos devem, na medida do possível, ser utilizados os meios que, garantindo a realização integral dos seus objectivos, envolvam menor prejuízo para os direitos e interesses dos particulares.

3. Os interessados podem impugnar administrativa e contenciosamente os actos e operações de execução que excedam os limites do acto exequendo.

4. São também susceptíveis de impugnação contenciosa os actos e operações de execução arguidos de ilegalidade, desde que esta não seja consequência da ilegalidade do acto exequendo.

ARTIGO 152.°
(Notificação da execução)

1. A decisão de proceder à execução administrativa é sempre notificada ao seu destinatário antes de se iniciar a execução.

2. O órgão administrativo pode fazer a notificação da execução conjuntamente com a notificação do acto definitivo e executório.

ARTIGO 153.°
(Proibição de embargos)

Não são admitidos embargos, administrativos ou judiciais, em relação à execução coerciva dos actos administrativos, sem prejuízo do disposto na lei em matéria de suspensão da eficácia dos actos.

ARTIGO 154.°
(Fins da execução)

A execução pode ter por fim o pagamento de quantia certa, a entrega de coisa certa ou a prestação de um facto.

ARTIGO 155.°
(Execução para pagamento de quantia certa)

1. Quando por força de um acto administrativo devam ser pagas a uma pessoa colectiva pública, ou por ordem desta, prestações pecuniárias, seguir-se-á, na falta de pagamento voluntário no prazo fixado, o processo de execução fiscal regulado no Código de Processo Tributário.

2. Para o efeito, o órgão administrativo competente emitirá nos termos legais uma certidão, com valor de título executivo, que remeterá, juntamente com o processo administrativo, à repartição de finanças do domicílio ou sede do devedor.

3. Seguir-se-á o processo indicado no n.° 1 quando, na execução, de actos fungíveis, estes forem realizados por pessoa diversa do obrigado.

4. No caso previsto no número anterior, a Administração optará por realizar directamente os actos de execução ou por encarregar terceiro de os praticar, ficando todas as despesas, incluindo indemnizações e sanções pecuniárias, por conta do obrigado.

ARTIGO 156.°
(Execução para entrega de coisa certa)

Se o obrigado não fizer a entrega da coisa que a Administração deveria receber, o órgão competente procederá às diligências que forem necessárias para tomar posse administrativa da coisa devida.

ARTIGO 157.°
(Execução para prestação de facto)

1. No caso de execução para prestação de facto fungível, a Administração notifica o obrigado para que proceda à prática do acto devido, fixando um prazo razoável para o seu cumprimento.

2. Se o obrigado não cumprir dentro do prazo fixado, a Administração optará por realizar a execução directamente ou por intermédio de terceiro, ficando neste caso todas as despesas, incluindo indemnizações e sanções pecuniárias, por conta do obrigado.

3. As obrigações positivas de prestação de facto infungível só podem ser objecto de coacção directa sobre os indivíduos obrigados nos casos expressamente previstos na lei, e sempre com observância dos direitos fundamentais consagrados na Constituição e do respeito devido à pessoa humana.

SECÇÃO VI
Da reclamação e dos recursos administrativos

SUBSECÇÃO I
Generalidades

ARTIGO 158.°
(Princípio geral)

1. Os particulares têm direito de solicitar a revogação ou a modificação dos actos administrativos, nos termos regulados neste Código.

2. O direito reconhecido no número anterior pode ser exercido, consoante os casos:

a) Mediante reclamação para o autor do acto;

b) Mediante recurso para o superior hierárquico do autor do acto, para o órgão colegial de que este seja membro, ou para o delegante ou subdelegante;

c) Mediante recurso para o órgão que exerça poderes de tutela ou de superintendência sobre o autor do acto.

ARTIGO 159.°
(Fundamentos da impugnação)

Salvo disposição em contrário, as reclamações e os recursos podem ter por fundamento a ilegalidade ou a inconveniência do acto administrativo impugnado.

ARTIGO 160.°
(Legitimidade)

1. Têm legitimidade para reclamar ou recorrer os titulares de direitos subjectivos ou interesses legalmente protegidos que se considerem lesados pelo acto administrativo.

2. É aplicável à reclamação e aos recursos administrativos o disposto nos n.os 2 a 4 do artigo 53.°.

SUBSECÇÃO II
Da reclamação

ARTIGO 161.°
(Princípio geral)

1. Pode reclamar-se de qualquer acto administrativo, salvo disposição legal em contrário.

2. Não é possível reclamar de acto que decida anterior reclamação ou recurso administrativo, salvo com fundamento em omissão de pronúncia.

ARTIGO 162.°
(Prazo da reclamação)

A reclamação deve ser apresentada no prazo de 15 dias a contar:

a) Da publicação do acto no *Diário da República* ou em qualquer outro periódico oficial, quando a mesma seja obrigatória;

b) Da notificação do acto, quando esta se tenha efectuado, se a publicação não for obrigatória;

c) Da data em que o interessado tiver conhecimento do acto, nos restantes casos.

ARTIGO 163.°
(Efeitos da reclamação)

1. A reclamação de acto de que não caiba recurso contencioso tem efeito suspensivo, salvo nos casos em que a lei disponha em contrário ou quando o autor do acto considere que a sua não execução imediata causa grave prejuízo ao interesse público.

2. A reclamação de acto de que caiba recurso contencioso não tem efeito suspensivo, salvo nos casos em que a lei disponha em contrário ou quando o autor do acto, oficiosamente ou a pedido dos interessados, considere que a execução imediata do acto cause prejuízos irreparáveis ou de difícil reparação ao seu destinatário.

3. A suspensão da execução a pedido dos interessados deve ser requerida à entidade competente para decidir no prazo de cinco dias a contar da data em que o processo lhe for apresentado.

4. Na apreciação do pedido verificar-se-á se as provas revelam uma probabilidade séria de veracidade dos factos alegados pelos interessados, devendo decretar-se, em caso afirmativo, a suspensão da eficácia.

5. O disposto nos números anteriores não prejudica o pedido de suspensão de eficácia perante os tribunais administrativos, nos termos da legislação aplicável.

ARTIGO 164.°
(Prazos de recurso)

1. A reclamação de actos insusceptíveis de recurso contencioso suspende o prazo de interposição do recurso hierárquico necessário.

2. A reclamação dos demais actos não suspende nem interrompe o prazo de interposição do recurso que no caso couber.

ARTIGO 165.°
(Prazo para decisão)

O prazo para o órgão competente apreciar e decidir a reclamação é de 30 dias.

SUBSECÇÃO III
Do recurso hierárquico

ARTIGO 166.º
(Objecto)

Podem ser objecto de recurso hierárquico todos os actos administrativos praticados por órgãos sujeitos aos poderes hierárquicos de outros órgãos, desde que a lei não exclua tal possibilidade.

ARTIGO 167.º
(Espécies e âmbito)

1. O recurso hierárquico é necessário ou facultativo, consoante o acto a impugnar seja ou não insusceptível de recurso contencioso.

2. Ainda que o acto de que se interpõe recurso hierárquico seja susceptível de recurso contencioso, tanto a ilegalidade como a inconveniência do acto podem ser apreciados naquele.

ARTIGO 168.º
(Prazos de interposição)

1. Sempre que a lei não estabeleça prazo diferente, é de 30 dias o prazo para a interposição do recurso hierárquico necessário.

2. O recurso hierárquico facultativo deve ser interposto dentro do prazo estabelecido para interposição de recurso contencioso do acto em causa.

ARTIGO 169.º
(Interposição)

1. O recurso hierárquico interpõe-se por meio de requerimento no qual o recorrente deve expor todos os fundamentos do recurso, podendo juntar os documentos que considere convenientes.

2. O recurso é dirigido ao mais elevado superior hierárquico do autor do acto, salvo se a competência para a decisão se encontrar delegada ou subdelegada.

3. O requerimento de interposição do recurso pode ser apresentado ao autor do acto ou à autoridade a quem seja dirigido.

ARTIGO 170.°
(Efeitos)

1. O recurso hierárquico necessário suspende a eficácia do acto recorrido, salvo quando a lei disponha em contrário ou quando o autor do acto considere que a sua não execução imediata causa grave prejuízo ao interesse público.

2. O órgão competente para apreciar o recurso pode revogar a decisão a que se refere o número anterior, ou tomá-la quando o autor do acto o não tenha feito.

3. O recurso hierárquico facultativo não suspende a eficácia do acto recorrido.

ARTIGO 171.°
(Notificação dos contra-interessados)

Interposto o recurso, o órgão competente para dele conhecer deve notificar aqueles que possam ser prejudicados pela sua procedência para alegarem, no prazo de 15 dias, o que tiverem por conveniente sobre o pedido e os seus fundamentos.

ARTIGO 172.°
(Intervenção do órgão recorrido)

1. No mesmo prazo referido no artigo anterior deve também o autor do acto recorrido pronunciar-se sobre o recurso e remetê-lo ao órgão competente para dele conhecer, notificando o recorrente da remessa do processo.

2. Quando os contra-interessados não hajam deduzido oposição e os elementos constantes do processo demonstrarem suficientemente a procedência do recurso, pode o autor do acto recorrido revogar, modificar ou substituir o acto de acordo com o pedido recorrente, informando da sua decisão o órgão competente para conhecer do recurso.

ARTIGO 173.°
(Rejeição do recurso)

O recurso deve ser rejeitado nos casos seguintes:
a) Quando haja sido interposto para órgão incompetente;
b) Quando o acto impugnado não seja susceptível de recurso;
c) Quando o recorrente careça de legitimidade;
d) Quando o recurso haja sido interposto fora do prazo;
e) Quando ocorra qualquer outra causa que obste ao conhecimento do recurso.

ARTIGO 174.°
(Decisão)

1. O órgão competente para conhecer do recurso pode, sem sujeição ao pedido do recorrente, salvas as excepções previstas na lei, confirmar ou revogar o acto recorrido; se a competência do autor do acto recorrido não for exclusiva, pode também modificá-lo ou substituí-lo.

2. O órgão competente para decidir o recurso pode, se for caso disso, anular, no todo ou em parte, o procedimento administrativo e determinar a realização de nova instrução ou de diligências complementares.

ARTIGO 175.°
(Prazo para a decisão)

1. Quando a lei não fixe prazo diferente, o recurso hierárquico deve ser decidido no prazo de 30 dias contado a partir da remessa do processo ao órgão competente para dele conhecer.

2. O prazo referido no número anterior é elevado até ao máximo de 90 dias quando haja lugar à realização de nova instrução ou de diligências complementares.

3. Decorridos os prazos referidos nos números anteriores sem que haja sido tomada uma decisão, considera-se o recurso tacitamente indeferido.

SUBSECÇÃO IV
Do recurso hierárquico impróprio e do recurso tutelar

ARTIGO 176.°
(Recurso hierárquico impróprio)

1. Considera-se impróprio o recurso hierárquico interposto para um órgão que exerça poder de supervisão sobre outro órgão da mesma pessoa colectiva, fora do âmbito da hierarquia administrativa.

2. Nos casos expressamente previstos por lei, também cabe recurso hierárquico impróprio para os órgãos colegiais em relação aos actos administrativos praticados por qualquer dos seus membros.

3. São aplicáveis ao recurso hierárquico impróprio, com as necessárias adaptações, as disposições reguladoras do recurso hierárquico.

ARTIGO 177.°
(Recurso tutelar)

1. O recurso tutelar tem por objecto actos administrativos praticados por órgãos de pessoas colectivas públicas sujeitas a tutela ou superintendência.

2. O recurso tutelar só existe nos casos expressamente previstos por lei e tem, salvo disposição em contrário, carácter facultativo.

3. O recurso tutelar só pode ter por fundamento a inconveniência do acto recorrido nos casos em que a lei estabeleça uma tutela de mérito.

4. A modificação ou substituição do acto recorrido só é possível se a lei conferir poderes de tutela substitutiva e no âmbito destes.

5. Ao recurso tutelar são aplicáveis as disposições reguladoras do recurso hierárquico, na parte em que não contrariem a natureza própria daquele e o respeito devido à autonomia da entidade tutelada.

CAPÍTULO III (1)
Do contrato administrativo

ARTIGO 178.°
(Conceito de contrato administrativo)

1. Diz-se contrato administrativo o acordo de vontades pelo qual é constituída, modificada ou extinta uma relação jurídica administrativa.

2. São contratos administrativos, designadamente, os contratos de:

a) Empreitada de obras públicas;
b) Concessão de obras públicas;
c) Concessão de serviços públicos;
d) Concessão de exploração do domínio público;
e) Concessão de uso privativo do domínio público;
f) Concessão de exploração de jogos de fortuna ou azar;
g) Fornecimento contínuo;
h) Prestação de serviços para fins de imediata utilidade pública.

ARTIGO 179.°
(Utilização do contrato administrativo)

1. Os órgãos administrativos, na prossecução das atribuições da pessoa colectiva em que se integram, podem celebrar quaisquer contratos administrativos, salvo se outra coisa resultar da lei ou da natureza das relações a estabelecer.

2. O órgão administrativo não pode exigir prestações contratuais desproporcionadas ou que não tenham uma relação directa com o objecto do contrato.

---

(1) Revogado pelo Decreto-Lei n.° 18/2008, de 29 de Janeiro, que aprovou o Código dos Contratos Públicos.

ARTIGO 180.°
(Poderes da Administração)

Salvo quando outra coisa resultar da lei ou da natureza do contrato, a Administração Pública pode:

a) Modificar unilateralmente o conteúdo das prestações, desde que seja respeitado o objecto do contrato e o seu equilíbrio financeiro;

b) Dirigir o modo de execução das prestações;

c) Rescindir unilateralmente os contratos por imperativo de interesse público devidamente fundamentado, sem prejuízo do pagamento de justa indemnização;

d) Fiscalizar o modo de execução do contrato;

e) Aplicar as sanções previstas para a inexecução do contrato.

ARTIGO 181.°
(Formação do contrato)

São aplicáveis à formação dos contratos administrativos, com as necessárias adaptações, as disposições deste Código relativas ao procedimento administrativo.

ARTIGO 182.°
(Escolha do co-contratante)

***1.** Salvo o disposto em legislação especial, nos contratos que visem associar um particular ao desempenho regular de atribuições administrativas o co-contratante deve ser escolhido por uma das seguintes formas.*

a) Concurso público;

b) Concurso limitado por prévia qualificação;

c) Concurso limitado sem apresentação de candidaturas;

d) Negociação, com ou sem publicação prévia de anúncio;

e) Ajuste directo.

***2.** Ao concurso público são admitidas todas as entidades que satisfaçam os requisitos gerais estabelecidos por lei.*

***3.** Ao concurso limitado por prévia qualificação somente podem ser admitidas as entidades seleccionadas pelo órgão administrativo adjudicante.*

4. Ao concurso limitado sem apresentação de candidaturas apenas serão admitidas as entidades convidadas, sendo o convite feito de acordo com o conhecimento e a experiência que o órgão administrativo adjudicante tenha daquelas entidades.

5. Os procedimentos por negociação implicam a negociação do conteúdo do contrato com um ou vários interessados.

6. O ajuste directo dispensa quaisquer consultas.

ARTIGO 183.°
(Obrigatoriedade de concurso público)

Com ressalva do disposto nas normas que regulam a realização de despesas públicas ou em legislação especial, os contratos administrativos devem ser precedidos de concurso público.

ARTIGO 184.°
(Forma dos contratos)

Os contratos administrativos são sempre celebrados por escrito, salvo se a lei estabelecer outra forma.

ARTIGO 185.°
(Regime de invalidade dos contratos)

1. Os contratos administrativos são nulos ou anuláveis, nos termos do presente Código, quando forem nulos ou anuláveis os actos administrativos de que haja dependido a sua celebração.

2. São aplicáveis a todos os contratos administrativos as disposições do Código Civil relativas à falta e vícios da vontade.

3. Sem prejuízo do disposto no n.° 1, à invalidade dos contratos administrativos aplicam-se os regimes seguintes:

a) Quanto aos contratos administrativos com objecto passível de acto administrativo, o regime de invalidade do acto administrativo estabelecido no presente Código;

b) Quanto aos contratos administrativos com objecto passível de contrato de direito privado, o regime de invalidade do negócio jurídico previsto no Código Civil.

ARTIGO 186.°
(Actos opiniativos)

1. Os actos administrativos que interpretem cláusulas contratuais ou que se pronunciem sobre a respectiva validade não são definitivos e executórios, pelo que na falta de acordo do co-contratante a Administração só pode obter os efeitos pretendidos através de acção a propor no tribunal competente.

2. O disposto no número anterior não prejudica a aplicação das disposições gerais da lei civil relativas aos contratos bilaterais, a menos que tais preceitos tenham sido afastados por vontade expressa dos contratantes.

ARTIGO 187.°
(Execução forçada das prestações)

1. Salvo disposição legal em contrário, a execução forçada das prestações contratuais em falta só pode ser obtida através dos tribunais administrativos.

2. Revogado pelo DL n.° 6/96.

ARTIGO 188.°
(Cláusula compromissória)

É válida a cláusula pela qual se disponha que devem ser decididas por árbitros as questões que venham a suscitar-se entre as partes num contrato administrativo.

ARTIGO 189.°
(Legislação subsidiária)

Em tudo quanto não estiver expressamente regulado no presente Código são aplicáveis aos contratos administrativos os princípios gerais de direito administrativo e, com as necessárias adaptações, as disposições legais que regulam as despesas públicas e as normas que regulem formas específicas de contratação pública.

PROCESSO ADMINISTRATIVO

Lei n.° 13/2002

de 19 de Fevereiro

Aprova o Estatuto dos Tribunais Administrativos e Fiscais (revoga o Decreto-Lei n.° 129/84, de 27 de Abril) e procede à 3.ª alteração do Decreto-Lei n.° 59/99, de 2 de Março, alterado pela Lei n.° 163/99, de 14 de Setembro, e pelo Decreto-Lei n.° 159/2000, de 27 de Julho, à 42.ª alteração do Código de Processo Civil, à 1.ª alteração da Lei n.° 168/99, de 18 de Setembro, e à 2.ª alteração da Lei n.° 11/87, de 7 de Abril, alterada pelo Decreto-Lei n.° 224-A/96, de 26 de Novembro.

A Assembleia da República decreta, nos termos da alínea *c*) do artigo 161.° da Constituição, para valer como lei geral da República, o seguinte:

ARTIGO 1.°
(Aprovação)

É aprovado o Estatuto dos Tribunais Administrativos e Fiscais, que se publica em anexo à presente lei e que dela faz parte integrante.

ARTIGO 2.°
(Disposição transitória)

1. As disposições do Estatuto dos Tribunais Administrativos e Fiscais não se aplicam aos processos que se encontrem pendentes à data da sua entrada em vigor.

2. As decisões que, na vigência do novo Estatuto, sejam proferidas ao abrigo das competências conferidas pelo anterior Estatuto dos Tribunais Administrativos e Fiscais são impugnáveis para o tribunal competente de acordo com o mesmo Estatuto.

ARTIGO 3.°
(Alteração ao regime jurídico das empreitadas de obras públicas)

O artigo 259.° do Decreto-Lei n.° 59/99, de 2 de Março, que estabelece o regime jurídico das empreitadas de obras públicas, passa a ter a seguinte redacção:

«Artigo 259.°

[...]

1. ....

2. Proferida a decisão e notificada às partes, o processo será entregue no Conselho Superior de Obras Públicas e Transportes, onde ficará arquivado, competindo ao presidente do Conselho Superior decidir tudo quanto respeite aos termos da respectiva execução por parte das entidades administrativas, sem prejuízo da competência dos tribunais administrativos para a execução das obrigações do empreiteiro, devendo ser remetida ao juiz competente cópia da decisão do tribunal arbitral para efeitos do processo executivo.

3. ....»

ARTIGO 4.°
(Alteração ao Código de Processo Civil)

O artigo 1083.° do Código de Processo Civil passa a ter a seguinte redacção:

«Artigo 1083.°

Âmbito de aplicação

O disposto no presente capítulo é aplicável às acções de regresso contra magistrados, propostas nos tribunais judiciais, sendo subsidiariamente aplicável às acções do mesmo tipo que sejam da competência de outros tribunais.»

ARTIGO 5.°
(Alterações ao Código das Expropriações)

Os artigos 74.° e 77.° do Código das Expropriações, aprovado pela Lei n.° 168/99, de 18 de Setembro, passam a ter a seguinte redacção:

«Artigo 74.°
[...]

1. ....
2. ....
3. ....
4. Se não for notificado de qualquer decisão favorável no prazo de 90 dias a contar da data do requerimento, o interessado pode fazer valer o direito de reversão no prazo de um ano, mediante acção administrativa comum a propor no tribunal administrativo de círculo da situação do prédio ou da sua maior extensão (1).
5. Na acção prevista no número anterior, é cumulado o pedido de adjudicação, instruído com os documentos mencionados no artigo 77.°, que o tribunal aprecia, seguindo os trâmites dos artigos 78.° e 79.°, no caso de reconhecer o direito de reversão.

Artigo 77.°
[...]

1. Autorizada a reversão, o interessado deduz, no prazo de 90 dias a contar da data da notificação da autorização, perante o tribunal administrativo de círculo da situação do prédio ou da sua maior extensão, o pedido de adjudicação, instruindo a sua pretensão com os seguintes documentos:

a) ....
b) ....
c) ....
d) ....
e) ....

2. ....(1)»

---

(1) Redacção da Lei n.° 4-A/2003.

ARTIGO 6.°
(Alteração à Lei de Bases do Ambiente)

O artigo 45.° da Lei n.° 11/87, de 7 de Abril (Lei de Bases do Ambiente), passa a ter a seguinte redacção:

«Artigo 45.°
Tutela judicial

1. Sem prejuízo da legitimidade de quem se sinta ameaçado ou tenha sido lesado nos seus direitos, à actuação perante a jurisdição competente do correspondente direito à cessação da conduta ameaçadora ou lesiva e à indemnização pelos danos que dela possam ter resultado, ao abrigo do disposto no capítulo anterior, também ao Ministério Público compete a defesa dos valores protegidos pela presente lei, nomeadamente através da utilização dos mecanismos nela previstos.

2. É igualmente reconhecido a qualquer pessoa, independentemente de ter interesse pessoal na demanda, bem como às associações e fundações defensoras dos interesses em causa e às autarquias locais, o direito de propor e intervir, nos termos previstos na lei, em processos principais e cautelares destinados à defesa dos valores protegidos pela presente lei.»

ARTIGO 7.° (1)
(Disposição transitória relativa ao recrutamento e formação de juízes)

1. No prazo máximo de 180 dias a contar da data da publicação desta lei, é aberto concurso de recrutamento de juízes para os tribunais administrativos e para os tribunais tributários ao qual podem concorrer magistrados judiciais e do Ministério Público com pelo menos cinco anos de serviço e classificação não inferior a Bom e juristas com pelo menos cinco anos de comprovada experiência profissional na área do direito público, nomeadamente através do exercício de funções públicas, da advocacia, da docência no ensino superior ou na investigação, ou ao serviço da Administração Pública.

---

(1) Redacção da Lei n.° 4-A/2003.

2. A admissão a concurso depende de graduação baseada na ponderação global dos factores enunciados no artigo 61.° do Estatuto aprovado pela presente lei e os candidatos admitidos frequentam um curso de formação teórica de três meses, organizado pelo Centro de Estudos Judiciários.

3. Os candidatos admitidos ao concurso têm, durante a frequência do curso de formação teórica referido no número anterior, o mesmo estatuto remuneratório e os mesmos direitos, deveres e incompatibilidades dos restantes auditores de justiça do Centro de Estudos Judiciários e, no caso de serem funcionários ou agentes do Estado, de institutos públicos ou de empresas públicas, podem frequentar o curso em regime de requisição e optar por auferir a remuneração base relativa à categoria de origem, retomando os respectivos cargos ou funções sem perda de antiguidade em caso de exclusão ou de desistência justificada.

4. A frequência do curso de formação teórica por magistrados judiciais e do Ministério Público e o seu eventual provimento em comissão de serviço na jurisdição administrativa e fiscal dependem de autorização, nos termos estatutários.

5. No termo do curso previsto no n.° 2, os candidatos são avaliados em função do seu mérito absoluto e qualificados como aptos ou não aptos, para o efeito de serem admitidos à fase seguinte, que é constituída por um estágio de seis meses, precedido de um curso especial de formação teórico-prática de âmbito geral, organizado pelo Centro de Estudos Judiciários, com a duração máxima de três meses e incidência predominante sobre matérias de deontologia e direito processual civil.

6. O Centro de Estudos Judiciários, no termo do curso especial previsto no número anterior, procede a uma graduação que releva para o efeito da selecção dos tribunais de estágio.

7. O montante da bolsa atribuída aos auditores durante a frequência do curso especial previsto no n.° 5 corresponde ao índice 100 da escala indiciária dos magistrados judiciais.

8. As reclamações das decisões proferidas no âmbito do concurso têm efeito meramente devolutivo.

9. Os juízes recrutados no âmbito do concurso previsto nos números anteriores têm as honras, precedências, categorias, direitos, vencimentos e abonos que competem aos juízes de direito, dependendo a respectiva progressão na carreira dos critérios a que se referem os n.os 4 e 5 do artigo 58.° do Estatuto aprovado pela presente lei.

10. O Governo adoptará os procedimentos necessários ao desenvolvimento regulamentar do regime estabelecido no presente artigo.

ARTIGO 8.°
(Norma revogatória)

São revogados:

a) O Decreto-Lei n.° 45006, de 27 de Abril de 1963;

b) O Decreto-Lei n.° 784/76, de 30 de Outubro;

c) O Estatuto dos Tribunais Administrativos e Fiscais, aprovado pelo Decreto-Lei n.° 129/84, de 27 de Abril;

d) O Decreto-Lei n.° 374/84, de 29 de Novembro;

e) A Lei n.° 46/91, de 3 de Agosto;

f) A Portaria n.° 116/92, de 24 de Fevereiro.

ARTIGO 9.° (1)
(Entrada em vigor)

A presente lei entra em vigor em 1 de Janeiro de 2004, com excepção do artigo 7.°, que entra em vigor no dia seguinte ao da sua publicação.

---

(1) Redacção da Lei n.° 4-A/2003.

Lei n.° 4-A/2003

de 19 de Fevereiro

Primeira alteração à Lei n.° 13/2002, de 19 de Fevereiro, que aprova o Estatuto dos Tribunais Administrativos e Fiscais, primeira alteração à Lei n.° 15/2002, de 22 de Fevereiro, que aprova o Código de Processo nos Tribunais Administrativos, e primeira alteração ao Decreto-Lei n.° 134/98, de 15 de Maio, que aprova o regime jurídico do recurso contencioso dos actos administrativos relativos à formação dos contratos de empreitada de obras públicas, de prestação de serviços e de fornecimento de bens.

A Assembleia da República decreta, nos termos da alínea *c*) do artigo 161.° da Constituição, para valer como lei geral da República, o seguinte:

ARTIGO 1.°
(Alterações à Lei n.° 13/2002, de 19 de Fevereiro)

Os artigos 5.°, 7.° e 9.° da Lei n.° 13/2002, de 19 de Fevereiro, passam a ter a seguinte redacção:

As alterações foram inseridas no local próprio.

ARTIGO 2.°
(Alterações à Lei n.° 15/2002, de 22 de Fevereiro)

Os artigos 3.° e 7.° da Lei n.° 15/2002, de 22 de Fevereiro, passam a ter a seguinte redacção:

As alterações foram inseridas no local próprio.

ARTIGO 3.°
(Alterações ao Código de Processo nos Tribunais Administrativos)

Os artigos 4.°, 10.°, 25.°, 40.°, 45.°, 47.°, 48.°, 59.°, 73.°, 78.°, 79.°, 80.°, 81.°, 82.°, 83.°, 84.°, 85.°, 86.°, 99.°, 100.°, 120.°, 128.°, 130.°, 132.°, 143.°, 147.°, 150.°, 151.°, 157.°, 161.°, 182.°, 184.° e 186.° do Código de Processo nos Tribunais Administrativos, aprovado pela Lei n.° 15/2002, de 22 de Fevereiro, passam a ter a seguinte redacção:

As alterações foram inseridas no local próprio.

ARTIGO 4.°
(Aditamento ao Código de Processo nos Tribunais Administrativos)

É aditado ao Código de Processo nos Tribunais Administrativos, aprovado pela Lei n.° 15/2002, de 22 de Fevereiro, o seguinte artigo:

«Artigo 192.°...»

Foi inserido no local próprio.

ARTIGO 5.°
(Alteração ao Decreto-Lei n.° 134/98, de 15 de Maio) (1)

ARTIGO 6.°
(Salvaguarda de direitos adquiridos)

As alterações introduzidas ao artigo 7.° da Lei n.° 13/2002, de 19 de Fevereiro, não prejudicam a aquisição, pelos auditores de justiça, no termo do curso a que se refere o n.° 2 do mesmo artigo, do direito de ingressar na jurisdição administrativa e fiscal.

(1) Alteração não reproduzida, dado o Decreto-Lei n.° 134/98 ter sido revogado, com efeitos a partir de 01-01-2004, pela al. *f)* do art. 6.° da Lei n.° 15/2002, na redacção que lhe foi dada pela presente lei, passando a disciplina nele contida para o CPTA.

ARTIGO 7.°
(Entrada em vigor)

1. A presente lei entra em vigor no dia seguinte ao da sua publicação, sendo as novas disposições introduzidas no artigo 7.° da Lei n.° 13/2002, de 19 de Fevereiro, imediatamente aplicáveis ao concurso aberto pelo aviso n.° 4902/2002, 2.ª série, de 11 de Abril.

2. Os artigos 9.°, 39.°, 45.° e 86.° do Estatuto dos Tribunais Administrativos e Fiscais entram em vigor no dia seguinte ao da publicação da presente lei.

ARTIGO 8.°
(Republicação)

É republicado, em anexo, o Código de Processo nos Tribunais Administrativos, aprovado pela Lei n.° 15/2002, de 22 de Fevereiro.

Lei n.° 107-D/2003

de 31 de Dezembro

Segunda alteração ao Estatuto dos Tribunais Administrativos e Fiscais, aprovado pela Lei n.° 13/2002, de 19 de Fevereiro

A Assembleia da República decreta, nos termos da alínea *c*) do artigo 161.° da Constituição, para valer como lei geral da República, o seguinte:

ARTIGO 1.°
(Alterações ao Estatuto dos Tribunais Administrativos e Fiscais)

Os artigos 4.°, 6.°, 8.°, 9.°, 23.°, 24.°, 26.°, 27.°, 31.°, 32.°, 33.°, 34.°, 36.°, 37.°, 38.°, 39.°, 40.°, 42.°, 43.°, 44.°, 45.°, 47.°, 48.°, 49.°, 52.°, 54.°, 56.°, 58.°, 64.°, 66.°, 68.°, 69.°, 74.° e 93.° do Estatuto dos Tribunais Administrativos e Fiscais, aprovado pela Lei n.° 13/2002, de 19 de Fevereiro, e alterado pela Lei n.° 4-A/2003, de 19 de Fevereiro, passam a ter a seguinte redacção:

As alterações foram introduzidas no local próprio.

ARTIGO 2.°
(Tribunal Central Administrativo)

1. Com a instalação dos tribunais centrais administrativos, o Tribunal Central Administrativo é convertido num juízo liquidatário do Tribunal Central Administrativo Sul, ao qual são afectos os processos pendentes, não lhe sendo atribuídos novos processos.

2. A partir da data da instalação dos novos tribunais centrais administrativos, consideram-se reportadas a estes tribunais, de acordo com as respectivas áreas de jurisdição, as referências que na lei processual são feitas ao Tribunal Central Administrativo.

ARTIGO 3.°
(Republicação)

A Lei n.° 13/2002, de 19 de Fevereiro, com as alterações que lhe foram introduzidas pela Lei n.° 4-A/2003, de 19 de Fevereiro, e pela presente lei, é republicada em anexo.

ARTIGO 4.°
(Entrada em vigor)

1. Os artigos 9.° e 31.° do Estatuto dos Tribunais Administrativos e Fiscais, com a redacção que lhes é dada pela presente lei, entram em vigor no dia seguinte ao da sua publicação.

2. As demais disposições contidas na presente lei entram em vigor no dia 1 de Janeiro de 2004.

Decreto-Lei n.° 325/2003

de 29 de Dezembro

A Lei n.° 15/2001, de 5 de Junho, determinou a transferência para o Ministério da Justiça das competências do Estado no domínio da organização administrativa dos tribunais tributários de 1.ª instância, incumbindo o Governo de regular, por decreto-lei, os termos em que se processaria a transferência. Seguidamente, o novo Estatuto dos Tribunais Administrativos e Fiscais, aprovado pela Lei n.° 13/2002, de 19 de Fevereiro, e cujos artigos 39.°, 45.° e 86.° se encontram em vigor, por força do artigo 7.° da Lei n.° 4-A/2003, de 19 de Fevereiro, veio dar um novo enquadramento à justiça administrativa e tributária, estabelecendo os fundamentos da sua nova organização.

O presente diploma surge na sequência das opções consagradas nas referidas leis, concretizando-as no plano da definição da sede e área de jurisdição dos novos tribunais administrativos e tributários, tanto ao nível da 1.ª como da 2.ª instância, bem como no plano da definição do regime de organização interna dos novos tribunais administrativos de círculo e dos novos tribunais tributários.

Por outro lado, trata-se de dar resposta às questões colocadas pela instalação dos tribunais administrativos de círculo e dos tribunais tributários recentemente criados, designadamente no que se refere à situação dos magistrados e funcionários que exerciam funções nos tribunais administrativos de círculo e nos tribunais tributários de 1.ª instância, bem como no que respeita ao novo sistema informático dos tribunais da jurisdição administrativa e fiscal, que permitirá assegurar uma tramitação essencialmente informática dos processos.

Procede-se, ainda, em conformidade com o disposto no n.° 4 do artigo 9.° do novo Estatuto dos Tribunais Administrativos e Fiscais, ao desdobramento do Tribunal Central Administrativo no Tribunal Central Administrativo Norte e no Tribunal Central Administrativo Sul.

Assim:

Nos termos da alínea *a*) do n.° 1 do artigo 198.° da Constituição, o Governo decreta o seguinte:

CAPÍTULO I
Sede e área de jurisdição dos tribunais da jurisdição administrativa e fiscal

ARTIGO 1.°
(Supremo Tribunal Administrativo)

1. O Supremo Tribunal Administrativo tem sede em Lisboa e jurisdição em todo o território nacional.

2. A organização e o funcionamento do Supremo Tribunal Administrativo são objecto de regulação em diploma próprio.

ARTIGO 2.°
(Tribunais centrais administrativos)

1. A área de jurisdição do Tribunal Central Administrativo Norte abrange o conjunto das áreas de jurisdição atribuídas no mapa anexo aos Tribunais Administrativos de Círculo e Tributários de Aveiro, Braga, Coimbra, Mirandela, Penafiel, Porto e Viseu ([1]).

2. A área de jurisdição do Tribunal Central Administrativo Sul abrange o conjunto das áreas de jurisdição atribuídas no mapa anexo aos Tribunais Administrativos de Círculo e Tributários de Almada, Beja, Castelo Branco, Funchal, Leiria, Lisboa, Loulé, Ponta Delgada e Sintra ([1]).

3. A organização e o funcionamento do Tribunal Central Administrativo Norte e do Tribunal Central Administrativo Sul são objecto de regulação em diploma próprio.

([1]) Redacção do Decreto-Lei n.° 182/2007, de 9 de Maio.

ARTIGO 3.°
(Tribunais administrativos de círculo e tribunais tributários)

1. Os Tribunais Administrativos de Círculo e os Tribunais Tributários têm sede em Almada, Aveiro, Beja, Braga, Castelo Branco, Coimbra, Funchal, Leiria, Lisboa, Loulé, Mirandela, Penafiel, Ponta Delgada, Porto, Sintra e Viseu (1).

2. A área de jurisdição dos tribunais administrativos de círculo e dos tribunais tributários consta do mapa anexo ao presente diploma que dele faz parte integrante.

3. Quando funcionem agregados, os tribunais administrativos de círculo e os tribunais tributários assumem a designação unitária de tribunais administrativos e fiscais.

4. Nos tribunais administrativos e fiscais agregados cujo quadro de juízes seja em número superior a dois, os lugares do quadro são identificados por referência à matéria especializada, administrativa ou tributária, em que cada juiz irá exercer funções.

CAPÍTULO II
Organização e funcionamento dos tribunais da jurisdição administrativa e fiscal

ARTIGO 4.° (2)
(Tramitação processual)

1. A tramitação dos processos nos tribunais da jurisdição administrativa e fiscal é efectuada electronicamente em termos a definir por portaria do membro do Governo responsável pela área da justiça, devendo as disposições processuais relativas a actos dos magistrados e das secretarias judiciais ser objecto das adaptações práticas que se revelem necessárias, designadamente quanto:

a) À apresentação de peças processuais e documentos;

---

(1) Redacção do Decreto-Lei n.° 182/2007, de 9 de Maio.

(2) Redacção do Decreto-Lei n.° 190/2009, de 17 de Agosto.

b) À distribuição de processos;

c) À prática, necessariamente por meios electrónicos, dos actos processuais dos magistrados e dos funcionários;

d) Aos actos, peças, autos e termos dos processos que não podem constar do processo em suporte físico;

e) À remessa ao tribunal, necessariamente por meios electrónicos, do processo administrativo;

f) Ao acesso e consulta dos processos em suporte informático.

2. O disposto no número anterior é aplicável às citações e notificações das partes e dos mandatários judiciais, que são efectuadas electronicamente nos termos da lei de processo e da portaria do membro do Governo responsável pela área da justiça.

3. Para efeitos do disposto no n.° 1, as peças processuais e os documentos apresentados pelas partes em suporte de papel são digitalizados pela secretaria judicial, nos casos e nos termos a regulamentar por portaria do Ministro da Justiça, e devolvidos ao apresentante.

4. Os documentos que possam ser digitalizados podem ser apresentados por transmissão electrónica de dados, podendo as partes ser dispensadas de remeter ao tribunal o respectivo suporte de papel e as cópias dos mesmos, nos termos a definir por portaria do Ministro da Justiça, e devolvidos ao apresentante.

5. O disposto nos números anteriores não prejudica o dever de exibição dos originais das peças processuais e dos documentos juntos pelas partes por transmissão electrónica de dados, sempre que o juiz o determine, nos termos da lei de processo.

6. *(Revogado.)*

7. *(Revogado.)*

ARTIGO 5.°
(Secretaria e unidades orgânicas)

1. As secretarias dos tribunais administrativos de círculo e dos tribunais tributários compreendem uma secção central, coordenada por um escrivão de direito, e uma secção de processos, constituída por unidades orgânicas igualmente coordenadas por um escrivão de direito.

2. Os quadros das secretarias dos tribunais administrativos de círculo e dos tribunais tributários são integrados por funcionários de justiça, subordinados ao respectivo regime jurídico e ao disposto no presente diploma.

3. Em cada unidade orgânica, o escrivão de direito é pessoalmente responsável pelo andamento dos processos que lhe estão atribuídos e dirige a actividade dos respectivos oficiais de justiça, distribuindo por eles as tarefas que, em cada momento, sejam necessárias ao bom andamento dos processos, em função do volume de trabalho a cargo de cada um e das suas aptidões específicas.

4. A distribuição dos processos pelas diferentes unidades orgânicas é realizada por meios informáticos e a respectiva numeração obedece a um critério unitário, que não atende à existência de diferentes unidades orgânicas.

5. Os funcionários de justiça que integram as unidades orgânicas da secção de processos podem ser temporariamente afectados a outra unidade orgânica quando isso se revele necessário para assegurar o equilibrado andamento dos processos, devendo cada processo ser redistribuído de uma para outra unidade orgânica sempre que a aplicação informática dê indicação nesse sentido.

6. Nos tribunais administrativos e fiscais agregados, as secretarias, as secções centrais e as secções de processos são comuns.

7. Sem prejuízo do disposto no número anterior, nos tribunais administrativos e fiscais agregados cuja dimensão o justifique pode haver uma ou mais unidades orgânicas especializadas em matéria tributária, devendo a distribuição dos processos pelas unidades orgânicas ser efectuada em conformidade.

ARTIGO 6.°
(Secretário do tribunal)

1. Em cada tribunal administrativo de círculo e em cada tribunal tributário existe um secretário do tribunal, que é provido nos termos previstos para o provimento dos secretários de justiça e a quem compete:

a) Dirigir os serviços da secretaria;

b) Coordenar a actividade da secção central e da secção de processos;

c) Exercer as funções que, nos tribunais judiciais, competem aos secretários de justiça.

2. Nos tribunais onde não exista administrador, compete ainda ao secretário do tribunal coadjuvar o presidente do tribunal no exercício das suas competências em matéria administrativa, bem como exercer as funções, próprias ou delegadas, que a lei comete aos administradores dos tribunais, designadamente nos seguintes domínios:

a) Gestão de instalações e equipamentos;

b) Gestão de recursos humanos não integrados na carreira dos oficiais de justiça;

c) Gestão orçamental e realização de despesa.

3. Compete ao secretário do tribunal, no exercício das competências previstas no n.° 1, assegurar o adequado funcionamento das unidades orgânicas da secção de processos, designadamente através da adopção das providências a que se refere o n.° 5 do artigo 5.°

4. Nos tribunais administrativos e fiscais agregados, apenas existe um secretário do tribunal.

CAPÍTULO III
Disposições finais e transitórias

ARTIGO 7.°
(Entrada em funcionamento e definição dos quadros)

1. Os tribunais da jurisdição administrativa e fiscal previstos na presente lei entram em funcionamento na data em que for determinada a respectiva instalação, por portaria do Ministro da Justiça.

2. Até à data do início de funcionamento de cada um dos tribunais administrativos de círculo e dos tribunais tributários previstos no presente diploma, são competentes, na respectiva área de jurisdição, os tribunais que vêm detendo tal competência.

3. Os quadros dos tribunais da jurisdição administrativa e fiscal são fixados por portaria do Ministro das Finanças e do Ministro da Justiça.

ARTIGO 8.°
(Desdobramento do Tribunal Central Administrativo)

1. O Tribunal Central Administrativo é desdobrado no Tribunal Central Administrativo Norte, com sede no Porto, e no Tribunal Central Administrativo Sul, com sede em Lisboa.

2. Os processos pendentes no Tribunal Central Administrativo à data de instalação do Tribunal Central Administrativo Norte e do Tribunal Central Administrativo Sul prosseguem os seus trâmites no Tribunal Central Administrativo Sul.

3. Para efeitos do disposto no número anterior, é criado no Tribunal Central Administrativo Sul um juízo destinado, exclusivamente, à afectação dos processos pendentes no Tribunal Central Administrativo, a extinguir, por portaria do Ministro da Justiça, quando deixar de se justificar a sua existência.

4. Os magistrados e funcionários de justiça que exerçam funções no Tribunal Central Administrativo à data da entrada em funcionamento dos novos Tribunais Centrais Administrativos Norte e Sul transitam automaticamente para o quadro do Tribunal Central Administrativo Sul, ficando prioritariamente afectos ao exercício de funções no juízo referido no número anterior, enquanto a evolução do movimento processual o justifique.

5. Durante os dois primeiros anos de funcionamento, os lugares de juiz no Tribunal Central Administrativo Norte são preenchidos por transferência de juízes do Tribunal Central Administrativo Sul, cabendo ao Conselho Superior dos Tribunais Administrativos e Fiscais determinar o gradual preenchimento desses lugares em função da evolução do volume processual.

6. Os juízos previstos no n.° 3 do presente artigo entram em funcionamento na data em que for determinada a respectiva instalação, por portaria do Ministro da Justiça.

ARTIGO 9.°
(Regime transitório dos Tribunais Administrativos de Círculo de Lisboa, Porto e Coimbra)

1. Os actuais Tribunais Administrativos de Círculo de Lisboa, do Porto e de Coimbra são extintos e convertidos no 1.° Juízo dos Tribunais Administrativos de Círculo de Lisboa, do Porto e de Coimbra, respectivamente, ao qual são afectos os processos pendentes nos tribunais extintos, não lhe sendo distribuídos novos processos.

2. Os Tribunais Administrativos de Círculo de Lisboa, do Porto e de Coimbra são constituídos, durante a primeira fase de funcionamento, por dois juízos, que funcionam em instalações separadas, dotadas de secções centrais e de secções de processos próprios.

3. Sem prejuízo do disposto nos artigos 12.° e 14.°, os magistrados e funcionários de justiça que exerçam funções nos actuais Tribunais Administrativos de Círculo de Lisboa, do Porto e de Coimbra à data da entrada em funcionamento dos novos Tribunais Administrativos de Círculo de Lisboa, do Porto e de Coimbra transitam automaticamente para o quadro destes Tribunais, ficando afectos ao 1.° Juízo de cada um destes Tribunais.

4. O 1.° Juízo dos Tribunais Administrativos de Círculo de Lisboa, do Porto e de Coimbra funcionará por um período que pode ir, no máximo, até dois anos, o qual, mediante portaria do Ministro da Justiça, ouvido o Conselho Superior dos Tribunais Administrativos e Fiscais, pode ser prorrogado por mais um ano.

5. Uma vez expirado o período de tempo referido no número anterior ou a partir do momento em que, por portaria do Ministro da Justiça, mediante proposta do Conselho Superior dos Tribunais Administrativos e Fiscais, seja determinada a extinção do 1.° Juízo, por já não se justificar a sua existência:

a) Os Tribunais Administrativos de Círculo de Lisboa, do Porto e de Coimbra deixam de ser constituídos por juízos;

b) O equipamento, livros, objectos, papéis e processos pendentes no 1.° Juízo são transferidos para as instalações onde funciona o 2.° Juízo;

c) Os juízes que ainda se encontrem afectos ao 1.° Juízo passam a exercer funções nas instalações onde funciona o 2.° Juízo e a ser incluídos na distribuição dos processos novos, sem que haja lugar à redistribuição dos processos que lhes estejam atribuídos.

6. Os juízos previstos no presente artigo entram em funcionamento na data em que for determinada a respectiva instalação, por portaria do Ministro da Justiça.

ARTIGO 10.°
(Extinção dos tribunais tributários de 1.ª instância e processos pendentes)

1. A entrada em funcionamento dos novos tribunais tributários implica a extinção automática dos tribunais tributários de 1.ª instância existentes na respectiva área de jurisdição.

2. Os livros, processos e papéis findos, assim como os que se encontrem pendentes em cada tribunal tributário de 1.ª instância à data da respectiva extinção, transitam para o novo tribunal tributário da correspondente área de jurisdição.

3. Os processos pendentes nos juízos tributários de Lisboa e Porto são redistribuídos pelos Tribunais Tributários de Lisboa, de Loures e de Sintra, e do Porto e de Penafiel, respectivamente, de acordo com as novas regras de competência territorial.

ARTIGO 11.°
(Juízes dos tribunais administrativos de círculo e dos tribunais tributários de 1.ª instância)

1. Os juízes que exerçam funções nos tribunais administrativos de círculo e nos tribunais tributários de 1.ª instância existentes à data da entrada em funcionamento dos novos tribunais podem concorrer aos lugares do quadro destes tribunais, sendo a graduação determinada de acordo com a respectiva classificação de serviço e, dentro desta, segundo o critério da antiguidade.

2. Têm preferência no primeiro provimento nos novos tribunais, para os efeitos previstos no número anterior, os juízes que exerçam funções nos tribunais administrativos de círculo e tributários de 1.ª instância existentes na correspondente área de jurisdição à data da entrada em funcionamento daqueles tribunais.

3. Os juízes em funções nos actuais tribunais Administrativos de Círculo de Lisboa, do Porto e de Coimbra que forem providos em novos tribunais, ao abrigo do disposto nos números anteriores, mantêm-se em exercício de funções no 1.° Juízo dos Tribunais Administrativos de Círculo de Lisboa, do Porto e de Coimbra, em regime de destacamento, até que o Conselho Superior dos Tribunais Administrativos e Fiscais, tendo em conta o movimento processual, determine a cessação desse regime.

ARTIGO 12.°
(Magistrados do Ministério Público)

1. Os magistrados do Ministério Público em funções nos tribunais administrativos de círculo e nos tribunais tributários de 1.ª instância existentes à data da entrada em funcionamento dos novos tribunais podem concorrer aos lugares de quadro destes tribunais, nos termos dos n.ºs 1 e 2 do artigo anterior.

2. Os magistrados do Ministério Público em funções nos actuais Tribunais Administrativos de Círculo de Lisboa, do Porto e de Coimbra que forem providos em novos tribunais, ao abrigo do disposto no número anterior, mantêm-se em exercício de funções no 1.° Juízo dos Tribunais Administrativos de Círculo de Lisboa, do Porto e de Coimbra, em regime de destacamento, até que o Conselho Superior do Ministério Público, tendo em conta o movimento processual, determine a cessação desse regime.

3. Os magistrados do Ministério Público que não sejam providos nos novos tribunais podem ser nomeados para o exercício de outras funções pelo Conselho Superior do Ministério Público.

ARTIGO 13.°
(Funcionários dos tribunais administrativos de círculo)

1. Os funcionários que exerçam funções nos tribunais administrativos de círculo à data da entrada em funcionamento dos novos tribunais podem concorrer a lugares do quadro destes tribunais, sendo a preferência no respectivo provimento determinada de acordo com a respectiva classificação de serviço e, dentro desta, segundo o critério da antiguidade na categoria.

2. Têm preferência no primeiro provimento, para efeitos do disposto no número anterior, os funcionários que exerçam funções nos tribunais administrativos de círculo existentes na correspondente área de jurisdição à data da entrada em funcionamento dos novos tribunais.

3. Os funcionários em serviço nos Tribunais Administrativos de Círculo de Lisboa, do Porto e de Coimbra que forem providos nos novos tribunais ao abrigo do disposto nos números anteriores só podem assumir os novos lugares, que para o efeito ficam cativados, no momento em que, em função do movimento processual e segundo as regras de prioridade, venham a ser desafectados de funções no 1.° Juízo dos Tribunais Administrativos de Círculo de Lisboa, do Porto e de Coimbra, para o qual transitaram, nos termos do artigo 9.°

ARTIGO 14.°
(Transição de funcionários dos tribunais tributários de 1.ª instância)

1. Até ao 90.° dia subsequente à entrada em vigor do presente diploma, os funcionários que exerçam funções nos tribunais tributários de 1.ª instância há pelo menos um ano podem optar, mediante a apresentação de requerimento dirigido ao Ministro da Justiça, pela transição para os quadros de pessoal dos funcionários da justiça, nos termos do Decreto-Lei n.° 497/99, de 19 de Novembro.

2. Os funcionários da Direcção-Geral dos Impostos que exerçam funções nos tribunais tributários de 1.ª instância extintos pelo presente diploma e que não optem pela transição referida no número anterior podem ser afectos ao quadro dos novos tribunais, mediante destacamento, nos termos do Decreto-Lei n.° 427/89, de 7 de Dezembro, mantendo todos os direitos e regalias, designadamente remuneratórias, inerentes ao lugar de origem.

ARTIGO 15.°
(Critérios de preenchimento dos quadros de juízes)

1. O preenchimento dos lugares de juiz processa-se de forma gradual, a determinar por portaria do Ministro da Justiça, mediante proposta do Conselho Superior dos Tribunais Administrativos e Fiscais, de acordo com as necessidades de funcionamento dos novos tribunais.

2. Os juízes recrutados para os tribunais da jurisdição administrativa e fiscal no âmbito do concurso especial realizado para o efeito que não tenham vaga nesses tribunais no momento da respectiva colocação em lugar de primeira nomeação são nomeados juízes auxiliares pelo Conselho Superior dos Tribunais Administrativos e Fiscais nos tribunais cujo movimento o justifique.

3. Para efeitos do disposto no número anterior, são realizados concursos em que, para efeitos da determinação do local de colocação, se atende às preferências manifestadas, segundo a ordem pela qual os novos juízes figurem na lista de graduação homologada pelo Conselho Superior dos Tribunais Administrativos e Fiscais no termo da primeira fase de formação teórica do respectivo concurso de recrutamento.

4. Na medida em que isso se revele necessário para dar resposta a situações de desequilíbrio no volume de trabalho existente nos diferentes tribunais administrativos de círculo e dos tribunais tributários, o Conselho Superior dos Tribunais Administrativos e Fiscais pode determinar a redistribuição de processos pendentes nos tribunais de Lisboa e Porto a juízes providos nos novos Tribunais Administrativos de Círculo e Tributários de Sintra, de Loures e de Almada, e de Penafiel e de Braga, respectivamente.

ARTIGO 16.°
(Magistrados do Ministério Público)

O preenchimento dos lugares de magistrado do Ministério Público processa-se de forma gradual, a determinar por portaria do Ministro da Justiça, mediante proposta do Conselho Superior do Ministério Público, de acordo com as necessidades de funcionamento dos novos tribunais.

ARTIGO 17.°
(Critérios de preenchimento dos quadros de funcionários de justiça)

1. O quadro inicial dos funcionários de justiça, a fixar pela portaria mencionada no n.° 1 do artigo 15.°, é revisto em função do preenchimento gradual dos lugares de juiz a que se refere o mesmo artigo.

2. A partir da publicação da portaria mencionada no n.° 1, pode proceder-se à nomeação gradual de funcionários para o quadro dos tribunais da jurisdição administrativa e fiscal, a qual, sendo efectuada antes de 1 de Janeiro de 2004, apenas produz efeitos na data de instalação dos tribunais.

3. Durante o período de dois anos a contar do início de funcionamento de cada um dos novos tribunais da jurisdição administrativa e fiscal, apenas é preenchida metade dos lugares do quadro da respectiva secretaria e serviços de apoio, sendo os restantes providos em regime de destacamento ou requisição por funcionários de justiça ou por funcionários com experiência em tribunais da jurisdição administrativa e fiscal.

ARTIGO 18.°
(Entrada em vigor)

O presente diploma entra em vigor no dia seguinte ao da sua publicação.

MAPA ANEXO

Áreas de jurisdição dos Tribunais Administrativos de Círculo e Tributários

Almada:

Sede: Almada.

Municípios de Alcochete, Almada, Barreiro, Moita, Montijo, Palmela, Seixal, Sesimbra e Setúbal.

Aveiro ([1]):

Sede: Aveiro.

Municípios de Águeda, Albergaria-a-Velha, Anadia, Arouca, Aveiro, Espinho, Estarreja, Ílhavo, Mealhada, Murtosa, Oliveira de Azeméis, Oliveira do Bairro, Ovar, Santa Maria da Feira, São João da Madeira, Sever do Vouga, Vagos e Vale de Cambra.

Beja:

Sede: Beja.

Municípios de Alandroal, Alcácer do Sal, Aljustrel, Almodôvar, Alvito, Arraiolos, Barrancos, Beja, Borba, Castro Verde, Cuba, Estremoz, Évora, Ferreira do Alentejo, Grândola, Mértola, Montemor-o-Novo, Mora, Moura, Mourão, Odemira, Ourique, Portel, Redondo, Reguengos de Monsaraz, Santiago do Cacém, Serpa, Sines, Vendas Novas, Viana do Alentejo, Vidigueira e Vila Viçosa.

Braga:

Sede: Braga.

Municípios de Amares, Arcos de Valdevez, Barcelos, Braga, Cabeceiras de Basto, Caminha, Celorico de Basto, Esposende, Fafe, Felgueiras, Guimarães, Melgaço, Monção, Paredes de Coura, Ponte da Barca, Ponte de Lima, Póvoa de Lanhoso, Terras de Bouro, Valença, Viana do Cas-

---

([1]) Redacção do Decreto-Lei n.° 182/2007, de 9 de Maio.

telo, Vieira do Minho, Vila Nova de Cerveira, Vila Nova de Famalicão, Vila Verde e Vizela.

Castelo Branco:

Sede: Castelo Branco.

Municípios de Aguiar da Beira, Almeida, Alter do Chão, Arronches, Avis, Belmonte, Campo Maior, Castelo Branco, Celorico da Beira, Castelo de Vide, Covilhã, Crato, Elvas, Figueira de Castelo Rodrigo, Fornos de Algodres, Fronteira, Fundão, Gavião, Gouveia, Guarda, Idanha-a-Nova, Manteigas, Marvão, Meda, Monforte, Nisa, Oleiros, Penamacor, Pinhel, Ponte de Sor, Portalegre, Proença-a-Nova, Sabugal, Seia, Sertã, Sousel, Trancoso, Vila de Rei, Vila Nova de Foz Côa e Vila Velha de Ródão.

Coimbra:

Sede: Coimbra.

Municípios de Arganil, Cantanhede, Coimbra, Condeixa-a-Nova, Figueira da Foz, Góis, Lousã, Mira, Miranda do Corvo, Montemor-o-Velho, Oliveira do Hospital, Pampilhosa da Serra, Penacova, Penela, Soure, Tábua e Vila Nova de Poiares.

Funchal:

Sede: Funchal.

Municípios de Calheta, Câmara de Lobos, Funchal, Machico, Ponta do Sol, Porto Moniz, Porto Santo, Ribeira Brava, Santa Cruz, Santana e São Vicente.

Leiria:

Sede: Leiria.

Municípios de Abrantes, Alcanena, Alcobaça, Almeirim, Alpiarça, Alvaiázere, Ansião, Batalha, Benavente, Bombarral, Caldas da Rainha, Cartaxo, Castanheira de Pêra, Chamusca, Constância, Coruche, Entroncamento, Ferreira do Zêzere, Figueiró dos Vinhos, Golegã, Leiria, Mação, Marinha Grande, Nazaré, Óbidos, Ourém, Pedrógão Grande, Peniche, Pombal, Porto de Mós, Rio Maior, Salvaterra de Magos, Santarém, Sardoal, Tomar, Torres Novas e Vila Nova da Barquinha.

Lisboa ([1]).

Sede: Lisboa.

Municípios de Alenquer, Arruda dos Vinhos, Azambuja, Cadaval, Lisboa, Loures, Lourinhã, Mafra, Odivelas, Sobral de Monte Agraço, Torres Vedras e Vila Franca de Xira.

([1]) Redacção do Decreto-Lei n.° 182/2007, de 9 de Maio.

Loulé:

Sede: Loulé.

Municípios de Albufeira, Alcoutim, Aljezur, Castro Marim, Faro, Lagoa, Lagos, Loulé, Monchique, Olhão, Portimão, São Brás de Alportel, Silves, Tavira, Vila do Bispo e Vila Real de Santo António.

Mirandela:

Sede: Mirandela.

Municípios de Alfândega da Fé, Alijó, Boticas, Chaves, Bragança, Carrazeda de Ansiães, Freixo de Espada à Cinta, Macedo de Cavaleiros, Mesão Frio, Miranda do Douro, Mirandela, Mogadouro, Mondim de Basto, Montalegre, Murça, Peso da Régua, Ribeira de Pena, Sabrosa, Santa Marta de Penaguião, Torre de Moncorvo, Valpaços, Vila Flor, Vila Pouca de Aguiar, Vila Real, Vimioso e Vinhais.

Penafiel:

Sede: Penafiel.

Municípios de Amarante, Baião, Castelo de Paiva, Lousada, Marco de Canaveses, Paços de Ferreira, Paredes, Penafiel, Santo Tirso, Trofa e Valongo.

Ponta Delgada:

Sede: Ponta Delgada.

Municípios de Angra do Heroísmo, Calheta, Corvo, Horta, Lajes das Flores, Lagoa, Lajes do Pico, Madalena, Nordeste, Ponta Delgada, Povoação, Praia da Vitória, Ribeira Grande, Santa Cruz das Flores, Santa Cruz da Graciosa, São Roque do Pico, Velas, Vila Franca do Campo e Vila do Porto.

Porto:

Sede: Porto.

Municípios de Gondomar, Maia, Matosinhos, Porto, Póvoa de Varzim, Vila do Conde e Vila Nova de Gaia.

Sintra:

Sede: Sintra.

Municípios de Sintra, Amadora, Cascais e Oeiras.

Viseu ([1]):

Sede: Viseu.

Municípios de Armamar, Carregal do Sal, Castro Daire, Cinfães, Lamego, Mangualde, Moimenta da Beira, Mortágua, Nelas, Oliveira de Frades, Penalva do Castelo, Penedono, Resende, Santa Comba Dão, São João da Pesqueira, São Pedro do Sul, Sátão, Sernancelhe, Tabuaço, Tarouca, Tondela, Vila Nova de Paiva, Viseu e Vouzela.

([1]) Redacção do Decreto-Lei n.° 182/2007, de 9 de Maio.

Decreto-Lei n.° 166/2009

de 31 de Julho

Com a aprovação da Lei n.° 52/2008, de 28 de Agosto – Lei de Organização e Funcionamento dos Tribunais Judiciais (LOFTJ) –, foi alterado o modelo de distribuição de competências entre os tribunais judiciais, prevendo-se o desdobramento dos juízes em três níveis de especialização assentes na matéria e no valor das causas. Esta medida visou uma maior especialização judicial, à qual estão associados maiores níveis de eficácia na gestão dos conflitos e de celeridade na resolução dos mesmos.

Na jurisdição administrativa e fiscal existe um nível mínimo de especialização, uma vez que, ao nível da 1.ª instância está já prevista uma divisão entre matéria administrativa (tribunais administrativos de círculo) e fiscal (tribunais tributários). E, em matéria administrativa, encontra-se também prevista, no Estatuto dos Tribunais Administrativos e Fiscais, a possibilidade de criação de tribunais administrativos especializados. O mesmo não sucede, contudo, em matéria fiscal.

Ora, é precisamente no âmbito da acção tributária que os objectivos de eficiência e celeridade se revelam cruciais para uma boa administração da justiça, tendo em consideração que, quer na perspectiva da administração fiscal, quer na perspectiva dos cidadãos, a demora na recuperação de créditos pode revelar-se extremamente prejudicial, face aos prazos prescricionais aplicáveis.

Pelo que a instituição de juízos de competência especializada fiscal desdobrados em níveis de especialização assentes em critérios relacionados com a natureza das acções, a complexidade ou o valor das mesmas, apresenta sérias vantagens, principalmente no actual cenário político-económico.

Estas vantagens foram, precisamente, ponderadas pela Assembleia da República na Lei do Orçamento de Estado, Lei n.° 64-A/2008, de 31 de Dezembro, através de uma autorização legislativa concedida ao Governo para alterar o Estatuto dos Tribunais Administrativos e Fiscais no sentido de ser possível o desdobramento dos tribunais tributários.

Por outro lado, na mesma autorização legislativa se prevê a criação de um gabinete de apoio aos magistrados, à semelhança do se previu, na LOFTJ de 2008, para os tribunais das comarcas judiciais.

Cumpre, então, dar concretização à referida autorização legislativa, estabelecendo um enquadramento legal que permita:

a) O desdobramento dos tribunais tributários, quando o volume processual o justifique, até três níveis de especialização;

b) A definição da competência dos juízos referidos na alínea anterior em função do valor das acções e da matéria; e

c) A criação de um gabinete de assessoria técnica aos magistrados.

Foi ouvido o Conselho Superior dos Tribunais Administrativos e Fiscais.

Assim:

No uso da autorização legislativa concedida pelo artigo 125.° da Lei n.° 64-A/2008, de 31 de Dezembro, e nos termos da alínea *b*) do n.° 1 do artigo 198.° da Constituição, o Governo decreta o seguinte:

CAPÍTULO I
Disposições gerais

ARTIGO 1.°
(Objecto)

O presente decreto-lei consagra a possibilidade de desdobramento dos tribunais tributários em três níveis de especialização e prevê a criação de gabinetes de apoio aos magistrados da jurisdição administrativa e fiscal, alterando, para tal, o Estatuto dos Tribunais Administrativos e Fiscais.

ARTIGO 2.°
(Alteração ao Estatuto dos Tribunais Administrativos e Fiscais)

Os artigos 9.°, 49.° e 56.° do Estatuto dos Tribunais Administrativos e Fiscais, aprovado pela Lei n.° 13/2002, de 19 de Fevereiro, alterada pelas

Leis n.os 4-A/2003, de 19 de Fevereiro, 107-D/2003, de 31 de Dezembro, 1/2008, de 14 de Janeiro, 2/2008, de 14 de Janeiro, 26/2008, de 27 de Junho, 52/2008, de 28 de Agosto, e 59/2008, de 11 de Setembro, passam a ter a seguinte redacção:

As alterações foram introduzidas no local próprio.

ARTIGO 3.°
(Aditamento ao Estatuto dos Tribunais Administrativos e Fiscais)

São aditados ao Estatuto dos Tribunais Administrativos e Fiscais, aprovado pela Lei n.° 13/2002, de 19 de Fevereiro, alterada pelas Leis n.os 4-A/2003, de 19 de Fevereiro, 107-D/2003, de 31 de Dezembro, 1/2008, de 14 de Janeiro, 2/2008, de 14 de Janeiro, 26/2008, de 27 de Junho, 52/2008, de 28 de Agosto, e 59/2008, de 11 de Setembro, os artigos 9.°-A, 49.°-A e 56.°-A, com a seguinte redacção:

As alterações foram introduzidas no local próprio.

CAPÍTULO II
Disposições finais e transitórias

ARTIGO 4.°
(Gabinetes de apoio)

1. Os serviços do gabinete de apoio referidos no artigo 56.°-A do Estatuto dos Tribunais Administrativos e Fiscais são progressivamente instalados e dotados de meios e recursos humanos, pelo Conselho Superior dos Tribunais Administrativos e Fiscais, considerados o volume e a especial complexidade do serviço.

2. Durante o ano de 2010, os serviços do gabinete de apoio são dotados de meios e recursos humanos por portaria conjunta dos membros do Governo responsáveis pelas áreas das finanças, da Administração Pública e da justiça.

ARTIGO 5.°
(Regulamentação)

As portarias referidas no presente decreto-lei são aprovadas nos 180 dias após a respectiva entrada em vigor.

ARTIGO 6.°
(Entrada em vigor)

O presente decreto-lei entra em vigor a 1 de Janeiro de 2010.

ESTATUTO DOS TRIBUNAIS ADMINISTRATIVOS E FISCAIS

TÍTULO I
Tribunais administrativos e fiscais

CAPÍTULO I
Disposições gerais

ARTIGO 1.°
(Jurisdição administrativa e fiscal)

1. Os tribunais da jurisdição administrativa e fiscal são os órgãos de soberania com competência para administrar a justiça em nome do povo, nos litígios emergentes das relações jurídicas administrativas e fiscais.

2. Nos feitos submetidos a julgamento, os tribunais da jurisdição administrativa e fiscal não podem aplicar normas que infrinjam o disposto na Constituição ou os princípios nela consagrados.

ARTIGO 2.°
(Independência)

Os tribunais da jurisdição administrativa e fiscal são independentes e apenas estão sujeitos à lei.

ARTIGO 3.°
(Garantias de independência)

1. Os juízes da jurisdição administrativa e fiscal são inamovíveis, não podendo ser transferidos, suspensos, aposentados ou demitidos senão nos casos previstos na lei.

2. Os juízes da jurisdição administrativa e fiscal podem incorrer em responsabilidade pelas suas decisões exclusivamente nos casos previstos na lei.

3. Os juízes da jurisdição administrativa e fiscal estão sujeitos às incompatibilidades estabelecidas na Constituição e na lei e regem-se pelo estatuto dos magistrados judiciais, nos aspectos não previstos nesta lei.

ARTIGO 4.°
(Âmbito da jurisdição)

1. Compete aos tribunais da jurisdição administrativa e fiscal a apreciação de litígios que tenham nomeadamente por objecto:

a) Tutela de direitos fundamentais, bem como dos direitos e interesses legalmente protegidos dos particulares directamente fundados em normas de direito administrativo ou fiscal ou decorrentes de actos jurídicos praticados ao abrigo de disposições de direito administrativo ou fiscal;

b) Fiscalização da legalidade das normas e demais actos jurídicos emanados por pessoas colectivas de direito público ao abrigo de disposições de direito administrativo ou fiscal, bem como a verificação da invalidade de quaisquer contratos que directamente resulte da invalidade do acto administrativo no qual se fundou a respectiva celebração;

c) Fiscalização da legalidade de actos materialmente administrativos, praticados por quaisquer órgãos do Estado ou das Regiões Autónomas, ainda que não pertençam à Administração Pública;

d) Fiscalização da legalidade das normas e demais actos jurídicos praticados por sujeitos privados, designadamente concessionários, no exercício de poderes administrativos;

e) Questões relativas à validade de actos pré-contratuais e à interpretação, validade e execução de contratos a respeito dos quais haja lei específica que os submeta, ou que admita que sejam submetidos, a um procedimento pré-contratual regulado por normas de direito público;

f) Questões relativas à interpretação, validade e execução de contratos de objecto passível de acto administrativo, de contratos especificamente a respeito dos quais existam normas de direito público que regulem aspectos específicos do respectivo regime substantivo, ou de contratos em que pelo menos uma das partes seja uma entidade pública ou um concessionário que actue no âmbito da concessão e que as partes tenham expressamente submetido a um regime substantivo de direito público;

g) Questões em que, nos termos da lei, haja lugar a responsabilidade civil extracontratual das pessoas colectivas de direito público, incluindo a resultante do exercício da função jurisdicional e da função legislativa;

h) Responsabilidade civil extracontratual dos titulares de órgãos, funcionários, agentes e demais servidores públicos;

i) Responsabilidade civil extracontratual dos sujeitos privados, aos quais seja aplicável o regime específico da responsabilidade do Estado e demais pessoas colectivas de direito público;

j) Relações jurídicas entre pessoas colectivas de direito público ou entre órgãos públicos, no âmbito dos interesses que lhes cumpre prosseguir;

l) Promover a prevenção, cessação e reparação de violações a valores e bens constitucionalmente protegidos, em matéria de saúde pública, ambiente, urbanismo, ordenamento do território, qualidade de vida, património cultural e bens do Estado, quando cometidas por entidades públicas, e desde que não constituam ilícito penal ou contra-ordenacional;

m) Contencioso eleitoral relativo a órgãos de pessoas colectivas de direito público para que não seja competente outro tribunal;

n) Execução das sentenças proferidas pela jurisdição administrativa e fiscal.

2. Está nomeadamente excluída do âmbito da jurisdição administrativa e fiscal a apreciação de litígios que tenham por objecto a impugnação de:

a) Actos praticados no exercício da função política e legislativa;

b) Decisões jurisdicionais proferidas por tribunais não integrados na jurisdição administrativa e fiscal;

c) Actos relativos ao inquérito e instrução criminais, ao exercício da acção penal e à execução das respectivas decisões.

3. Ficam igualmente excluídas do âmbito da jurisdição administrativa e fiscal:

a) A apreciação das acções de responsabilidade por erro judiciário cometido por tribunais pertencentes a outras ordens de jurisdição, bem como das correspondentes acções de regresso;

b) A fiscalização dos actos materialmente administrativos praticados pelo Presidente do Supremo Tribunal de Justiça;

c) A fiscalização dos actos materialmente administrativos praticados pelo Conselho Superior da Magistratura e pelo seu Presidente;

d) A apreciação de litígios emergentes de contratos individuais de trabalho, ainda que uma das partes seja uma pessoa colectiva de direito publico, com excepção dos litígios emergentes de contratos de trabalho em funções públicas (1).

ARTIGO 5.°
(Fixação da competência)

1. A competência dos tribunais da jurisdição administrativa e fiscal fixa-se no momento da propositura da causa, sendo irrelevantes as modificações de facto e de direito que ocorram posteriormente.

2. Existindo, no mesmo processo, decisões divergentes sobre questão de competência, prevalece a do tribunal de hierarquia superior.

ARTIGO 6.°
(Alçada)

1. Os tribunais da jurisdição administrativa e fiscal têm alçada.

2. A alçada dos tribunais tributários corresponde a um quarto da que se encontra estabelecida para os tribunais judiciais de 1.ª instância.

3. A alçada dos tribunais administrativos de círculo corresponde àquela que se encontra estabelecida para os tribunais judiciais de 1.ª instância.

4. A alçada dos tribunais centrais administrativos corresponde à que se encontra estabelecida para os tribunais da Relação.

5. Nos processos em que exerçam competências de 1.ª instância, a alçada dos tribunais centrais administrativos e do Supremo Tribunal Administrativo corresponde, para cada uma das suas secções, respectivamente à dos tribunais administrativos de círculo e à dos tribunais tributários.

---

(1) Redacção da Lei n.° 59/2008, de 11 de Setembro, que aprovou o Regime do Contrato de Trabalho em Funções Públicas.

6. A admissibilidade dos recursos por efeito das alçadas é regulada pela lei em vigor ao tempo em que seja instaurada a acção.

ARTIGO 7.°
(Direito subsidiário)

No que não esteja especialmente regulado, são subsidiariamente aplicáveis aos tribunais da jurisdição administrativa e fiscal, com as devidas adaptações, as disposições relativas aos tribunais judiciais.

CAPÍTULO II
Organização e funcionamento dos tribunais administrativos e fiscais

ARTIGO 8.°
(Órgãos da jurisdição administrativa e fiscal)

São órgãos da jurisdição administrativa e fiscal:
a) O Supremo Tribunal Administrativo;
b) Os tribunais centrais administrativos;
c) Os tribunais administrativos de círculo e os tribunais tributários.

ARTIGO 9.° (1)
(Constituição, desdobramento e agregação dos tribunais administrativos)

1. Os tribunais administrativos de círculo podem ser desdobrados em juízos e estes podem funcionar em local diferente da sede, dentro da respectiva área de jurisdição.

2. Os tribunais administrativos de círculo e os tribunais tributários podem também funcionar de modo agregado, assumindo, cada um deles, a designação de tribunal administrativo e fiscal.

(1) Redacção do Decreto-Lei n.° 166/2009, de 31 de Julho.

3. O desdobramento ou agregação previstos nos números anteriores são determinados por portaria do Ministro da Justiça, sob proposta do Conselho Superior dos Tribunais Administrativos e Fiscais.

4. Mediante decreto-lei podem ser criados tribunais administrativos especializados, bem como secções especializadas nos tribunais superiores.

ARTIGO 9.°-A (1)
(Desdobramento dos tribunais tributários)

1. Os tribunais tributários podem ser desdobrados, por decreto-lei, quando o volume ou a complexidade do serviço o justifiquem, em juízos especializados e estes podem funcionar em local diferente da sede, dentro da respectiva área de jurisdição.

2. Podem ser criados os seguintes juízos de competência especializada tributária:

a) Juízo de pequena instância tributária;

b) Juízo de média instância tributária;

c) Juízo de grande instância tributária.

3. Aos juízos de competência especializada tributária pode ser atribuída, por decreto-lei, jurisdição alargada em função da complexidade e do volume de serviço.

4. Podem ser criados juízos de média e pequena instância tributária, quando o volume do serviço o aconselhar.

5. Podem ainda ser criados, por decreto-lei, secções especializadas em função da matéria ou valor das acções, nos tribunais superiores.

ARTIGO 10.°
(Turnos)

A existência e organização de turnos de juízes para assegurar o serviço urgente rege-se, com as devidas adaptações, pelo disposto na lei a respeito dos tribunais judiciais.

---

(1) Redacção do Decreto-Lei n.° 166/2009, de 31 de Julho.

CAPÍTULO III
Supremo Tribunal Administrativo

SECÇÃO I
Disposições gerais

ARTIGO 11.°
(Sede, jurisdição e funcionamento)

1. O Supremo Tribunal Administrativo é o órgão superior da hierarquia dos tribunais da jurisdição administrativa e fiscal.

2. O Supremo Tribunal Administrativo tem sede em Lisboa e jurisdição em todo o território nacional.

ARTIGO 12.°
(Funcionamento e poderes de cognição)

1. O Supremo Tribunal Administrativo funciona por secções e em plenário.

2. O Supremo Tribunal Administrativo compreende duas secções, uma de contencioso administrativo e outra de contencioso tributário, que funcionam em formação de três juízes ou em pleno.

3. O plenário e o pleno de cada secção apenas conhecem de matéria de direito.

4. A Secção de Contencioso Administrativo conhece apenas de matéria de direito nos recursos de revista.

5. A Secção de Contencioso Tributário conhece apenas de matéria de direito nos recursos directamente interpostos de decisões proferidas pelos tribunais tributários.

ARTIGO 13.°
(Presidência)

1. O Supremo Tribunal Administrativo tem um presidente, que é coadjuvado por três vice-presidentes, eleitos de modo e por períodos idênticos aos previstos para aquele.

2. Dois dos vice-presidentes são eleitos de entre e pelos juízes da Secção de Contencioso Administrativo, sendo o outro vice-presidente eleito de entre e pelos juízes da Secção de Contencioso Tributário.

ARTIGO 14.°
(Composição das secções)

1. Cada secção do Supremo Tribunal Administrativo é composta pelo Presidente do Tribunal, pelos respectivos vice-presidentes e pelos restantes juízes para ela nomeados.

2. Cada uma das secções pode dividir-se, por subsecções, às quais se aplica o disposto para a secção respectiva.

ARTIGO 15.°
(Preenchimento das Secções)

1. Os juízes são nomeados para cada uma das secções e distribuídos pelas subsecções respectivas, se as houver.

2. O Presidente do Tribunal pode determinar que um juiz seja agregado a outra secção, a fim de acorrer a necessidades temporárias de serviço, com ou sem dispensa ou redução do serviço da secção de que faça parte, conforme os casos.

3. A agregação pode ser determinada para o exercício integral de funções ou apenas para as de relator ou de adjunto.

4. O juiz que mude de secção mantém a sua competência nos processos já inscritos para julgamento em que seja relator e naqueles em que, como adjunto, já tenha aposto o seu visto para julgamento.

ARTIGO 16.°
(Sessões de julgamento)

1. As sessões de julgamento realizam-se nos mesmos termos e condições que no Supremo Tribunal de Justiça, sendo aplicável, com as devidas adaptações, o disposto quanto a este Tribunal.

2. O Presidente do Supremo Tribunal Administrativo pode determinar que em certas sessões de julgamento intervenham todos os juízes da secção, quando o considere necessário ou conveniente para assegurar a uniformidade da jurisprudência.

3. Na falta ou impedimento do Presidente e dos vice-presidentes, a presidência das sessões é assegurada pelo juiz mais antigo que se encontre presente.

4. Quando esteja em causa a impugnação de deliberação do Conselho Superior dos Tribunais Administrativos e Fiscais ou decisão do seu Presidente, a sessão realiza-se sem a presença do Presidente do Supremo Tribunal Administrativo, sendo presidida pelo mais antigo dos vice-presidentes que não seja membro do Conselho Superior dos Tribunais Administrativos e Fiscais ou pelo juiz mais antigo que se encontre presente.

ARTIGO 17.°
(Formações de julgamento)

1. O julgamento em cada secção compete ao relator e a dois juízes.

2. O julgamento no pleno compete ao relator e aos demais juízes em exercício na secção.

3. O pleno da secção só pode funcionar com a presença de, pelo menos, dois terços dos juízes.

4. O julgamento em plenário efectua-se nos termos da secção IV deste capítulo.

5. As decisões são tomadas em conferência.

ARTIGO 18.°
(Adjuntos)

1. Entre os juízes que integram cada formação de julgamento deve existir uma diferença de três posições quanto ao lugar que lhes corresponde na escala da distribuição no Tribunal ou na secção, sendo a contagem dos lugares realizada a partir da posição que corresponde ao relator.

2. Cada adjunto é substituído, em caso de falta ou impedimento, pelo juiz que imediatamente se lhe segue.

ARTIGO 19.°
(Eleição do Presidente e dos vice-presidentes)

1. O Presidente do Supremo Tribunal Administrativo é eleito, por escrutínio secreto, pelos juízes em exercício efectivo de funções no Tribunal.

2. Os vice-presidentes são eleitos, por escrutínio secreto, pelos juízes que exerçam funções na secção respectiva e de entre os que se encontrem nas condições referidas no número anterior.

3. É eleito o juiz que obtenha mais de metade dos votos validamente expressos e, se nenhum obtiver esse número de votos, procede-se a segunda votação, apenas entre os dois juízes mais votados.

4. Em caso de empate, são admitidos a segundo sufrágio os dois juízes mais antigos que tenham sido mais votados e, verificando-se novo empate, considera-se eleito o juiz mais antigo.

ARTIGO 20.°
(Duração do mandato)

1. O mandato do Presidente e dos vice-presidentes do Supremo Tribunal Administrativo tem a duração de cinco anos, sem lugar a reeleição.

2. O Presidente e os vice-presidentes mantêm-se em funções até à tomada de posse dos novos eleitos.

ARTIGO 21.°
(Substituição do Presidente e dos vice-presidentes)

1. O Presidente é substituído pelo vice-presidente mais antigo.

2. Na ausência, falta ou impedimento do Presidente e dos vice-presidentes, a substituição cabe ao juiz mais antigo no Tribunal.

ARTIGO 22.°
(Gabinete do Presidente)

1. Junto do Presidente funciona um gabinete dirigido por um chefe de gabinete e composto por adjuntos e secretários pessoais, em número e com estatuto definidos na lei.

2. O Gabinete coadjuva o Presidente no exercício das suas funções administrativas e presta-lhe assessoria técnica.

ARTIGO 23.°
(Competência do Presidente)

1. Compete ao Presidente do Supremo Tribunal Administrativo:

a) Representar o Tribunal e assegurar as suas relações com os demais órgãos de soberania e quaisquer autoridades;

b) Dirigir o Tribunal, superintender nos seus serviços e assegurar o seu funcionamento normal, emitindo as ordens de serviço que tenha por necessárias;

c) Propor ao Conselho Superior dos Tribunais Administrativos e Fiscais os critérios que devem presidir à distribuição, no respeito pelo princípio do juiz natural;

d) Planear e organizar os recursos humanos do Tribunal, assegurando uma equitativa distribuição de processos pelos juízes e o acompanhamento do seu trabalho;

e) Providenciar pela redistribuição equitativa dos processos, no caso de alteração do número de juízes;

f) Determinar os casos em que, por razões de uniformização de jurisprudência, no julgamento devem intervir todos os juízes da secção;

g) Fixar o dia e a hora das sessões;

h) Presidir às sessões e apurar o vencimento nas conferências;

i) Votar as decisões, em caso de empate;

j) Assegurar o andamento dos processos no respeito pelos prazos estabelecidos, podendo determinar a substituição provisória do relator, por redistribuição, em caso de impedimento prolongado;

l) Dar posse aos juízes do Supremo Tribunal Administrativo e aos presidentes dos tribunais centrais administrativos;

m) Solicitar o suprimento de necessidades de resposta adicional através do recurso à bolsa de juízes;

n) Estabelecer a forma mais equitativa de intervenção dos juízes adjuntos;

o) Agregar transitoriamente a uma secção juízes de outra secção, a fim de acorrerem a necessidades temporárias de serviço;

p) Fixar os turnos de juízes;

q) Exercer a acção disciplinar sobre os funcionários de justiça em serviço no Tribunal, relativamente a penas de gravidade inferior à de multa;

r) Dar posse ao secretário do Tribunal;

s) Elaborar um relatório anual sobre o estado dos serviços;

t) Exercer as demais funções que lhe sejam atribuídas por lei.

2. O Presidente pode delegar nos vice-presidentes a competência para a prática de determinados actos ou sobre certas matérias e para presidir às sessões do pleno da secção e, no secretário do Tribunal, a competência para a correcção dos processos.

SECÇÃO II
Secção de Contencioso Administrativo

ARTIGO 24.°
(Competência da Secção de Contencioso Administrativo)

1. Compete à Secção de Contencioso Administrativo do Supremo Tribunal Administrativo conhecer:

a) Dos processos em matéria administrativa relativos a acções ou omissões das seguintes entidades:

i) Presidente da República;
ii) Assembleia da República e seu Presidente;
iii) Conselho de Ministros;
iv) Primeiro-Ministro;
v) Tribunal Constitucional e seu Presidente, Presidente do Supremo Tribunal Administrativo, Tribunal de Contas e seu Presidente e Presidente do Supremo Tribunal Militar;
vi) Conselho Superior de Defesa Nacional;
vii) Conselho Superior dos Tribunais Administrativos e Fiscais e seu Presidente;
viii) Procurador-Geral da República;
ix) Conselho Superior do Ministério Público;

b) Dos processos relativos a eleições previstas nesta lei;

c) Dos pedidos de adopção de providências cautelares relativos a processos da sua competência;

d) Dos pedidos relativos à execução das suas decisões;

e) Dos pedidos cumulados nos processos referidos na alínea *a*);

f) Das acções de regresso, fundadas em responsabilidade por danos resultantes do exercício das suas funções, propostas contra juízes do Supremo Tribunal Administrativo e dos tribunais centrais administrativos e magistrados do Ministério Público que exerçam funções junto destes tribunais, ou equiparados;

g) Dos recursos dos acórdãos que aos tribunais centrais administrativos caiba proferir em primeiro grau de jurisdição;

h) Dos conflitos de competência entre tribunais administrativos;

i) De outros processos cuja apreciação lhe seja deferida por lei.

2. Compete ainda à Secção de Contencioso Administrativo do Supremo Tribunal Administrativo conhecer dos recursos de revista sobre matéria de direito interpostos de acórdãos da Secção de Contencioso Administrativo dos tribunais centrais administrativos e de decisões dos tribunais administrativos de círculo, segundo o disposto na lei de processo.

ARTIGO 25.°
(Competência do pleno da Secção)

1. Compete ao pleno da Secção de Contencioso Administrativo do Supremo Tribunal Administrativo conhecer:

a) Dos recursos de acórdãos proferidos pela Secção em 1.° grau de jurisdição;

b) Dos recursos para uniformização de jurisprudência.

2. Compete ainda ao pleno da Secção de Contencioso Administrativo do Supremo Tribunal Administrativo pronunciar-se, nos termos estabelecidos na lei de processo, relativamente ao sentido em que deve ser resolvida, por um tribunal administrativo de círculo, questão de direito nova que suscite dificuldades sérias e se possa vir a colocar noutros litígios.

SECÇÃO III
Secção de Contencioso Tributário

ARTIGO 26.°
(Competência da Secção de Contencioso Tributário)

Compete à Secção de Contencioso Tributário do Supremo Tribunal Administrativo conhecer:

a) Dos recursos dos acórdãos da Secção de Contencioso Tributário dos tribunais centrais administrativos, proferidos em primeiro grau de jurisdição;

b) Dos recursos interpostos de decisões dos tribunais tributários com exclusivo fundamento em matéria de direito;

c) Dos recursos de actos administrativos do Conselho de Ministros respeitantes a questões fiscais;

d) Dos requerimentos de adopção de providências cautelares respeitantes a processos da sua competência;

e) Dos pedidos relativos à execução das suas decisões;

f) Dos pedidos de produção antecipada de prova, formulados em processo nela pendente;

g) Dos conflitos de competência entre tribunais tributários;

h) De outras matérias que lhe sejam deferidas por lei.

ARTIGO 27.°
(Competência do pleno da Secção)

1. Compete ao pleno da Secção de Contencioso Tributário do Supremo Tribunal Administrativo conhecer:

a) Dos recursos de acórdãos proferidos pela Secção em 1.° grau de jurisdição;

b) Dos recursos para uniformização de jurisprudência.

2. Compete ainda ao pleno da Secção de Contencioso Tributário do Supremo Tribunal Administrativo pronunciar-se, nos termos estabelecidos na lei de processo, relativamente ao sentido em que deve ser resolvida, por um tribunal tributário, questão de direito nova que suscite dificuldades sérias e se possa vir a colocar noutros litígios.

SECÇÃO IV
Plenário

ARTIGO 28.°
(Composição)

O plenário do Supremo Tribunal Administrativo é composto pelo Presidente, pelos vice-presidentes e pelos três juízes mais antigos de cada uma das secções.

ARTIGO 29.°
(Competência)

Compete ao plenário do Supremo Tribunal Administrativo conhecer dos conflitos de jurisdição entre tribunais administrativos de círculo e tribunais tributários ou entre as Secções de Contencioso Administrativo e de Contencioso Tributário.

ARTIGO 30.°
(Funcionamento)

1. O plenário só pode funcionar com a presença de, pelo menos, quatro quintos dos juízes que devam intervir na conferência, com arredondamento por defeito.

2. A distribuição dos processos é feita entre os juízes, incluindo os vice-presidentes.

3. Não podem intervir os juízes que tenham votado as decisões em conflito, sendo nesse caso chamado, para completar a formação de julgamento, o juiz que, na respectiva secção, se siga ao último juiz com intervenção no plenário.

CAPÍTULO IV
Tribunais centrais administrativos

SECÇÃO I
Disposições gerais

ARTIGO 31.°
(Sede e poderes de cognição)

1. São tribunais centrais administrativos o Tribunal Central Administrativo Sul, com sede em Lisboa, e o Tribunal Central Administrativo Norte, com sede no Porto.

2. As áreas de jurisdição dos tribunais centrais administrativos são determinadas por decreto-lei.

3. Os tribunais centrais administrativos conhecem de matéria de facto e de direito.

4. Os tribunais centrais administrativos são declarados instalados por portaria do Ministro da Justiça, que fixa os respectivos quadros.

ARTIGO 32.°
(Organização)

1. Cada tribunal central administrativo compreende duas secções, uma de contencioso administrativo e outra de contencioso tributário.

2. Cada uma das secções pode dividir-se por subsecções, às quais se aplica o disposto para a secção respectiva.

ARTIGO 33.°
(Presidência dos tribunais centrais administrativos)

1. Cada tribunal central administrativo tem um presidente, coadjuvado por dois vice-presidentes, um por cada secção.

2. Salvo se não existirem juízes com essa categoria, os presidentes dos tribunais centrais administrativos são eleitos de entre os juízes com a categoria de conselheiro que exerçam funções no tribunal.

3. À eleição do Presidente e dos vice-presidentes são aplicáveis, com as necessárias adaptações, as disposições estabelecidas para idênticos cargos no Supremo Tribunal Administrativo.

4. O mandato do presidente e dos vice-presidentes do Tribunal Central Administrativo tem a duração de cinco anos, não sendo permitida a reeleição.

5. A substituição do presidente é assegurada pelos vice-presidentes, a começar pelo mais antigo.

6. Os vice-presidentes substituem-se reciprocamente e a substituição destes cabe ao juiz mais antigo da respectiva secção.

ARTIGO 34.°
(Composição, preenchimento das secções e regime das sessões)

1. As secções dos tribunais centrais administrativos são compostas pelo presidente do tribunal, pelo vice-presidente respectivo e pelos restantes juízes.

2. São aplicáveis aos tribunais centrais administrativos, com as necessárias adaptações, as disposições estabelecidas para o Supremo Tribunal Administrativo quanto ao preenchimento das secções e ao regime das sessões de julgamento.

ARTIGO 35.°
(Formação de julgamento)

1. O julgamento em cada secção compete ao relator e a dois outros juízes.

2. As decisões são tomadas em conferência.

3. É aplicável aos adjuntos o disposto no artigo 18.°

ARTIGO 36.°
(Competência dos presidentes dos tribunais centrais administrativos)

1. Compete ao presidente de cada tribunal central administrativo:

a) Representar o Tribunal e assegurar as relações deste com os demais órgãos de soberania e quaisquer autoridades;

b) Dirigir o Tribunal, superintender nos seus serviços e assegurar o seu funcionamento normal, emitindo as ordens de serviço que tenha por necessárias;

c) Nomear, no âmbito do contencioso administrativo, os árbitros que, segundo a lei de arbitragem voluntária, são designados pelo presidente do tribunal de relação;

d) Propor ao Conselho Superior dos Tribunais Administrativos e Fiscais os critérios que devem presidir à distribuição, no respeito pelo princípio do juiz natural;

e) Planear e organizar os recursos humanos do Tribunal, assegurando uma equitativa distribuição de processos pelos juízes e o acompanhamento do seu trabalho;

f) Providenciar pela redistribuição equitativa dos processos, no caso de alteração do número de juízes;

g) Determinar os casos em que, por razões de uniformização de jurisprudência, no julgamento devem intervir todos os juízes da secção;

h) Fixar o dia e a hora das sessões;

i) Presidir às sessões e apurar o vencimento nas conferências;

j) Votar as decisões em caso de empate;

l) Assegurar o andamento dos processos no respeito pelos prazos estabelecidos, podendo determinar a substituição provisória do relator, por redistribuição, em caso de impedimento prolongado;

m) Solicitar o suprimento de necessidades de resposta adicional através do recurso à bolsa de juízes;

n) Estabelecer a forma mais equitativa de intervenção dos juízes-adjuntos;

o) Agregar transitoriamente a uma secção juízes de outra secção, a fim de acorrerem a necessidades temporárias de serviço;

p) Fixar os turnos de juízes;

q) Exercer a acção disciplinar sobre os funcionários de justiça em serviço no Tribunal, relativamente a penas de gravidade inferior à de multa;

r) Dar posse ao secretário do Tribunal;

s) Elaborar um relatório anual sobre o estado dos serviços;

t) Exercer as demais funções que lhe sejam atribuídas por lei.

2. O Presidente é apoiado administrativamente por um secretário pessoal, nos termos a fixar em diploma complementar.

3. O Presidente pode delegar nos vice-presidentes a competência para a prática de determinados actos ou sobre certas matérias e no secretário do Tribunal a competência para a correcção dos processos.

SECÇÃO II
Secção de Contencioso Administrativo

ARTIGO 37.°
(Competência da Secção de Contencioso Administrativo)

Compete à Secção de Contencioso Administrativo de cada tribunal central administrativo conhecer:

a) Dos recursos das decisões dos tribunais administrativos de círculo para os quais não seja competente o Supremo Tribunal Administrativo, segundo o disposto na lei de processo;

b) Dos recursos de decisões proferidas por tribunal arbitral sobre matérias de contencioso administrativo, salvo o disposto em lei especial;

c) Das acções de regresso, fundadas em responsabilidade por danos resultantes do exercício das suas funções, propostas contra juízes dos tribunais administrativos de círculo e dos tribunais tributários, bem como dos magistrados do Ministério Público que prestem serviço junto desses tribunais;

d) Dos demais processos que por lei sejam submetidos ao seu julgamento.

SECÇÃO III
Secção de Contencioso Tributário

ARTIGO 38.°
(Competência da Secção de Contencioso Tributário)

Compete à Secção de Contencioso Tributário de cada tribunal central administrativo conhecer:

a) Dos recursos de decisões dos tribunais tributários, salvo o disposto na alínea *b*) do artigo 26.°;

b) Dos recursos de actos administrativos respeitantes a questões fiscais praticados por membros do Governo;

c) Dos pedidos de declaração de ilegalidade de normas administrativas de âmbito nacional, emitidas em matéria fiscal;

d) Dos pedidos de adopção de providências cautelares relativos a processos da sua competência;

e) Dos pedidos de execução das suas decisões;

f) Dos pedidos de produção antecipada de prova formulados em processo nela pendente;

g) Dos demais meios processuais que por lei sejam submetidos ao seu julgamento.

CAPÍTULO V
Tribunais administrativos de círculo

ARTIGO 39.°
(Sede, área de jurisdição e instalação)

1. A sede dos tribunais administrativos de círculo e as respectivas áreas de jurisdição são determinadas por decreto-lei.

2. O número de juízes em cada tribunal administrativo de círculo é fixado por portaria do Ministro da Justiça.

3. Os tribunais administrativos de círculo são declarados instalados por portaria do Ministro da Justiça.

ARTIGO 40.°
(Funcionamento)

1. Os tribunais administrativos de círculo funcionam com juiz singular, a cada juiz competindo o julgamento, de facto e de direito, dos processos que lhe sejam distribuídos.

2. Nas acções administrativas comuns que sigam o processo ordinário, o julgamento da matéria de facto é feito em tribunal colectivo, se tal for requerido por qualquer das partes e desde que nenhuma delas requeira a gravação da prova.

3. Nas acções administrativas especiais de valor superior à alçada, o tribunal funciona em formação de três juízes, à qual compete o julgamento da matéria de facto e de direito.

ARTIGO 41.°
(Intervenção de todos os juízes do tribunal)

1. Quando à sua apreciação se coloque uma questão de direito nova que suscite dificuldades sérias e se possa vir a colocar noutros litígios, pode o presidente do tribunal determinar que o julgamento se faça com a intervenção de todos os juízes do tribunal, sendo o quórum de dois terços.

2. O procedimento previsto no número anterior tem obrigatoriamente lugar quando esteja em causa uma situação de processos em massa, nos termos previstos na lei de processo.

ARTIGO 42.°
(Substituição dos juízes)

1. Os juízes são substituídos pelo que imediatamente se lhes segue na ordem de antiguidade em cada tribunal.

2. Quando não se possa efectuar segundo o disposto no número anterior, designadamente para a formação de colectivos em tribunais com reduzido número de juízes, a substituição defere-se a juízes de qualquer dos outros tribunais administrativos e tributários.

3. Nos tribunais localizados nas Regiões Autónomas dos Açores e da Madeira, verificando-se a impossibilidade de substituição nos termos do número anterior, a substituição defere-se, sucessivamente, ao juiz do tribunal judicial, ao conservador do registo predial, ao conservador do registo comercial ou ao conservador do registo civil em serviço nos tribunais ou conservatórias sediados na mesma localidade.

ARTIGO 43.°
(Presidente do tribunal)

1. Os presidentes dos tribunais administrativos de círculo são nomeados pelo Conselho Superior dos Tribunais Administrativos e Fiscais para um mandato de cinco anos.

2. Os presidentes dos tribunais administrativos de círculo com mais de três juízes são nomeados de entre juízes com a categoria de conselheiro ou de desembargador e não têm processos distribuídos.

3. É da competência do presidente do tribunal administrativo de círculo:

a) Representar o tribunal e assegurar as relações deste com os demais órgãos de soberania e quaisquer autoridades;

b) Dirigir o tribunal, emitindo as ordens de serviço que tenha por necessárias;

c) Propor ao Conselho Superior dos Tribunais Administrativos e Fiscais os critérios que devem presidir à distribuição, no respeito pelo princípio do juiz natural;

d) Determinar os casos em que, para uniformização de jurisprudência, devem intervir no julgamento todos os juízes do tribunal, presidindo às respectivas sessões e votando as decisões em caso de empate;

e) Assegurar o andamento dos processos no respeito pelos prazos estabelecidos, podendo determinar a substituição provisória do relator, por redistribuição, em caso de impedimento prolongado;

f) Planear e organizar o quadro de juízes do tribunal, assegurando uma equitativa distribuição de processos pelos juízes, o acompanhamento do seu trabalho e a realização de reuniões periódicas, apresentando ao Conselho Superior dos Tribunais Administrativos e Fiscais relatórios sobre as mesmas;

g) Solicitar o suprimento de necessidades de resposta adicional através do recurso à bolsa de juízes;

h) Estabelecer a forma mais equitativa de intervenção dos juízes-adjuntos;

i) Providenciar pela redistribuição equitativa dos processos no caso de alteração do número de juízes;

j) Fixar os turnos de juízes;

l) Exercer a acção disciplinar sobre os funcionários de justiça em serviço no tribunal, relativamente a penas de gravidade inferior à de multa;

m) Dar posse ao secretário do tribunal;

n) Elaborar um relatório anual sobre o estado dos serviços;

o) Exercer as demais funções que lhe sejam atribuídas por lei.

4. Sem prejuízo do disposto no n.° 2, o Conselho Superior dos Tribunais Administrativos e Fiscais estabelece em que condições há distribuição de processos aos presidentes dos tribunais administrativos de círculo e, quando as circunstâncias o justifiquem, determina a redução do número dos processos que, nesse caso, lhes devem ser distribuídos.

ARTIGO 44.°
(Competência dos tribunais administrativos de círculo)

1. Compete aos tribunais administrativos de círculo conhecer, em 1.ª instância, de todos os processos do âmbito da jurisdição administrativa, com excepção daqueles cuja competência, em 1.° grau de jurisdição, esteja reservada aos tribunais superiores e da apreciação dos pedidos que nestes processos sejam cumulados.

2. Compete ainda aos tribunais administrativos de círculo satisfazer as diligências pedidas por carta, ofício ou outros meios de comunicação que lhes sejam dirigidos por outros tribunais administrativos.

3. Nas execuções que sejam da competência dos tribunais administrativos, as funções de agente de execução são desempenhadas por oficial de justiça.

CAPÍTULO VI
Tribunais tributários

ARTIGO 45.°
(Sede, área de jurisdição e instalação)

1. A sede dos tribunais tributários e as respectivas áreas de jurisdição são determinadas por decreto-lei.

2. O número de juízes em cada tribunal tributário é fixado por portaria do Ministro da Justiça.

3. Os tribunais tributários são declarados instalados por portaria do Ministro da Justiça.

ARTIGO 46.°
(Funcionamento)

1. Os tribunais tributários funcionam com juiz singular, a cada juiz competindo o julgamento, de facto e de direito, dos processos que lhe sejam distribuídos.

2. Quando à sua apreciação se coloque uma questão de direito nova que suscite dificuldades sérias e se possa vir a colocar noutros litígios, pode o presidente do tribunal determinar que o julgamento se faça com a intervenção de todos os juízes do tribunal, sendo o quórum de dois terços.

ARTIGO 47.°
(Substituição dos juízes)

1. Os juízes são substituídos pelo que imediatamente se lhes segue na ordem de antiguidade em cada tribunal.

2. Quando não se possa efectuar segundo o disposto no número anterior, designadamente para a formação de colectivos em tribunais com reduzido número de juízes, a substituição defere-se a juízes de qualquer dos outros tribunais administrativos e tributários.

3. Nos tribunais localizados nas Regiões Autónomas dos Açores e da Madeira, verificando-se a impossibilidade de substituição nos termos do número anterior, a substituição defere-se, sucessivamente, ao juiz do tribunal judicial, ao conservador do registo predial, ao conservador do registo comercial ou ao conservador do registo civil em serviço nos tribunais ou conservatórias sediados na mesma localidade.

ARTIGO 48.°
(Presidente do tribunal)

1. Os presidentes dos tribunais tributários são nomeados pelo Conselho Superior dos Tribunais Administrativos e Fiscais para um mandato de cinco anos.

2. Os presidentes dos tribunais tributários com mais de três juízes são nomeados de entre juízes com a categoria de conselheiro ou de desembargador e não têm processos distribuídos.

3. É da competência do presidente do tribunal tributário:

a) Representar o tribunal e assegurar as suas relações com os demais órgãos de soberania e quaisquer autoridades;

b) Dirigir o tribunal, emitindo as ordens de serviço que tenha por necessárias;

c) Assegurar o andamento dos processos no respeito pelos prazos estabelecidos, podendo determinar a substituição provisória do relator, por redistribuição, em caso de impedimento prolongado;

d) Planear e organizar os recursos humanos do tribunal, assegurando uma equitativa distribuição de processos pelos juízes e o acompanhamento do seu trabalho;

e) Solicitar o suprimento de necessidades de resposta adicional através do recurso à bolsa de juízes;

f) Planear e organizar o quadro de juízes do tribunal, assegurando uma equitativa distribuição de processos pelos juízes, o acompanhamento do seu trabalho e a realização de reuniões periódicas, apresentando ao Conselho Superior dos Tribunais Administrativos e Fiscais relatórios sobre as mesmas;

g) Providenciar pela redistribuição equitativa dos processos no caso de alteração do número de juízes;

h) Fixar os turnos de juízes;

i) Exercer a acção disciplinar sobre os funcionários de justiça em serviço no tribunal, relativamente a penas de gravidade inferior à de multa;

j) Dar posse ao secretário judicial;

ADENDA

ESTATUTO DOS TRIBUNAIS ADMINISTRATIVOS E FISCAIS

Quando a presente edição se encontrava já impressa, foi publicada em Diário da República a **Lei n.° 55-A/2010, de 31 de Dezembro**, que alterou os artigos 49.° e 49.°-A do Estatuto dos Tribunais Administrativos e Fiscais, aprovado pela Lei n.° 13/2002, de 19 de Fevereiro, que passam a ter a seguinte redacção:

«ARTIGO 49.°
[...]

1 – ...

a) ...

b) ...

c) ...

d) Dos incidentes, embargos de terceiro, reclamação da verificação e graduação de créditos, anulação da venda, oposições e impugnação de actos lesivos, bem como de todas as questões relativas à legitimidade dos responsáveis subsidiários, levantadas nos processos de execução fiscal;

e) ...

f) ...

2 – ...

3 – ...

ARTIGO 49.°-A
[...]

1 – ...

a) ...

b) ...

c) Dos incidentes, embargos de terceiro, reclamação da verificação e graduação de créditos, anulação da venda, oposições e impugnação de actos lesivos, bem como de todas as questões relativas à legitimidade dos responsáveis subsidiários, levantadas nos processos de execução fiscal, cujo valor ultrapasse dez vezes o valor da alçada dos Tribunais da Relação;

d) ...

2 – ...

a) ...

b) ...

c) Dos incidentes, embargos de terceiro, reclamação da verificação e graduação de créditos, anulação da venda, oposições e impugnação de actos lesivos, bem como de todas as questões relativas à legitimidade dos responsáveis subsidiários, levantadas nos processos de execução fiscal, cujo valor ultrapasse duas vezes o valor da alçada dos Tribunais da Relação;

d) ...

e) ...

f) ...

g) ...

3 – ...

a) ...

b) ...

c) Dos incidentes, embargos de terceiro, reclamação da verificação e graduação de créditos, anulação da venda, oposições e impugnação de actos lesivos, bem como de todas as questões relativas à legitimidade dos responsáveis subsidiários, levantadas nos processos de execução fiscal, cujo valor não ultrapasse duas vezes o valor da alçada dos Tribunais da Relação;

d) ...

e) ...

f) ...

4 – ...

5 – ...»

l) Elaborar um relatório anual sobre o estado dos serviços;

m) Exercer as demais funções que lhe sejam atribuídas por lei.

4. Sem prejuízo do disposto no n.° 2, o Conselho Superior dos Tribunais Administrativos e Fiscais estabelece em que condições há distribuição de processos aos presidentes dos tribunais tributários e, quando as circunstâncias o justifiquem, determina a redução do número dos processos que, nesse caso, lhes devem ser distribuídos.

ARTIGO 49.°
(Competência dos tribunais tributários)

1. Sem prejuízo do disposto no artigo seguinte, compete aos tribunais tributários conhecer (1):

a) Das acções de impugnação:

i) Dos actos de liquidação de receitas fiscais estaduais, regionais ou locais, e parafiscais, incluindo o indeferimento total ou parcial de reclamações desses actos;

ii) Dos actos de fixação dos valores patrimoniais e dos actos de determinação de matéria tributável susceptíveis de impugnação judicial autónoma;

iii) Dos actos praticados pela entidade competente nos processos de execução fiscal;

iv) Dos actos administrativos respeitantes a questões fiscais que não sejam atribuídos à competência de outros tribunais;

b) Da impugnação de decisões de aplicação de coimas e sanções acessórias em matéria fiscal;

c) Das acções destinadas a obter o reconhecimento de direitos ou interesses legalmente protegidos em matéria fiscal;

d) Dos incidentes, embargos de terceiro, verificação e graduação de créditos, anulação da venda, oposições e impugnação de actos lesivos, bem como de todas as questões relativas à legitimidade dos responsáveis subsidiários, levantadas nos processos de execução fiscal;

e) Dos seguintes pedidos:

i) De declaração da ilegalidade de normas administrativas de âmbito regional ou local, emitidas em matéria fiscal;

(1) Redacção do Decreto-Lei n.° 166/2009, de 31 de Julho.

ii) De produção antecipada de prova, formulados em processo neles pendente ou a instaurar em qualquer tribunal tributário;

iii) De providências cautelares para garantia de créditos fiscais;

iv) De providências cautelares relativas aos actos administrativos impugnados ou impugnáveis e às normas referidas na subalínea *i*) desta alínea;

v) De execução das suas decisões;

vi) De intimação de qualquer autoridade fiscal para facultar a consulta de documentos ou processos, passar certidões e prestar informações;

f) Das demais matérias que lhes sejam deferidas por lei.

2. Compete ainda aos tribunais tributários cumprir os mandatos emitidos pelo Supremo Tribunal Administrativo ou pelos tribunais centrais administrativos e satisfazer as diligências pedidas por carta, ofício ou outros meios de comunicação que lhe sejam dirigidos por outros tribunais tributários.

3. Sem prejuízo das competências próprias dos órgãos da administração tributária, nas execuções que sejam da competência dos tribunais tributários, as funções de agente de execução são desempenhadas por oficial de justiça.

ARTIGO 49.°-A [1]
(Competência das instâncias especializadas)

1. Quando tenha havido desdobramento, nos termos do disposto no artigo 9.°-A, compete ao juízo de grande instância tributária decidir:

a) Das acções de impugnação, cujo valor ultrapasse 10 vezes o valor da alçada dos Tribunais da Relação:

i) Dos actos de liquidação de receitas fiscais estaduais, regionais ou locais, e parafiscais, incluindo o indeferimento total ou parcial de reclamações desses actos;

ii) Dos actos de fixação dos valores patrimoniais e dos actos de determinação de matéria tributável susceptíveis de impugnação judicial autónoma;

---

[1] Redacção do Decreto-Lei n.° 166/2009, de 31 de Julho.

iii) Dos actos administrativos respeitantes a questões fiscais que não sejam atribuídos à competência de outros tribunais;

b) Das acções destinadas a obter o reconhecimento de direitos ou interesses legalmente protegidos em matéria fiscal, cujo valor ultrapasse 10 vezes o valor da alçada dos Tribunais da Relação;

c) De providências cautelares para garantia de créditos fiscais, cujo valor ultrapasse 10 vezes o valor da alçada dos Tribunais da Relação;

d) Dos seguintes pedidos:

i) De produção antecipada de prova, formulados em processo neles pendente ou a instaurar que seja da sua competência;

ii) De providências cautelares relativas a actos administrativos cuja acção de impugnação, pendente ou a instaurar, seja da sua competência;

iii) De execução das suas decisões;

iv) Das demais matérias que lhes sejam deferidas por lei.

2. Quando tenha havido desdobramento, nos termos do disposto no artigo 9.°-A, compete ao juízo de média instância tributária:

a) Das acções de impugnação, cujo valor ultrapasse duas vezes o valor da alçada dos Tribunais da Relação:

i) Dos actos de liquidação de receitas fiscais estaduais, regionais ou locais, e parafiscais, incluindo o indeferimento total ou parcial de reclamações desses actos;

ii) Dos actos de fixação dos valores patrimoniais e dos actos de determinação de matéria tributável susceptíveis de impugnação judicial autónoma;

iii) Dos actos praticados pela entidade competente nos processos de execução fiscal;

iv) Da impugnação de decisões de aplicação de coimas e sanções acessórias em matéria fiscal;

v) Dos actos administrativos respeitantes a questões fiscais que não sejam atribuídos à competência de outros tribunais;

b) Das acções destinadas a obter o reconhecimento de direitos ou interesses legalmente protegidos em matéria fiscal, cujo valor ultrapasse duas vezes o valor da alçada dos Tribunais da Relação;

c) Dos incidentes, embargos de terceiro, verificação e graduação de créditos, anulação da venda, oposições e impugnação de actos lesivos, bem como de todas as questões relativas à legitimidade dos responsáveis subsidiários, levantadas nos processos de execução fiscal, cujo valor ultrapasse duas vezes o valor da alçada dos Tribunais da Relação;

d) De providências cautelares para garantia de créditos fiscais, cujo valor ultrapasse duas vezes o valor da alçada dos Tribunais da Relação;

e) De declaração da ilegalidade de normas administrativas de âmbito regional ou local, emitidas em matéria fiscal;

f) Dos seguintes pedidos:

i) De produção antecipada de prova, formulados em processo neles pendente ou a instaurar que seja da sua competência;

ii) De providências cautelares relativas a actos administrativos cuja acção de impugnação, pendente ou a instaurar, seja da sua competência;

iii) De execução das suas decisões;

g) Dos pedidos que não recaiam no âmbito de competência definido nos n.os 1 e 3 e das demais matérias que lhes sejam deferidas por lei.

3. Quando tenha havido desdobramento, nos termos do disposto no artigo 9.°-A, compete ao juízo de pequena instância tributária decidir:

a) Das acções de impugnação, cujo valor não ultrapasse duas vezes o valor da alçada dos Tribunais da Relação:

i) Dos actos de liquidação de receitas fiscais estaduais, regionais ou locais, e parafiscais, incluindo o indeferimento total ou parcial de reclamações desses actos;

ii) Dos actos de fixação dos valores patrimoniais e dos actos de determinação de matéria tributável susceptíveis de impugnação judicial autónoma;

iii) Dos actos praticados pela entidade competente nos processos de execução fiscal;

iv) Da impugnação de decisões de aplicação de coimas e sanções acessórias em matéria fiscal;

v) Dos actos administrativos respeitantes a questões fiscais que não sejam atribuídos à competência de outros tribunais;

b) Das acções destinadas a obter o reconhecimento de direitos ou interesses legalmente protegidos em matéria fiscal, cujo valor não ultrapasse duas vezes o valor da alçada dos Tribunais da Relação;

c) Dos incidentes, embargos de terceiro, verificação e graduação de créditos, anulação da venda, oposições e impugnação de actos lesivos, bem como de todas as questões relativas à legitimidade dos responsáveis subsidiários, levantadas nos processos de execução fiscal, cujo valor não ultrapasse duas vezes o valor da alçada dos Tribunais da Relação;

d) De providências cautelares para garantia de créditos fiscais, cujo valor não ultrapasse duas vezes o valor da alçada dos Tribunais da Relação;

e) Dos seguintes pedidos:

i) De produção antecipada de prova, formulados em processo neles pendente ou a instaurar que seja da sua competência;

ii) De providências cautelares relativas a actos administrativos cuja acção de impugnação, pendente ou a instaurar, seja da sua competência;

iii) De execução das suas decisões;

iv) De intimação de qualquer autoridade fiscal para facultar a consulta de documentos ou processos, passar certidões e prestar informações;

f) Das demais matérias que lhes sejam deferidas por lei.

4. O juízo de pequena instância tributária funciona sempre com juiz singular.

5. As competências referidas no n.° 2 do artigo anterior consideram-se deferidas ao juízo de média instância tributária.

ARTIGO 50.°
(Competência territorial)

À determinação da competência territorial dos tribunais tributários são subsidiariamente aplicáveis os critérios definidos para os tribunais administrativos de círculo.

CAPÍTULO VII
Ministério Público

ARTIGO 51.°
(Funções)

Compete ao Ministério Público representar o Estado, defender a legalidade democrática e promover a realização do interesse público, exercendo, para o efeito, os poderes que a lei processual lhe confere.

Artigo 52.°
(Representação)

1. O Ministério Público é representado:

a) No Supremo Tribunal Administrativo, pelo Procurador-Geral da República, que pode fazer-se substituir por procuradores-gerais-adjuntos;

b) Nos tribunais centrais administrativos, por procuradores-gerais-adjuntos;

c) Nos tribunais administrativos de círculo e nos tribunais tributários, por procuradores da República.

2. Os procuradores-gerais-adjuntos em serviço no Supremo Tribunal Administrativo e nos tribunais centrais administrativos podem ser coadjuvados por procuradores da República.

CAPÍTULO VIII
Fazenda Pública

ARTIGO 53.°
(Intervenção da Fazenda Pública)

A Fazenda Pública defende os seus interesses nos tribunais tributários através de representantes seus.

ARTIGO 54.°
(Representação da Fazenda Pública)

1. A representação da Fazenda Pública compete:

a) Na Secção de Contencioso Tributário do Supremo Tribunal Administrativo, ao director-geral dos Impostos e ao director-geral das Alfândegas e dos Impostos Especiais sobre o Consumo, que podem ser representados pelos respectivos subdirectores-gerais ou por funcionários superiores das respectivas direcções-gerais licenciados em Direito;

b) Na Secção de Contencioso Tributário dos tribunais centrais administrativos, ao subdirector-geral dos Impostos e ao subdirector-geral das Alfândegas e dos Impostos Especiais sobre o Consumo, que podem ser representados por funcionários superiores das respectivas direcções-gerais licenciados em Direito;

c) Nos tribunais tributários, aos directores de finanças e ao director da alfândega da respectiva área de jurisdição, que podem ser representados por funcionários licenciados em Direito das Direcções-Gerais dos Impostos e das Alfândegas e dos Impostos Especiais sobre o Consumo.

2. Quando estejam em causa receitas fiscais lançadas e liquidadas pelas autarquias locais, a Fazenda Pública é representada por licenciado em Direito ou por advogado designado para o efeito pela respectiva autarquia.

ARTIGO 55.°
(Poderes dos representantes)

Os representantes da Fazenda Pública gozam dos poderes e faculdades previstos na lei.

CAPÍTULO IX
Serviços administrativos

ARTIGO 56.°
(Administração, serviços de apoio e assessores)

1. Nos tribunais administrativos de círculo e nos tribunais tributários com mais de uma dezena de magistrados existe um administrador do tribunal, sendo aplicável o disposto a propósito dos tribunais judiciais.

2. No Supremo Tribunal Administrativo e nos tribunais centrais administrativos existe um conselho de administração, constituído pelo presidente do tribunal, pelos vice-presidentes, pelo secretário do tribunal e pelo responsável pelos serviços de apoio administrativo e financeiro, sendo aplicável o disposto a propósito dos tribunais judiciais.

3. Os tribunais da jurisdição administrativa e fiscal dispõem de serviços administrativos de apoio, regulados na lei ([1]).

([1]) Redacção do Decreto-Lei n.° 166/2009, de 31 de Julho.

4. Sem prejuízo do disposto no artigo seguinte, os tribunais da jurisdição administrativa e fiscal dispõem de assessores que coadjuvam os magistrados judiciais [1].

ARTIGO 56.°-A [1]
(Gabinetes de apoio)

1. É criado, na dependência orgânica do Conselho Superior dos Tribunais Administrativos e Fiscais, um gabinete de apoio aos magistrados da jurisdição administrativa e fiscal.

2. Cada tribunal de jurisdição administrativa e fiscal pode ser dotado de um gabinete de apoio destinado a assegurar assessoria e consultadoria técnica aos magistrados e ao presidente do respectivo tribunal, nos termos definidos para os gabinetes de apoio dos tribunais das comarcas judiciais.

3. O gabinete de apoio em cada tribunal é dirigido pelo respectivo presidente.

4. A criação do gabinete de apoio em cada tribunal da jurisdição administrativa e fiscal é efectuada por portaria conjunta dos membros do Governo responsáveis pelas áreas das finanças, da Administração Pública e da justiça, que fixa igualmente o número de especialistas com formação científica e experiência profissional adequada que constitui o gabinete.

5. O recrutamento do pessoal a que se refere o número anterior é efectuado pelo Conselho Superior dos Tribunais Administrativos e Fiscais, através de comissão de serviço.

6. Os níveis remuneratórios do pessoal previsto no presente artigo são os fixados no Regulamento da Lei de Organização e Funcionamento dos Tribunais Judiciais, aprovado pelo Decreto-Lei n.° 28/2009, de 28 de Janeiro, sendo os respectivos encargos suportados pelo Conselho Superior dos Tribunais Administrativos e Fiscais.

---

[1] Redacção do Decreto-Lei n.° 166/2009, de 31 de Julho.

TÍTULO II
Estatuto dos juízes

CAPÍTULO I
Disposições gerais

ARTIGO 57.°
(Regras estatutárias)

Os juízes da jurisdição administrativa e fiscal formam um corpo único e regem-se pelo disposto na Constituição da República Portuguesa, por este Estatuto e demais legislação aplicável e, subsidiariamente, pelo Estatuto dos Magistrados Judiciais, com as necessárias adaptações.

ARTIGO 58.°
(Categoria e direitos dos juízes)

1. O Presidente, os vice-presidentes e os juízes do Supremo Tribunal Administrativo têm as honras, precedências, categorias, direitos, vencimentos e abonos que competem, respectivamente, ao Presidente, aos vice-presidentes e aos juízes do Supremo Tribunal de Justiça.

2. Os presidentes, os vice-presidentes e os juízes dos tribunais centrais administrativos têm as honras, precedências, categorias, direitos, vencimentos e abonos que competem, respectivamente, aos presidentes, aos vice-presidentes e aos juízes dos tribunais da Relação.

3. Os juízes dos tribunais administrativos de círculo e dos tribunais tributários têm as honras, precedências, categorias, direitos, vencimentos e abonos que competem aos juízes de direito.

4. A progressão na carreira dos juízes da jurisdição administrativa e fiscal não depende do tribunal em que exercem funções ([1]).

5. Os juízes dos tribunais administrativos e dos tribunais tributários ascendem à categoria de juiz de círculo após cinco anos de serviço nesses tribunais com a classificação de *Bom com distinção* ([1]).

([1]) Redacção da Lei n.° 1/2008, de 14 de Janeiro.

ARTIGO 59.°
(Distribuição de publicações oficiais)

1. Os juízes da jurisdição administrativa e fiscal têm direito a receber gratuitamente o *Diário da República*, 1.ª e 2.ª séries e apêndices, o *Diário da Assembleia da República* e o *Boletim do Ministério da Justiça*, ou, em alternativa, têm acesso electrónico gratuito aos suportes informáticos das publicações referidas.

2. Os juízes dos tribunais sediados nas Regiões Autónomas também têm direito a receber as publicações oficiais das Regiões ou a ter acesso electrónico gratuito aos respectivos suportes informáticos.

CAPÍTULO II
Recrutamento e provimento

SECÇÃO I
Disposições comuns

ARTIGO 60.° (1)

. . . .

ARTIGO 61.° (2)
(Provimento das vagas)

1. As vagas de juízes dos tribunais superiores são preenchidas por transferência de outra secção ou de outro tribunal, bem como por concurso (3).

2. A admissão ao concurso, quando se trate do provimento das vagas referidas no número anterior, depende de graduação baseada na ponderação global dos seguintes factores:

a) Classificação positiva obtida em prova escrita de acesso;

b) Anteriores classificações de serviço, no caso de o candidato ser um magistrado;

---

(1) Revogado pela Lei n.° 2/2008, de 14 de Janeiro, que regula o ingresso nas magistraturas, a formação de magistrados e a natureza, estrutura e funcionamento do Centro de Estudos Judiciários.

(2) Redacção da Lei n.° 2/2008, de 14 de Janeiro.

(3) Redacção da Lei n.° 52/2008, de 28 de Agosto.

c) Graduação obtida em concurso;

d) Currículo universitário e pós-universitário;

e) Trabalhos científicos ou profissionais;

f) Actividade desenvolvida no foro, no ensino jurídico ou na Administração Pública;

g) Antiguidade;

h) Entrevista;

i) Outros factores relevantes que respeitem à preparação específica, idoneidade e capacidade do candidato para o cargo.

3. As vagas de juízes dos tribunais administrativos de círculo e dos tribunais tributários são preenchidas por transferência de outros tribunais administrativos de círculo ou tribunais tributários, bem como por concurso nos termos da lei que define o regime de ingresso nas magistraturas e de formação de magistrados.

ARTIGO 62.°
(Permuta)

1. É permitida a permuta entre juízes dos tribunais administrativos de círculo e dos tribunais tributários, bem como, nos tribunais superiores, entre juízes de diferentes secções do mesmo tribunal, quando tal não prejudique direitos de terceiros nem o andamento dos processos que lhes estejam distribuídos, e desde que tenham mais de dois anos de serviço no respectivo lugar.

2. Em casos devidamente justificados, pode o Conselho Superior dos Tribunais Administrativos e Fiscais autorizar a permuta com dispensa do requisito temporal referido no número anterior.

ARTIGO 63.°
(Quadro complementar de juízes)

1. Na jurisdição administrativa e fiscal existe uma bolsa de juízes para destacamento em tribunais, quando se verifique uma das seguintes circunstâncias e o período de tempo previsível da sua duração, conjugado com o volume de serviço, desaconselhem o recurso ao regime de substituição ou o alargamento do quadro do tribunal:

a) Falta ou impedimento de titular do tribunal ou vacatura do lugar;

b) Necessidade pontual de reforço do número de juízes no tribunal para acorrer a acréscimo temporário de serviço.

2. Cabe ao Conselho Superior dos Tribunais Administrativos e Fiscais efectuar a gestão da bolsa de juízes.

3. O destacamento é feito por período certo a fixar pelo Conselho, renovável enquanto se verifique a necessidade que o ditou, podendo cessar antes do prazo ou da sua renovação a requerimento do interessado ou em consequência de aplicação de pena disciplinar de suspensão ou superior.

4. À matéria do presente artigo é aplicável, com as devidas adaptações, o disposto no domínio da organização e funcionamento dos tribunais judiciais.

ARTIGO 64.°
(Posse)

1. O Presidente do Supremo Tribunal Administrativa toma posse perante os juízes do Tribunal.

2. Tomam posse perante o Presidente do Supremo Tribunal Administrativo:

a) Os vice-presidentes e os restantes juízes do Tribunal;

b) Os presidentes dos tribunais centrais administrativos.

3. Tomam posse perante o presidente do tribunal central administrativo da respectiva jurisdição os vice-presidentes e os restantes juízes do Tribunal.

4. Os juízes dos tribunais administrativos de círculo e dos tribunais tributários tomam posse perante os respectivos presidentes e estes perante os seus substitutos.

SECÇÃO II
Supremo Tribunal Administrativo

ARTIGO 65.°
(Provimento)

O provimento de vagas no Supremo Tribunal Administrativo é feito:

a) Por transferência de juízes de outra secção do Tribunal;

b) Por nomeação de juízes do Supremo Tribunal de Justiça, a título definitivo ou em comissão permanente de serviço;

c) Por concurso.

ARTIGO 66.º (1)
(Avaliação curricular, graduação e preenchimento de vagas)

1. Ao concurso para juiz do Supremo Tribunal Administrativo podem candidatar-se:

a) Juízes dos tribunais centrais administrativos com cinco anos de serviço nesses tribunais;

b) Juízes dos tribunais de relação que tenham exercido funções na jurisdição administrativa e fiscal durante cinco anos;

c) Procuradores-gerais-adjuntos com 10 anos de serviço, 5 dos quais junto da jurisdição administrativa e fiscal, no Conselho Consultivo da Procuradoria-Geral da República ou em auditorias jurídicas;

d) Juristas com pelo menos 10 anos de comprovada experiência profissional na área do direito público, nomeadamente através do exercício de funções públicas, da advocacia, da docência no ensino superior ou da investigação, ou ao serviço da Administração Pública.

2. A graduação faz-se segundo o mérito relativo dos concorrentes de cada classe, tomando-se globalmente em conta a avaliação curricular, com prévia observância do disposto no número seguinte e, nomeadamente, tendo em consideração os seguintes factores:

a) Anteriores classificações de serviço;

b) Graduação obtida em concursos de habilitação ou cursos de ingresso em cargos judiciais;

c) Currículo universitário e pós-universitário;

d) Trabalhos científicos realizados;

e) Actividade desenvolvida no âmbito forense ou no ensino jurídico;

f) Outros factores que abonem a idoneidade dos requerentes para o cargo a prover.

3. Os concorrentes defendem publicamente os seus currículos perante um júri com a seguinte composição:

a) Presidente do júri – o Presidente do Supremo Tribunal Administrativo, na qualidade de presidente do Conselho Superior dos Tribunais Administrativos e Fiscais;

b) Vogais:

i) O juiz conselheiro mais antigo na categoria que seja membro do Conselho Superior dos Tribunais Administrativos e Fiscais;

---

(1) Redacção da Lei n.º 26/2008, de 27 de Junho.

ii) Um membro do Conselho Superior dos Tribunais Administrativos e Fiscais, não pertencente à magistratura, a eleger por este órgão;

iii) Um membro do Conselho Superior do Ministério Público, a eleger por este órgão;

iv) Um professor universitário de Direito, com a categoria de professor catedrático, escolhido, nos termos do n.° 6, pelo Conselho Superior dos Tribunais Administrativos e Fiscais;

v) Um advogado com funções no Conselho Superior da Ordem dos Advogados, cabendo ao Conselho Superior dos Tribunais Administrativos e Fiscais solicitar à Ordem dos Advogados a respectiva indicação.

4. O júri emite parecer sobre a prestação de cada um dos candidatos, a qual deve ser tomada em consideração pelo Conselho Superior dos Tribunais Administrativos e Fiscais na elaboração do acórdão definitivo sobre a lista de candidatos, devendo fundamentar a decisão sempre que houver discordância face ao parecer do júri.

5. As deliberações são tomadas por maioria simples de votos, tendo o presidente do júri voto de qualidade em caso de empate.

6. O Conselho Superior dos Tribunais Administrativos e Fiscais solicita, a cada uma das universidades, institutos universitários e outras escolas universitárias, públicos e privados, que ministrem o curso de Direito, a indicação, no prazo de 20 dias úteis, do nome de um professor de Direito, com a categoria de professor catedrático, procedendo, subsequentemente, à escolha do vogal a que se refere a subalínea *iv*) da alínea *b*) do n.° 3, por votação, por voto secreto, de entre os indicados.

7. O concurso é aberto para cada uma das secções e tem a validade de um ano, prorrogável até seis meses.

ARTIGO 67.° (1)
(Quotas para o provimento)

1. O provimento de lugares no Supremo Tribunal Administrativo é efectuado por cada grupo de seis vagas em cada secção, pela ordem seguinte:

a) Um juiz, de entre os referidos na alínea *b*) do artigo 65.° e na alínea *b*) do n.° 1 do artigo 66.°, preferindo os primeiros aos segundos;

---

(1) Redacção da Lei n.° 26/2008, de 27 de Junho.

b) Três juízes de entre os indicados na alínea *a*) do artigo 65.° e na alínea *a*) do n.° 1 do artigo 66.°, preferindo os primeiros aos segundos;

c) Um magistrado, dos referidos na alínea *c*) do n.° 1 do artigo 66.°;

d) Um jurista, de entre os referidos na alínea *d*) do n.° 1 do artigo 66.°.

2. Na impossibilidade de observar a ordem indicada, são nomeados candidatos de outra alínea, sem prejuízo do restabelecimento, logo que possível, mas limitado ao período de quatro anos, da ordem estabelecida.

3. O disposto no número anterior não é aplicável às vagas não preenchidas nos termos da alínea *d*) do n.° 1, que não podem ser preenchidas por outros candidatos.

4. O disposto nos n.os 3 a 5 do artigo 67.° do Estatuto dos Magistrados Judiciais é aplicável ao exercício de funções no Supremo Tribunal Administrativo.

SECÇÃO III
Tribunais centrais administrativos

ARTIGO 68.°
(Provimento)

O provimento de vagas nos tribunais centrais administrativos é feito:

a) Por transferência de juízes de outra secção do Tribunal;

b) Por concurso.

ARTIGO 69.° (1)
(Concurso)

1. Ao concurso para juiz dos tribunais centrais administrativos podem candidatar-se juízes dos tribunais administrativos de círculo e dos tribunais tributários com cinco anos de serviço nesses tribunais e classificação não inferior a *Bom com distinção*.

2. A graduação faz-se segundo o mérito dos concorrentes de cada classe, tomando-se globalmente a avaliação curricular, com prévia obser-

(1) Redacção da Lei n.° 26/2008, de 27 de Junho.

vância do disposto no número seguinte, e, nomeadamente, tendo em consideração os seguintes factores:

a) Anteriores classificações de serviço;

b) Graduação obtida em concursos de habilitação ou cursos de ingresso em cargos judiciais;

c) Currículo universitário e pós-universitário;

d) Trabalhos científicos realizados;

e) Actividade desenvolvida no âmbito forense ou no ensino jurídico;

f) Outros factores que abonem a idoneidade dos requerentes para o cargo a prover.

3. Os concorrentes defendem os seus currículos perante um júri com a seguinte composição:

a) Presidente do júri – o Presidente do Supremo Tribunal Administrativo, podendo fazer-se substituir por um dos vice-presidentes ou por outro membro do Conselho Superior dos Tribunais Administrativos e Fiscais com categoria igual ou superior à de juiz desembargador.

b) Vogais:

- *i*) Um magistrado membro do Conselho Superior dos Tribunais Administrativos e Fiscais com categoria não inferior à de juiz desembargador;
- *ii*) Dois membros do Conselho Superior dos Tribunais Administrativos e Fiscais, não pertencentes à magistratura, a eleger por aquele órgão;
- *iii*) Um professor universitário de Direito, com categoria não inferior à de professor associado, escolhido, nos termos do n.° 5, pelo Conselho Superior dos Tribunais Administrativos e Fiscais.

4. O júri elabora parecer sobre a prestação de cada um dos candidatos, a qual deve ser tomada em consideração pelo Conselho Superior dos Tribunais Administrativos e Fiscais na elaboração do acórdão definitivo sobre a lista de candidatos, devendo fundamentar a decisão sempre que houver discordância face ao parecer do júri.

5. O Conselho Superior dos Tribunais Administrativos e Fiscais solicita, a cada uma das universidades, institutos universitários e outras escolas universitárias, públicos e privados, que ministrem o curso de Direito, a indicação, no prazo de 20 dias úteis, do nome de um professor de Direito, com categoria não inferior à de professor associado, procedendo, subsequentemente, à escolha do vogal a que se refere a subalínea *iii*) da alínea *b*) do n.° 3, por votação, por voto secreto, de entre os indicados.

6. O concurso é aberto para cada uma das secções e tem a validade de um ano, prorrogável até seis meses.

SECÇÃO IV

Tribunais administrativos de círculo e tribunais tributários

ARTIGO 70.°

(Provimento)

O provimento de vagas nos tribunais administrativos de círculo e nos tribunais tributários é feito:

a) Por transferência de juízes de qualquer daqueles tribunais com mais de 2 anos de serviço no lugar em que se encontrem;

b) Por concurso.

ARTIGO 71.° (1)

(Concurso)

Ao concurso para juiz dos tribunais administrativos de círculo e dos tribunais tributários são aplicáveis as normas previstas na lei que define o regime de ingresso nas magistraturas e de formação de magistrados.

ARTIGO 72.° (1)

(Formação dos juízes administrativos e fiscais)

À formação, inicial e contínua, dos juízes administrativos e fiscais são aplicáveis as normas previstas na lei que define o regime de ingresso nas magistraturas e de formação de magistrados.

ARTIGO 73.° (2)

. . . .

(1) Redacção da Lei n.° 2/2008, de 14 de Janeiro.

(2) Revogado pela Lei n.° 2/2008, de 14 de Janeiro.

TÍTULO III
Conselho Superior dos Tribunais Administrativos e Fiscais

ARTIGO 74.°
(Definição e competência)

1. O Conselho Superior dos Tribunais Administrativos e Fiscais é o órgão de gestão e disciplina dos juízes da jurisdição administrativa e fiscal.

2. Compete ao Conselho:

a) Nomear, colocar, transferir, promover, exonerar e apreciar o mérito profissional dos juízes da jurisdição administrativa e fiscal e exercer a acção disciplinar relativamente a eles;

b) Apreciar, admitir, excluir e graduar os candidatos em concurso;

c) Conhecer das impugnações administrativas interpostas de decisões materialmente administrativas proferidas, em matéria disciplinar, pelos presidentes dos tribunais centrais administrativos, pelos presidentes dos tribunais administrativos de círculo e pelos presidentes dos tribunais tributários, bem como de outras que a lei preveja;

d) Ordenar averiguações, inquéritos, sindicâncias e inspecções aos serviços dos tribunais da jurisdição administrativa e fiscal;

e) Elaborar o plano anual de inspecções;

f) Elaborar as listas de antiguidade dos juízes;

g) Suspender ou reduzir a distribuição de processos aos juízes que sejam incumbidos de outros serviços de reconhecido interesse para a jurisdição administrativa e fiscal ou em outras situações que justifiquem a adopção dessas medidas;

h) Aprovar o seu regulamento interno, concursos e inspecções;

i) Emitir os cartões de identidade dos juízes, de modelo idêntico aos dos juízes dos tribunais judiciais;

j) Propor ao Ministro da Justiça providências legislativas com vista ao aperfeiçoamento e à maior eficiência da jurisdição administrativa e fiscal;

l) Emitir parecer sobre as iniciativas legislativas que se relacionem com a jurisdição administrativa e fiscal;

m) Fixar, anualmente, com o apoio do departamento do Ministério da Justiça com competência no domínio da auditoria e modernização, o número máximo de processos a distribuir a cada magistrado e o prazo máximo admissível para os respectivos actos processuais cujo prazo não esteja estabelecido na lei;

n) Gerir a bolsa de juízes;

o) Estabelecer os critérios que devem presidir à distribuição nos tribunais administrativos, no respeito pelo princípio do juiz natural;

p) Exercer os demais poderes conferidos no presente Estatuto e na lei.

3. O Conselho pode delegar no presidente, ou em outros dos seus membros, a competência para:

a) Praticar actos de gestão corrente e aprovar inspecções;

b) Nomear os juízes para uma das secções do Supremo Tribunal Administrativo e dos tribunais centrais administrativos;

c) Ordenar inspecções extraordinárias, averiguações, inquéritos e sindicâncias.

ARTIGO 75.°
(Composição)

1. O Conselho Superior dos Tribunais Administrativos e Fiscais é presidido pelo Presidente do Supremo Tribunal Administrativo e composto pelos seguintes vogais:

a) Dois designados pelo Presidente da República;

b) Quatro eleitos pela Assembleia da República;

c) Quatro juízes eleitos pelos seus pares, de harmonia com o princípio da representação proporcional.

2. É reconhecido de interesse para a jurisdição administrativa e fiscal o desempenho de funções de membro do Conselho.

3. O mandato dos membros eleitos para o Conselho é de quatro anos, só podendo haver lugar a uma reeleição.

4. A eleição dos juízes a que se refere a alínea *c*) do n.° 1 abrange dois juízes suplentes, que substituirão os respectivos titulares nas suas ausências, faltas ou impedimentos.

5. Para a eleição dos juízes referidos na alínea *c*) do n.° 1 têm capacidade eleitoral activa todos os juízes que prestem serviço na jurisdição administrativa e fiscal e capacidade eleitoral passiva só os que nele se encontrem providos a título definitivo ou em comissão de serviço.

6. Quando necessidades de funcionamento o exijam, o Conselho pode afectar, em exclusivo, ao seu serviço um ou mais dos seus membros referidos na alínea *c*) do n.° 1, designando para substituir cada um deles, no tribunal respectivo, um juiz auxiliar.

ARTIGO 76.°
(Funcionamento)

1. O Conselho reúne ordinariamente uma vez por mês e extraordinariamente sempre que convocado pelo presidente, por sua iniciativa ou a solicitação de pelo menos um terço dos seus membros.

2. O Conselho só pode funcionar com a presença de dois terços dos seus membros.

ARTIGO 77.°
(Presidência)

1. O presidente do Conselho Superior dos Tribunais Administrativos e Fiscais é substituído pela ordem seguinte:

a) Pelo mais antigo dos vice-presidentes do Supremo Tribunal Administrativo que faça parte do Conselho;

b) Pelo mais antigo dos juízes do Supremo Tribunal Administrativo que faça parte do Conselho.

2. Em caso de urgência, o presidente pode praticar actos da competência do Conselho, sujeitando-os a ratificação deste na primeira sessão.

ARTIGO 78.°
(Competência do presidente)

Compete ao presidente do Conselho Superior dos Tribunais Administrativos e Fiscais:

a) Dirigir as sessões do Conselho e superintender nos respectivos serviços;

b) Fixar o dia e a hora das sessões ordinárias e convocar as sessões extraordinárias;

c) Dar posse aos inspectores e ao secretário do Conselho;

d) Dirigir e coordenar os serviços de inspecção;

e) Elaborar, por sua iniciativa ou mediante proposta do secretário, as instruções de execução permanente;

f) Exercer os poderes que lhe sejam delegados pelo Conselho;

g) Exercer as demais funções que lhe sejam deferidas por lei.

ARTIGO 79.°
(Serviços de apoio)

1. O Conselho Superior dos Tribunais Administrativos e Fiscais dispõe de uma secretaria com a organização, quadro e regime de provimento do pessoal a fixar em diploma complementar.

2. O Conselho tem um secretário, por si designado, de preferência entre juízes que prestem serviço nos tribunais administrativos de círculo ou nos tribunais tributários.

ARTIGO 80.°
(Funções da secretaria)

À secretaria do Conselho Superior dos Tribunais Administrativos e Fiscais incumbe prestar o apoio administrativo e a assessoria necessários ao normal desenvolvimento da actividade do Conselho e à preparação e execução das suas deliberações, nos termos previstos em diploma complementar e no regulamento interno.

ARTIGO 81.°
(Competência do secretário)

Compete ao secretário do Conselho:

a) Orientar e dirigir os serviços da secretaria, sob a superintendência do presidente e conforme o regulamento interno;

b) Submeter a despacho do presidente os assuntos da sua competência e os que justifiquem a convocação do Concelho;

c) Propor ao presidente a elaboração de instruções de execução permanente;

d) Promover a execução das deliberações do Conselho e das ordens e instruções do presidente;

e) Preparar a proposta de orçamento do Conselho;

f) Elaborar os planos de movimentação dos magistrados;

g) Assistir às reuniões do Conselho e elaborar as respectivas actas;

h) Promover a recolha junto de quaisquer entidades de informações ou outros elementos necessários ao funcionamento dos serviços;

i) Dar posse ou receber a declaração de aceitação do cargo quanto aos funcionários ao serviço do Conselho;

j) Exercer as demais funções que lhe sejam deferidas por lei.

ARTIGO 82.°
(Inspectores)

1. O Conselho Superior dos Tribunais Administrativos e Fiscais dispõe de inspectores com quadro a fixar em diploma próprio.

2. O provimento de lugares de inspector é feito por nomeação e em comissão de serviço, por três anos, renovável, de entre juízes conselheiros com mais de dois anos na categoria.

3. A comissão de serviço rege-se pelo disposto no Estatuto dos Magistrados Judiciais.

4. Os inspectores são apoiados pelos serviços do Conselho Superior dos Tribunais Administrativos e Fiscais.

ARTIGO 83.°
(Competência dos inspectores)

1. Compete aos inspectores:

a) Averiguar do estado, necessidades e deficiências dos serviços dos tribunais da jurisdição administrativa e fiscal, propondo as medidas convenientes;

b) Colher, por via de inspecção, elementos esclarecedores do serviço e do mérito dos magistrados e em função deles propor a adequada classificação;

c) Proceder à realização de inquéritos e sindicâncias e à instrução de processos disciplinares.

2. O processo será dirigido por inspector de categoria superior à do magistrado apreciado ou de categoria igual mas com maior antiguidade.

3. Quando no respectivo quadro nenhum inspector reúna as condições estabelecidas no número anterior, é nomeado juiz que preencha tais requisitos.

ARTIGO 84.º
(Recursos)

1. As deliberações do Conselho Superior dos Tribunais Administrativos e Fiscais relativas a magistrados são impugnáveis perante a Secção de Contencioso Administrativo do Supremo Tribunal Administrativo.

2. São impugnáveis perante a mesma Secção as decisões do presidente do Conselho proferidas no exercício de competência delegada, sem prejuízo da respectiva impugnação administrativa perante o Conselho, no prazo de 15 dias.

TÍTULO IV
Disposições finais e transitórias

ARTIGO 85.º
(Competência administrativa do Governo)

A competência administrativa do Governo, relativa aos tribunais da jurisdição administrativa e fiscal, é exercida pelo Ministro da Justiça.

ARTIGO 86.º
(Quadros)

São fixados em diploma próprio os quadros dos magistrados e dos funcionários dos tribunais da jurisdição administrativa e fiscal.

ARTIGO 87.°
(Tempo de serviço)

1. O tempo de serviço prestado pelo Presidente do Supremo Tribunal Administrativo é contado a dobrar para efeitos de jubilação.

2. O disposto no número anterior aplica-se às situações constituídas à data da entrada em vigor da presente lei.

ARTIGO 88.°
(Presidência dos tribunais superiores)

O disposto no n.° 1 do artigo 20.°, no n.° 4 do artigo 33.° e no n.° 1 do artigo 43.° é apenas aplicável aos mandatos que se iniciem a partir da data da entrada em vigor da presente lei.

ARTIGO 89.°
(Funcionamento transitório do Conselho Superior dos Tribunais Administrativos e Fiscais)

1. O Conselho Superior dos Tribunais Administrativos e Fiscais mantém a sua composição anterior até ao 90.° dia posterior à data do início de vigência desta lei.

2. Até ao início de funcionamento da secretaria, os serviços do Conselho são assegurados pela secretaria do Supremo Tribunal Administrativo.

3. O expediente pendente na secretaria deste Tribunal transita naquela data para a secretaria do Conselho.

ARTIGO 90.°
(Inspectores)

1. Até à criação do quadro de inspectores, as respectivas competências são exercidas por juízes designados pelo Conselho Superior dos Tribunais Administrativos e Fiscais.

2. Os processos que se encontrem pendentes naquela data transitam para os inspectores.

ARTIGO 91.°
(Estatística)

Os tribunais da jurisdição administrativa e fiscal remetem ao respectivo Conselho Superior, nos termos por ele determinados, os elementos de informação estatística que sejam considerados necessários.

ARTIGO 92.°
(Publicações)

1. Os tribunais da jurisdição administrativa e fiscal recebem gratuitamente o *Diário da República*, 1.ª e 2.ª séries, e apêndices, o *Diário da Assembleia da Republica*, as publicações jurídicas da Imprensa Nacional e as publicações jurídicas periódicas dos serviços da Administração Pública ou, em alternativa, têm acesso electrónico gratuito aos suportes informáticos das publicações referidas.

2. Os tribunais sediados nas Regiões Autónomas recebem também as publicações oficiais das Regiões.

ARTIGO 93.°
(Salvaguarda de direitos adquiridos)

1. Os juízes dos tribunais administrativos de círculo e dos tribunais tributários em funções à data da entrada em vigor do presente Estatuto conservam a categoria de juízes de círculo.

2. Os juízes do Supremo Tribunal de Justiça e dos tribunais centrais administrativos que venham a ser nomeados presidentes dos tribunais administrativos de círculo e dos tribunais tributários conservam aquele estatuto, podendo continuar a exercer funções nos primeiros, nos termos a determinar pelo Conselho Superior dos Tribunais Administrativos e Fiscais.

Lei n.° 15/2002

de 22 de Fevereiro

Aprova o Código de Processo nos Tribunais Administrativos (revoga o Decreto-Lei n.° 267/85, de 16 de Julho) e procede à quarta alteração do Decreto-Lei n.° 555/99, de 16 de Dezembro, alterado pelas Leis n.os 13/2000, de 20 de Julho, e 30-A/2000, de 20 de Dezembro, e pelo Decreto--Lei n.° 177/2001, de 4 de Julho.

A Assembleia da República decreta, nos termos da alínea *c*) do artigo 161.° da Constituição, para valer como lei geral da República, o seguinte:

ARTIGO 1.°
(Aprovação)

É aprovado o Código de Processo nos Tribunais Administrativos, que se publica em anexo à presente lei e que dela faz parte integrante.

ARTIGO 2.°
(Comunicação à Comissão das Comunidades Europeias)

1. No caso de a Comissão das Comunidades Europeias notificar o Estado Português e a entidade adjudicante de que considera existir violação clara e manifesta de disposições comunitárias em qualquer procedimento de formação de contratos, deve o Estado, no prazo de 20 dias, comunicar à Comissão que a violação foi corrigida ou responder em exposição de que constem os fundamentos pelos quais não procede à correcção.

2. Constitui fundamento invocável, para efeitos do disposto na parte final do n.° 1, a circunstância de a violação alegada se encontrar sob apreciação dos tribunais, devendo o Estado comunicar à Comissão o resultado do processo, logo que concluído.

3. Se tiver sido determinada a suspensão, administrativa ou judicial, do procedimento, o Estado Português deve dar conhecimento do facto à Comissão no prazo referido no n.° 1, assim como deve informá-la do eventual levantamento da suspensão ou do início de outro procedimento de formação de contrato, total ou parcialmente relacionado com o procedimento anterior, esclarecendo se a alegada violação foi corrigida ou expondo as razões por que não o foi.

ARTIGO 3.° (1)
(Norma de alteração)

O artigo 112.° do Decreto-Lei n.° 555/99, de 16 de Dezembro, que estabelece o regime jurídico da urbanização e da edificação, passa a ter a seguinte redacção:

«Artigo 112.°

[...]

1. No caso previsto na alínea *a*) do artigo 111.°, pode o interessado pedir ao tribunal administrativo de círculo da área da sede da autoridade requerida a intimação da autoridade competente para proceder à prática do acto que se mostre devido.

2. O requerimento de intimação deve ser apresentado em duplicado e instruído com cópia do requerimento para a prática do acto devido.

3. A secretaria, logo que registe a entrada do requerimento, expede por via postal notificação à autoridade requerida, acompanhada do duplicado, para responder no prazo de 14 dias.

4. Junta a resposta ou decorrido o respectivo prazo, o processo vai com vista ao Ministério Público, por dois dias, e seguidamente é concluso ao juiz, para decidir no prazo de cinco dias.

5. Se não houver fundamento de rejeição, o requerimento só será indeferido quando a autoridade requerida faça prova da prática do acto devido até ao termo do prazo fixado para a resposta.

---

(1) Redacção da Lei n.° 4-A/2003.

6. Na decisão, o juiz estabelece prazo não superior a 30 dias para que a autoridade requerida pratique o acto devido e fixa sanção pecuniária compulsória, nos termos previstos no Código de Processo nos Tribunais Administrativos.

7. Ao pedido de intimação é aplicável o disposto no Código de Processo nos Tribunais Administrativos quanto aos processos urgentes.

8. O recurso da decisão tem efeito meramente devolutivo.

9. Decorrido o prazo fixado pelo Tribunal sem que se mostre praticado o acto devido, o interessado pode prevalecer-se do disposto no artigo 113.°, com excepção do disposto no número seguinte.

10. Na situação prevista no número anterior, tratando-se de aprovação do projecto de arquitectura, o interessado pode juntar os projectos de especialidade ou, caso já o tenha feito no requerimento inicial, inicia-se a contagem do prazo previsto na alínea *c*) do n.° 1 do artigo 23.°.»

ARTIGO 4.°
(Revisão)

O Código de Processo nos Tribunais Administrativos é revisto no prazo de três anos a contar da data da sua entrada em vigor, devendo ser recolhidos os elementos úteis resultantes da sua aplicação, para introdução das alterações que se mostrem necessárias.

ARTIGO 5.°
(Disposição transitória)

1. As disposições do Código de Processo nos Tribunais Administrativos não se aplicam aos processos que se encontrem pendentes à data da sua entrada em vigor.

2. Podem ser requeridas providências cautelares ao abrigo do novo Código, como incidentes, de acções já pendentes à data da sua entrada em vigor.

3. Não são aplicáveis aos processos pendentes as disposições que excluem recursos que eram admitidos na vigência da legislação anterior, tal como também não o são as disposições que introduzem novos recursos que não eram admitidos na vigência da legislação anterior.

4. As novas disposições respeitantes à execução das sentenças são aplicáveis aos processos executivos que sejam instaurados após a entrada em vigor do novo Código.

ARTIGO 6.°

São revogados:

a) A parte IV do Código Administrativo, aprovado pelo Decreto-Lei n.° 31 095, de 31 de Dezembro de 1940;

b) O Decreto-Lei n.° 40 768, de 8 de Setembro de 1956;

c) O Decreto-Lei n.° 41 234, de 20 de Agosto de 1957;

d) O Decreto-Lei n.° 256-A/77, de 17 de Junho;

e) A Lei de Processo nos Tribunais Administrativos, aprovada pelo Decreto-Lei n.° 267/85, de 16 de Julho;

f) O Decreto-Lei n.° 134/98, de 15 de Maio.

ARTIGO 7.° (1)
(Entrada em vigor)

A presente lei entra em vigor em 1 de Janeiro de 2004.

(1) Redacção da Lei n.° 4-A/2003.

Portaria n.° 1417/2003

de 30 de Dezembro

A reforma do contencioso administrativo implicou um esforço de racionalização de meios materiais e de apetrechamento da nova rede de tribunais da jurisdição administrativa e fiscal, tendo em vista o combate à morosidade processual e a simplificação de procedimentos no tratamento dos processos.

Neste contexto, foi desenvolvida uma aplicação informática que permite o envio e recepção de peças processuais e documentos por via electrónica, a tramitação informática dos processos e o acesso aos mesmos via Internet e que visa maior celeridade e flexibilidade na tramitação dos processos instaurados nos tribunais administrativos e fiscais.

Ficando o Governo incumbido de regulamentar os aspectos específicos da aplicação do SITAF nos tribunais administrativos e fiscais, nos termos do artigo 4.° do Decreto-Lei n.° 325/2003, de 29 de Dezembro, urge proceder à sua regulamentação tendo em vista o seu pleno funcionamento a partir de 1 de Janeiro de 2004.

Nestes termos:

Manda o Governo, pela Ministra da Justiça, ao abrigo do disposto no artigo 4.° do Decreto-Lei n.° 325/2003, de 29 de Dezembro, o seguinte:

1.°
Âmbito

A presente portaria regula o funcionamento do sistema informático dos Tribunais Administrativos e Fiscais (SITAF) e estabelece aspectos específicos da apresentação de peças processuais e documentos por via electrónica, da tramitação informática e do tratamento digital dos processos dos tribunais da jurisdição administrativa e fiscal.

2.°
Apresentação de peças processuais e documentos por via electrónica

1. A apresentação de peças processuais e documentos por via electrónica é efectuada por correio electrónico ou por transmissão electrónica de dados através do endereço http://www.taf.mj.pt

2. A apresentação de peças processuais e documentos por transmissão electrónica de dados através do endereço supra-referido requer a utilização de assinatura electrónica avançada do signatário.

3. As peças processuais apresentadas por via electrónica devem ser enviadas em ficheiro de formato RICH TEXT FORMAT (.rtf).

4. Os documentos apresentados por via electrónica devem ser digitalizados e enviados como um só ficheiro de formato TAGGED IMAGE FILE FORMAT (.tif).

5. A apresentação conjunta de peças processuais e documentos por via electrónica implica a sua digitalização e envio num único ficheiro de formato TAGGED IMAGE FILE FORMAT (.tif).

3.°
Dispensa do suporte de papel e cópias dos documentos

1. A parte que apresenta os documentos por via electrónica fica dispensada de remeter ao tribunal os documentos em suporte de papel e as respectivas cópias.

2. A dispensa referida no número anterior não se aplica caso o total de cópias exceda as 100 páginas.

4.°
Apresentação de peças processuais e de documentos em suporte físico

1. Sem prejuízo do disposto no número seguinte, a apresentação de peças processuais e documentos em suporte físico implica a sua digitalização pela secretaria judicial, nos termos do n.° 4 do artigo 2.°

2. Podem não ser digitalizados pela secretaria judicial os documentos:

a) Cujo suporte físico não seja em papel ou cujo papel tenha uma espessura superior a 127 g/m^2 ou inferior a 50 g/m^2;

b) Em formatos superiores a A4;

c) Que, individualmente considerados, excedam as 500 páginas.

5.°
Devolução de peças processuais e de documentos

1. Sem prejuízo do disposto no número seguinte, efectuada a digitalização, as peças processuais e os documentos são devolvidos às partes.

2. Se a secretaria constatar que a digitalização não permite um adequado exame da peça processual ou do documento, arquiva e conserva o seu original, nos termos da lei.

6.°
Consulta de processos

1. A consulta de processos é efectuada em terminal informático, disponível nas secretarias judiciais, ou mediante acesso através do endereço http://www.taf.mj.pt

2. O acesso através do endereço http://www.taf.mj.pt só pode ser feito por quem disponha de assinatura electrónica avançada.

3. As peças processuais e os documentos não digitalizados são consultados nas secretarias judiciais, nos termos da lei.

4. Para efeitos do disposto neste artigo, é mantido um ficheiro electrónico, permanentemente actualizado, com os dados relativos às pessoas autorizadas para a consulta, respectivo nível de acesso e o respectivo certificado digital.

7.°
Actos processuais de magistrados e funcionários judiciais

1. Os actos processuais dos magistrados são praticados em suporte informático, através do SITAF, com aposição de assinatura electrónica avançada.

2. Os actos processuais das secretarias judiciais são igualmente praticados em suporte informático, através do SITAF, mediante a utilização de assinatura electrónica avançada.

8.°
Aplicação no tempo

O disposto na presente portaria apenas se aplica a processos e incidentes instaurados ou deduzidos a partir de 1 de Janeiro de 2004.

CÓDIGO DE PROCESSO NOS TRIBUNAIS ADMINISTRATIVOS

TÍTULO I
Parte geral

CAPÍTULO I
Disposições fundamentais

ARTIGO 1.°
(Direito aplicável)

O processo nos tribunais administrativos rege-se pela presente lei, pelo Estatuto dos Tribunais Administrativos e Fiscais e, supletivamente, pelo disposto na lei de processo civil, com as necessárias adaptações.

ARTIGO 2.°
(Tutela jurisdicional efectiva)

1. O princípio da tutela jurisdicional efectiva compreende o direito de obter, em prazo razoável, uma decisão judicial que aprecie, com força de caso julgado, cada pretensão regularmente deduzida em juízo, bem como a possibilidade de a fazer executar e de obter as providências cautelares, antecipatórias ou conservatórias, destinadas a assegurar o efeito útil da decisão.

2. A todo o direito ou interesse legalmente protegido corresponde a tutela adequada junto dos tribunais administrativos, designadamente para o efeito de obter:

a) O reconhecimento de situações jurídicas subjectivas directamente decorrentes de normas jurídico-administrativas ou de actos jurídicos praticados ao abrigo de disposições de direito administrativo;

b) O reconhecimento da titularidade de qualidades ou do preenchimento de condições;

c) O reconhecimento do direito à abstenção de comportamentos e, em especial, à abstenção da emissão de actos administrativos, quando exista a ameaça de uma lesão futura;

d) A anulação ou a declaração de nulidade ou inexistência de actos administrativos;

e) A condenação da Administração ao pagamento de quantias, à entrega de coisas ou à prestação de factos;

f) A condenação da Administração à reintegração natural de danos e ao pagamento de indemnizações;

g) A resolução de litígios respeitantes à interpretação, validade ou execução de contratos cuja apreciação pertença ao âmbito da jurisdição administrativa;

h) A declaração de ilegalidade de normas emitidas ao abrigo de disposições de direito administrativo;

i) A condenação da Administração à prática de actos administrativos legalmente devidos;

j) A condenação da Administração à prática dos actos e operações necessários ao restabelecimento de situações jurídicas subjectivas;

l) A intimação da Administração a prestar informações, permitir a consulta de documentos ou passar certidões;

m) A adopção das providências cautelares adequadas para assegurar o efeito útil da decisão.

ARTIGO 3.°
(Poderes dos tribunais administrativos)

1. No respeito pelo princípio da separação e interdependência dos poderes, os tribunais administrativos julgam do cumprimento pela Administração das normas e princípios jurídicos que a vinculam e não da conveniência ou oportunidade da sua actuação.

2. Por forma a assegurar a efectividade da tutela, os tribunais administrativos podem fixar oficiosamente um prazo para o cumprimento dos deveres que imponham à Administração e aplicar, quando tal se justifique, sanções pecuniárias compulsórias.

3. Os tribunais administrativos asseguram ainda a execução das suas sentenças, designadamente daquelas que proferem contra a Administração, seja através da emissão de sentença que produza os efeitos do acto administrativo devido, quando a prática e o conteúdo deste acto sejam estritamente vinculados, seja providenciando a concretização material do que foi determinado na sentença.

ARTIGO 4.°
(Cumulação de pedidos)

1. É permitida a cumulação de pedidos sempre que:

a) A causa de pedir seja a mesma e única ou os pedidos estejam entre si numa relação de prejudicialidade ou de dependência, nomeadamente por se inscreverem no âmbito da mesma relação jurídica material;

b) Sendo diferente a causa de pedir, a procedência dos pedidos principais dependa essencialmente da apreciação dos mesmos factos ou da interpretação e aplicação dos mesmos princípios ou regras de direito.

2. É, designadamente, possível cumular:

a) O pedido de anulação ou declaração de nulidade ou inexistência de um acto administrativo com o pedido de condenação da Administração ao restabelecimento da situação que existiria se o acto não tivesse sido praticado;

b) O pedido de declaração da ilegalidade de uma norma com qualquer dos pedidos mencionados na alínea anterior;

c) O pedido de condenação da Administração à prática de um acto administrativo legalmente devido com qualquer dos pedidos mencionados na alínea *a*);

d) O pedido de anulação ou declaração de nulidade ou inexistência de um acto administrativo com o pedido de anulação ou declaração de nulidade de contrato cuja validade dependa desse acto;

e) O pedido de anulação ou declaração de nulidade ou inexistência de um acto administrativo com o pedido de reconhecimento de uma situação jurídica subjectiva;

f) O pedido de condenação da Administração à reparação de danos causados com qualquer dos pedidos mencionados nas alíneas anteriores;

g) Qualquer pedido relacionado com questões de interpretação, validade ou execução de contratos com a impugnação de actos administrativos praticados no âmbito da relação contratual.

3. Havendo cumulação sem que entre os pedidos exista a conexão exigida no n.° 1, o juiz notifica o autor ou autores para, no prazo de 10 dias, indicarem o pedido que pretendem ver apreciado no processo, sob cominação de, não o fazendo, haver absolvição da instância quanto a todos os pedidos.

4. No caso de absolvição da instância por ilegal cumulação de impugnações, podem ser apresentadas novas petições, no prazo de um mês a contar do trânsito em julgado, considerando-se estas apresentadas na data de entrada da primeira, para efeitos da tempestividade da sua apresentação.

5. A cumulação de impugnações de actos administrativos rege-se pelo disposto no artigo 47.°

ARTIGO 5.°
(Regime de admissibilidade da cumulação de pedidos)

1. Não obsta à cumulação de pedidos a circunstância de aos pedidos cumulados corresponderem diferentes formas de processo, adoptando-se, nesse caso, a forma da acção administrativa especial, com as adaptações que se revelem necessárias.

2. Quando algum dos pedidos cumulados não pertença ao âmbito da jurisdição administrativa, há lugar à absolvição da instância relativamente a esse pedido.

ARTIGO 6.°
(Igualdade das partes)

O tribunal assegura um estatuto de igualdade efectiva das partes no processo, tanto no que se refere ao exercício de faculdades e ao uso de meios de defesa como no plano da aplicação de cominações ou de sanções processuais, designadamente por litigância de má-fé.

ARTIGO 7.°
(Promoção do acesso à justiça)

Para efectivação do direito de acesso à justiça, as normas processuais devem ser interpretadas no sentido de promover a emissão de pronúncias sobre o mérito das pretensões formuladas.

ARTIGO 8.°
(Princípio da cooperação e boa-fé processual)

1. Na condução e intervenção no processo, os magistrados, os mandatários judiciais e as partes devem cooperar entre si, concorrendo para que se obtenha, com brevidade e eficácia, a justa composição do litígio.

2. Qualquer das partes deve abster-se de requerer a realização de diligências inúteis e de adoptar expedientes dilatórios.

3. As entidades administrativas têm o dever de remeter ao tribunal, em tempo oportuno, o processo administrativo e demais documentos respeitantes à matéria do litígio, bem como o dever de dar conhecimento, ao longo do processo, de superveniências resultantes da sua actuação, para que a respectiva existência seja comunicada aos demais intervenientes processuais.

4. Para o efeito do disposto no número anterior, incumbe, nomeadamente, às entidades administrativas comunicar ao tribunal:

a) A emissão de novos actos administrativos no âmbito do procedimento no qual se inscreva o acto impugnado;

b) A celebração do contrato, quando esteja pendente processo de impugnação de acto administrativo praticado no âmbito de procedimento dirigido à formação desse contrato;

c) A emissão de novos actos administrativos cuja manutenção na ordem jurídica possa colidir com os efeitos a que se dirige o processo em curso;

d) A revogação do acto impugnado.

CAPÍTULO II
Das partes

ARTIGO 9.°
(Legitimidade activa)

1. Sem prejuízo do disposto no número seguinte e do que no artigo 40.° e no âmbito da acção administrativa especial se estabelece neste Código, o autor é considerado parte legítima quando alegue ser parte na relação material controvertida.

2. Independentemente de ter interesse pessoal na demanda, qualquer pessoa, bem como as associações e fundações defensoras dos interesses em causa, as autarquias locais e o Ministério Público têm legitimidade para propor e intervir, nos termos previstos na lei, em processos principais e cautelares destinados à defesa de valores e bens constitucionalmente protegidos, como a saúde pública, o ambiente, o urbanismo, o ordenamento do território, a qualidade de vida, o património cultural e os bens do Estado, das Regiões Autónomas e das autarquias locais.

ARTIGO 10.°
(Legitimidade passiva)

1. Cada acção deve ser proposta contra a outra parte na relação material controvertida e, quando for caso disso, contra as pessoas ou entidades titulares de interesses contrapostos aos do autor.

2. Quando a acção tenha por objecto a acção ou omissão de uma entidade pública, parte demandada é a pessoa colectiva de direito público ou, no caso do Estado, o ministério a cujos órgãos seja imputável o acto jurídico impugnado ou sobre cujos órgãos recaia o dever de praticar os actos jurídicos ou observar os comportamentos pretendidos.

3. Os processos que tenham por objecto actos ou omissões de entidade administrativa independente, destituída de personalidade jurídica, são intentados contra o Estado ou a outra pessoa colectiva de direito público a que essa entidade pertença.

4. O disposto nos dois números anteriores não obsta a que se considere regularmente proposta a acção quando na petição tenha sido indicado como parte demandada o órgão que praticou o acto impugnado ou perante o qual tinha sido formulada a pretensão do interessado, considerando-se, nesse caso, a acção proposta contra a pessoa colectiva de direito público ou, no caso do Estado, contra o ministério a que o órgão pertence.

5. Havendo cumulação de pedidos, deduzidos contra diferentes pessoas colectivas ou ministérios, devem ser demandados as pessoas colectivas ou os ministérios contra quem sejam dirigidas as pretensões formuladas.

6. Nos processos respeitantes a litígios entre órgãos da mesma pessoa colectiva, a acção é proposta contra o órgão cuja conduta deu origem ao litígio.

7. Podem ser demandados particulares ou concessionários, no âmbito de relações jurídico-administrativas que os envolvam com entidades públicas ou com outros particulares.

8. Sem prejuízo da aplicação subsidiária, quando tal se justifique, do disposto na lei processual civil em matéria de intervenção de terceiros, quando a satisfação de uma ou mais pretensões deduzidas contra a Administração exija a colaboração de outra ou outras entidades, para além daquela contra a qual é dirigido o pedido principal, cabe a esta última promover a respectiva intervenção no processo.

ARTIGO 11.°
(Patrocínio judiciário e representação em juízo)

1. Nos processos da competência dos tribunais administrativos é obrigatória a constituição de advogado.

2. Sem prejuízo da representação do Estado pelo Ministério Público nos processos que tenham por objecto relações contratuais e de responsabilidade, as pessoas colectivas de direito público ou os ministérios podem ser representados em juízo por licenciado em Direito com funções de apoio jurídico, expressamente designado para o efeito, cuja actuação no âmbito do processo fica vinculada à observância dos mesmos deveres deontológicos, designadamente de sigilo, que obrigam o mandatário da outra parte.

3. Para o efeito do disposto no número anterior, e sem prejuízo do disposto nos dois números seguintes, o poder de designar o representante em juízo da pessoa colectiva de direito público ou, no caso do Estado, do ministério compete ao auditor jurídico ou ao responsável máximo pelos serviços jurídicos da pessoa colectiva ou do ministério.

4. Nos processos em que esteja em causa a actuação ou omissão de uma entidade administrativa independente, ou outra que não se encontre integrada numa estrutura hierárquica, a designação do representante em juízo pode ser feita por essa entidade.

5. Nos processos em que esteja em causa a actuação ou omissão de um órgão subordinado a poderes hierárquicos, a designação do representante em juízo pode ser feita por esse órgão, mas a existência do processo é imediatamente comunicada ao ministro ou ao órgão superior da pessoa colectiva.

ARTIGO 12.°
(Coligação)

1. Podem coligar-se vários autores contra um ou vários demandados e pode um autor dirigir a acção conjuntamente contra vários demandados, por pedidos diferentes, quando:

a) A causa de pedir seja a mesma e única ou os pedidos estejam entre si numa relação de prejudicialidade ou de dependência, nomeadamente por se inscreverem no âmbito da mesma relação jurídica material;

b) Sendo diferente a causa de pedir, a procedência dos pedidos principais depende essencialmente da apreciação dos mesmos factos ou da interpretação e aplicação dos mesmos princípios ou regras de direito.

2. Nos processos impugnatórios é possível a coligação de diferentes autores contra o mesmo acto jurídico, bem como contra diferentes actos em relação aos quais se preencha qualquer dos pressupostos estabelecidos no número anterior.

3. Havendo coligação sem que entre os pedidos exista a conexão exigida pelo n.° 1, o juiz notificará o autor ou autores para, no prazo de 10 dias, indicarem o pedido que pretendem ver apreciado no processo, sob cominação de, não o fazendo, haver absolvição da instância quanto a todos os pedidos.

4. No caso previsto no número anterior, bem como quando haja ilegal coligação de autores, podem ser apresentadas novas petições, no prazo de um mês a contar do trânsito em julgado da decisão, considerando-se estas apresentadas na data de entrada da primeira, para efeitos da tempestividade da sua apresentação.

CAPÍTULO III
Da competência

SECÇÃO I
Disposições gerais

ARTIGO 13.°
(Conhecimento da competência e do âmbito da jurisdição)

O âmbito da jurisdição administrativa e a competência dos tribunais administrativos, em qualquer das suas espécies, é de ordem pública e o seu conhecimento precede o de qualquer outra matéria.

ARTIGO 14.°
(Petição a tribunal incompetente)

1. Quando a petição seja dirigida a tribunal incompetente, o processo deve ser oficiosamente remetido ao tribunal administrativo competente.

2. Quando a petição seja dirigida a tribunal incompetente, sem que o tribunal competente pertença à jurisdição administrativa, pode o interessado, no prazo de 30 dias a contar do trânsito em julgado da decisão que declare a incompetência, requerer a remessa do processo ao tribunal competente, com indicação do mesmo.

3. Em ambos os casos previstos nos números anteriores, a petição considera-se apresentada na data do primeiro registo de entrada, para efeitos da tempestividade da sua apresentação.

ARTIGO 15.°
(Extensão da competência à decisão de questões prejudiciais)

1. Quando o conhecimento do objecto da acção dependa, no todo ou em parte, da decisão de uma ou mais questões da competência de tribunal pertencente a outra jurisdição, pode o juiz sobrestar na decisão até que o tribunal competente se pronuncie.

2. A suspensão fica sem efeito se a acção da competência do tribunal pertencente a outra jurisdição não for proposta no prazo de dois meses ou se ao respectivo processo não for dado andamento, por negligência das partes, durante o mesmo prazo.

3. No caso previsto no número anterior, deve prosseguir o processo do contencioso administrativo, sendo a questão prejudicial decidida com efeitos a ele restritos.

SECÇÃO II
Da competência territorial

ARTIGO 16.°
(Regra geral)

Sem prejuízo do disposto nos artigos seguintes e das soluções que resultam da distribuição das competências em função da hierarquia, os processos, em primeira instância, são intentados no tribunal da residência habitual ou da sede do autor ou da maioria dos autores.

ARTIGO 17.°
(Processos relacionados com bens imóveis)

Os processos relacionados com bens imóveis ou direitos a eles referentes são intentados no tribunal da situação dos bens.

ARTIGO 18.°
(Competência em matéria de responsabilidade civil)

1. As pretensões em matéria de responsabilidade civil extracontratual, incluindo acções de regresso, são deduzidas no tribunal do lugar em que se deu o facto constitutivo da responsabilidade.

2. Quando o facto constitutivo de responsabilidade seja a prática ou a omissão de um acto administrativo ou de uma norma, a pretensão é deduzida no tribunal competente para se pronunciar sobre a legalidade da actuação ou da omissão.

ARTIGO 19.°
(Competência em matéria relativa a contratos)

As pretensões relativas a contratos são deduzidas no tribunal convencionado ou, na falta de convenção, no tribunal do lugar de cumprimento do contrato.

ARTIGO 20.°
(Outras regras de competência territorial)

1. Os processos respeitantes à prática ou omissão de normas e actos administrativos das Regiões Autónomas, das autarquias locais e demais entidades de âmbito local, das pessoas colectivas de utilidade pública e de concessionários são intentados no tribunal da área da sede da entidade demandada.

2. Os processos respeitantes à prática ou omissão de normas e actos administrativos dos governadores civis e assembleias distritais são intentados no tribunal da área na qual se encontram sediados estes órgãos.

3. O contencioso eleitoral é da competência do tribunal da área da sede do órgão cuja eleição se impugna.

4. O conhecimento dos pedidos de intimação para prestação de informações, consulta de documentos e passagem de certidões é da competência do tribunal da área da sede da autoridade requerida.

5. Os demais processos de intimação são intentados no tribunal da área onde deva ter lugar o comportamento ou a omissão pretendidos.

6. Os pedidos dirigidos à adopção de providências cautelares são julgados pelo tribunal competente para decidir a causa principal.

7. Os pedidos de produção antecipada de prova são deduzidos no tribunal em que a prova tenha de ser efectuada ou da área em que se situe o tribunal de comarca a que a diligência deva ser deprecada.

ARTIGO 21.°
(Cumulação de pedidos)

1. Nas situações de cumulação em que a competência para a apreciação de qualquer dos pedidos pertença a um tribunal superior, este também é competente para conhecer dos demais pedidos.

2. Quando forem cumulados pedidos para cuja apreciação sejam territorialmente competentes diversos tribunais, o autor pode escolher qualquer deles para a propositura da acção, mas se a cumulação disser respeito a pedidos entre os quais haja uma relação de dependência ou de subsidiariedade, a acção deve ser proposta no tribunal competente para apreciar o pedido principal.

ARTIGO 22.°
(Competência supletiva)

Quando não seja possível determinar a competência territorial por aplicação dos artigos anteriores, é competente o Tribunal Administrativo de Círculo de Lisboa.

CAPÍTULO IV
Dos actos processuais

ARTIGO 23.°
(Entrega ou remessa das peças processuais)

É aplicável o imposto na lei processual civil no que se refere aos termos em que se procede à entrega ou remessa das peças processuais.

ARTIGO 24.°
(Duplicados e cópias)

1. É aplicável o disposto na lei processual civil no que se refere à exigência de duplicados dos articulados e cópias dos documentos apresentados.

2. Nos processos em que o número de contra-interessados seja superior a 20, o autor apenas deve apresentar três duplicados e três cópias.

ARTIGO 25.°
(Citações e notificações)

Sem prejuízo do que, neste Código, especificamente se estabelece a propósito da citação dos contra-interessados quando estes sejam em número superior a 20, é aplicável o disposto na lei processual civil em matéria de citações e notificações.

ARTIGO 26.°
(Distribuição)

A distribuição de processos nos tribunais administrativos tem lugar diariamente e obedece aos seguintes critérios, cuja aplicação é assegurada pelo presidente do tribunal, no respeito pelo princípio da imparcialidade e do juiz natural:

a) Espécies de processos, classificadas segundo critérios a definir pelo Conselho Superior dos Tribunais Administrativos e Fiscais, sob proposta do presidente do tribunal;

b) Carga de trabalho dos juízes e respectiva disponibilidade para o serviço;

c) Tipo de matéria a apreciar, desde que, no tribunal, haja um mínimo de três juízes afectos à apreciação de cada tipo de matéria.

ARTIGO 27.°
(Poderes do relator)

1. Compete ao relator, sem prejuízo dos demais poderes que lhe são conferidos neste Código:

a) Deferir os termos do processo, proceder à sua instrução e prepará-lo para julgamento;

b) Dar por findos os processos;

c) Declarar a suspensão da instância;

d) Ordenar a apensação de processos;

e) Julgar extinta a instância por transacção, deserção, desistência, impossibilidade ou inutilidade da lide;

f) Rejeitar liminarmente os requerimentos e incidentes de cujo objecto não deva tomar conhecimento;

g) Conhecer das nulidades dos actos processuais e dos próprios despachos;

h) Conhecer do pedido de adopção de providências cautelares ou submetê-lo à apreciação da conferência, quando o considere justificado;

i) Proferir decisão quando entenda que a questão a decidir é simples, designadamente por já ter sido judicialmente apreciada de modo uniforme e reiterado, ou que a pretensão é manifestamente infundada;

j) Admitir os recursos de acórdãos, declarando a sua espécie, regime de subida e efeitos, ou negar-lhes admissão.

2. Dos despachos do relator cabe reclamação para a conferência, com excepção dos de mero expediente, dos que recebam recursos de acórdãos do tribunal e dos proferidos no Tribunal Central Administrativo que não recebam recursos de acórdãos desse tribunal.

ARTIGO 28.°
(Apensação de processos)

1. Quando sejam separadamente propostas acções que, por se verificarem os pressupostos de admissibilidade previstos para a coligação e a cumulação de pedidos, possam ser reunidas num único processo, deve ser ordenada a apensação delas, ainda que se encontrem pendentes em tribunais diferentes, a não ser que o estado do processo ou outra razão torne especialmente inconveniente a apensação.

2. Os processos são apensados ao que tiver sido intentado em primeiro lugar, considerando-se como tal o de numeração inferior, salvo se os pedidos forem dependentes uns dos outros, caso em que a apensação é feita na ordem da dependência.

3. A apensação pode ser requerida ao tribunal perante o qual se encontre pendente o processo a que os outros tenham de ser apensados e, quando se trate de processos que estejam pendentes perante o mesmo juiz, deve ser por este oficiosamente determinada, ouvidas as partes.

4. Importa baixa na distribuição a apensação de processo distribuído a juiz diferente.

ARTIGO 29.°
(Prazos processuais)

1. O prazo geral supletivo para os actos processuais das partes é de 10 dias.

2. Os prazos para os actos processuais a praticar pelos magistrados judiciais e pelos funcionários do tribunal que não estejam determinados na lei são anualmente fixados pelo Conselho Superior dos Tribunais Administrativos e Fiscais, com o apoio do departamento do Ministério da Justiça com competência nos domínios da auditoria e da modernização, e publicados na 2.ª série do *Diário da República.*

3. Para o efeito do disposto no número anterior, não são aplicáveis a qualquer processo que corra nos tribunais administrativos, em primeira instância ou em via de recurso, os prazos que o Código de Processo Civil estabelece para juízes e funcionários.

ARTIGO 30.°
(Publicidade do processo e das decisões)

1. Quando o considere conveniente, o tribunal pode determinar, oficiosamente ou a requerimento e expensas do autor, que a propositura da acção seja objecto de publicidade pela forma adequada, atendendo ao âmbito territorial da questão.

2. Os acórdãos do Supremo Tribunal Administrativo são tratados e divulgados informaticamente, em base de dados de jurisprudência.

3. Do tratamento informático devem constar a identificação do tribunal que proferiu a decisão e dos juízes que a subscreveram, a data e o sentido da decisão.

4. Dos acórdãos do Supremo Tribunal Administrativo e do Tribunal Central Administrativo é enviada cópia em suporte informático à Imprensa Nacional no mês imediato ao da sua data, para publicação em apêndice ao *Diário da República*, salvo os de natureza meramente interlocutória ou simplesmente repetitivos de outros anteriores.

5. Os apêndices são publicados trimestralmente, inserindo, com os respectivos sumários, as decisões proferidas nos três meses precedentes e agrupando, separadamente, as relativas ao plenário, ao contencioso administrativo e ao contencioso tributário.

6. Cada grupo de decisões é reunido anualmente em um ou mais volumes, com os respectivos índices.

7. As sentenças que declarem a ilegalidade de normas com força obrigatória geral ou concedam provimento à impugnação de actos que tenham sido objecto de publicação oficial são publicadas, por ordem do tribunal, pela mesma forma e no mesmo local em que o hajam sido as normas ou os actos impugnados.

8. A publicação a que se refere o número anterior faz-se mediante extracto do qual constem a indicação do tribunal e da entidade demandada, do sentido e data da decisão, da norma ou acto impugnado e da forma e local da respectiva publicação.

CAPÍTULO V
Do valor das causas e das formas do processo

SECÇÃO I
Do valor das causas

ARTIGO 31.°
(Atribuição de valor e suas consequências)

1. A toda a causa deve ser atribuído um valor certo, expresso em moeda legal, o qual representa a utilidade económica imediata do pedido.

2. Atende-se ao valor da causa para determinar:

a) A forma do processo na acção administrativa comum;

b) Se o processo, em acção administrativa especial, é julgado em tribunal singular ou em formação de três juízes;

c) Se cabe recurso da sentença proferida em primeira instância e que tipo de recurso.

3. Para o efeito das custas e demais encargos legais, o valor da causa é fixado segundo as regras estabelecidas na legislação respectiva.

4. É aplicável o disposto na lei processual civil quanto aos poderes das partes e à intervenção do juiz na fixação do valor da causa.

ARTIGO 32.°
(Critérios gerais para a fixação do valor)

1. Quando pela acção se pretenda obter o pagamento de quantia certa, é esse o valor da causa.

2. Quando pela acção se pretenda obter um benefício diverso do pagamento de uma quantia, o valor da causa é a quantia equivalente a esse benefício.

3. Quando a acção tenha por objecto a apreciação da existência, validade, cumprimento, modificação ou resolução de um contrato, atende-se ao valor do mesmo, determinado pelo preço ou estipulado pelas partes.

4. Quando a acção diga respeito a uma coisa, o valor desta determina o valor da causa.

5. Quando esteja em causa a cessação de situações causadoras de dano, ainda que fundadas em acto administrativo ilegal, o valor da causa é determinado pela importância do dano causado.

6. O valor dos processos cautelares é determinado pelo valor do prejuízo que se quer evitar, dos bens que se querem conservar ou da prestação pretendida a título provisório.

7. Quando sejam cumulados, na mesma acção, vários pedidos, o valor é a quantia correspondente à soma dos valores de todos eles, mas cada um deles é considerado em separado para o efeito de determinar se a sentença pode ser objecto de recurso, e de que tipo.

8. Quando seja deduzido pedido acessório de condenação ao pagamento de juros, rendas e rendimentos já vencidos e a vencer durante a pendência da causa, na fixação do valor atende-se somente aos interesses já vencidos.

9. No caso de pedidos alternativos, atende-se unicamente ao pedido de valor mais elevado e, no caso de pedidos subsidiários, ao pedido formulado em primeiro lugar.

ARTIGO 33.°
(Critérios especiais)

Nos processos relativos a actos administrativos, atende-se ao conteúdo económico do acto, designadamente por apelo aos seguintes critérios, para além daqueles que resultam do disposto no artigo anterior:

a) Quando esteja em causa a autorização ou licenciamento de obras e, em geral, a apreciação de decisões respeitantes à realização de empreendimentos públicos ou privados, o valor da causa afere-se pelo custo previsto da obra projectada;

b) Quando esteja em causa a aplicação de sanções de conteúdo pecuniário, o valor da causa é determinado pelo montante da sanção aplicada;

c) Quando esteja em causa a aplicação de sanções sem conteúdo pecuniário, o valor da causa é determinado pelo montante dos danos patrimoniais sofridos;

d) Quando estejam em causa actos ablativos da propriedade ou de outros direitos reais, o valor da causa é determinado pelo valor do direito sacrificado.

ARTIGO 34.°
(Critério supletivo)

1. Consideram-se de valor indeterminável os processos respeitantes a bens imateriais e a normas emitidas ou omitidas no exercício da função administrativa, incluindo planos urbanísticos e de ordenamento do território.

2. Quando o valor da causa seja indeterminável, considera-se superior ao da alçada do Tribunal Central Administrativo.

3. Das decisões de mérito proferidas em processo de valor indeterminável cabe sempre recurso de apelação e, quando proferidas por tribunal administrativo de círculo, recurso de revista para o Supremo Tribunal Administrativo, nos termos e condições previstos no artigo 151.° deste Código.

4. Quando com pretensões susceptíveis de avaliação económica sejam cumuladas outras insusceptíveis de tal avaliação, atende-se separadamente a cada uma delas para o efeito de determinar se a sentença pode ser objecto de recurso, e de que tipo.

SECÇÃO II
Das formas de processo

ARTIGO 35.°
(Formas de processo)

1. Aos casos previstos no título II deste Código corresponde o processo de declaração regulado no Código de Processo Civil, nas formas ordinária, sumária e sumaríssima.

2. Os casos previstos nos títulos III e IV regem-se pelas disposições aí previstas e pelas disposições gerais, sendo subsidiariamente aplicável o disposto na lei processual civil.

ARTIGO 36.°
(Processos urgentes)

1. Sem prejuízo dos demais casos previstos na lei, têm carácter urgente os processos relativos a:

a) Contencioso eleitoral, com o âmbito definido neste Código;

b) Contencioso pré-contratual, com o âmbito definido neste Código;

c) Intimação para prestação de informações, consulta de documentos ou passagem de certidões;

d) Intimação para defesa de direitos, liberdades e garantias;

e) Providências cautelares.

2. Os processos urgentes correm em férias, com dispensa de vistos prévios, mesmo em fase de recurso jurisdicional, e os actos da secretaria são praticados no próprio dia, com precedência sobre quaisquer outros.

TÍTULO II
Da acção administrativa comum

ARTIGO 37.°
(Objecto)

1. Seguem a forma da acção administrativa comum os processos que tenham por objecto litígios cuja apreciação se inscreva no âmbito da jurisdição administrativa e que, nem neste Código nem em legislação avulsa, sejam objecto de regulação especial.

2. Seguem, designadamente, a forma da acção administrativa comum os processos que tenham por objecto litígios relativos a:

a) Reconhecimento de situações jurídicas subjectivas directamente decorrentes de normas jurídico-administrativas ou de actos jurídicos praticados ao abrigo de disposições de direito administrativo;

b) Reconhecimento de qualidades ou do preenchimento de condições;

c) Condenação à adopção ou abstenção de comportamentos, designadamente a condenação da Administração à não emissão de um acto administrativo, quando seja provável a emissão de um acto lesivo;

d) Condenação da Administração à adopção das condutas necessárias ao restabelecimento de direitos ou interesses violados;

e) Condenação da Administração ao cumprimento de deveres de prestar que directamente decorram de normas jurídico-administrativas e não envolvam a emissão de um acto administrativo impugnável, ou que tenham sido constituídos por actos jurídicos praticados ao abrigo de disposições de direito administrativo, e que podem ter por objecto o pagamento de uma quantia, a entrega de uma coisa ou a prestação de um facto;

f) Responsabilidade civil das pessoas colectivas, bem como dos titulares dos seus órgãos, funcionários ou agentes, incluindo acções de regresso;

g) Condenação ao pagamento de indemnizações decorrentes da imposição de sacrifícios por razões de interesse público;

h) Interpretação, validade ou execução de contratos;

i) Enriquecimento sem causa;

j) Relações jurídicas entre entidades administrativas.

3. Quando, sem fundamento em acto administrativo impugnável, particulares, nomeadamente concessionários, violem vínculos jurídico-administrativos decorrentes de normas, actos administrativos ou contratos, ou haja fundado receio de que os possam violar, sem que, solicitadas a fazê-lo, as autoridades competentes tenham adoptado as medidas adequadas, qualquer pessoa ou entidade cujos direitos ou interesses sejam directamente ofendidos pode pedir ao tribunal que condene os mesmos a adoptaram ou a absterem-se de certo comportamento, por forma a assegurar o cumprimento dos vínculos em causa.

ARTIGO 38.°
(Acto administrativo inimpugnável)

1. Nos casos em que a lei substantiva o admita, designadamente no domínio da responsabilidade civil da Administração por actos administrativos ilegais, o tribunal pode conhecer, a título incidental, da ilegalidade de um acto administrativo que já não possa ser impugnado.

2. Sem prejuízo do disposto no número anterior, a acção administrativa comum não pode ser utilizada para obter o efeito que resultaria da anulação do acto inimpugnável.

ARTIGO 39.°
(Interesse processual em acções de simples apreciação)

Os pedidos de simples apreciação podem ser deduzidos por quem invoque utilidade ou vantagem imediata, para si, na declaração judicial pretendida, designadamente por existir uma situação de incerteza, de ilegítima afirmação por parte da Administração, da existência de determinada situação jurídica, ou o fundado receio de que a Administração possa vir a adoptar uma conduta lesiva, fundada numa avaliação incorrecta da situação jurídica existente.

ARTIGO 40.°
(Legitimidade em acções relativas a contratos)

1. Os pedidos relativos à validade, total ou parcial, de contratos podem ser deduzidos:

a) Pelas partes na relação contratual;

b) Pelo Ministério Público e pelas demais pessoas e entidades mencionadas no n.° 2 do artigo 9.°;

c) Por quem tenha sido prejudicado pelo facto de não ter sido adoptado o procedimento pré-contratual legalmente exigido;

d) Por quem tenha impugnado um acto administrativo relativo à formação do contrato;

e) Por quem, tendo participado no procedimento que precedeu a celebração do contrato, alegue que o clausulado não corresponde aos termos da adjudicação;

f) Por quem alegue que o clausulado do contrato não corresponde aos termos inicialmente estabelecidos e que justificadamente o tinham levado a não participar no procedimento pré-contratual, embora preenchesse os requisitos necessários para o efeito;

g) Pelas pessoas singulares ou colectivas titulares ou defensoras de direitos subjectivos ou interesses legalmente protegidos aos quais a execução do contrato cause ou possa previsivelmente causar prejuízos.

2. Os pedidos relativos à execução de contratos podem ser deduzidos:

a) Pelas partes na relação contratual;

b) Pelas pessoas singulares e colectivas portadoras ou defensoras de direitos subjectivos ou interesses legalmente protegidos em função dos quais as cláusulas contratuais tenham sido estabelecidas;

c) Pelo Ministério Público, quando se trate de cláusulas cujo incumprimento possa afectar um interesse público especialmente relevante;

d) Pelas pessoas e entidades mencionadas no n.° 2 do artigo 9.°;

e) Por quem tenha sido preterido no procedimento que precedeu a celebração do contrato.

ARTIGO 41.°
(Prazos)

1. Sem prejuízo do disposto na lei substantiva, a acção administrativa comum pode ser proposta a todo o tempo.

2. Os pedidos de anulação, total ou parcial, de contratos podem ser deduzidos no prazo de seis meses contado da data da celebração do contrato ou, quanto a terceiros, do conhecimento do seu clausulado.

3. A impugnação de actos lesivos exprime a intenção, por parte do autor, de exercer o direito à reparação dos danos que tenha sofrido, para o efeito de interromper a prescrição deste direito, nos termos gerais.

ARTIGO 42.°
(Tramitação)

1. Sem prejuízo do disposto nos números seguintes, a acção administrativa comum segue os termos do processo de declaração do Código de Processo Civil, nas formas ordinária, sumária e sumaríssima.

2. Só em processo ordinário pode haver lugar a julgamento da matéria de facto por tribunal colectivo, quando qualquer das partes o requeira.

3. Quando a acção deva ser julgada por tribunal singular, a sentença é proferida pelo juiz do processo, mesmo quando intervenha o tribunal colectivo.

ARTIGO 43.°
(Domínio de aplicação dos processos ordinário, sumário e sumaríssimo)

1. O processo segue os termos do processo ordinário quando o valor da causa exceda o da alçada do Tribunal Central Administrativo.

2. O processo segue os termos do processo sumário quando o valor da causa não exceda o da alçada do Tribunal Central Administrativo.

3. O processo segue os termos do processo sumaríssimo quando o valor da causa seja inferior à alçada do tribunal administrativo de círculo e a acção se destine ao cumprimento de obrigações pecuniárias, à indemnização por danos ou à entrega de coisas móveis.

ARTIGO 44.°
(Fixação de prazo e imposição de sanção pecuniária compulsória)

Nas sentenças que imponham o cumprimento de deveres à Administração, o tribunal tem o poder de fixar oficiosamente um prazo para o respectivo cumprimento que, em casos justificados, pode ser prorrogado, bem como, quando tal se justifique, o poder de impor sanção pecuniária compulsória destinada a prevenir o incumprimento, segundo o disposto no artigo 169.°

ARTIGO 45.°
(Modificação objectiva da instância)

1. Quando, em processo dirigido contra a Administração, se verifique que à satisfação dos interesses do autor obsta a existência de uma situação de impossibilidade absoluta ou que o cumprimento, por parte da Administração, dos deveres a que seria condenada originaria um excepcional prejuízo para o interesse público, o tribunal julga improcedente o pedido em causa e convida as partes a acordarem, no prazo de 20 dias, no montante da indemnização devida.

2. O prazo mencionado no número anterior pode ser prorrogado até 60 dias, caso seja previsível que o acordo venha a concretizar-se em momento próximo.

3. Na falta de acordo, o autor pode requerer a fixação judicial da indemnização devida, devendo o tribunal, nesse caso, ordenar as diligências instrutórias que considere necessárias e determinar a abertura de vista simultânea aos juízes-adjuntos quando se trate de tribunal colegial.

4. Cumpridos os trâmites previstos no número anterior, o tribunal fixa o montante da indemnização devida.

5. O disposto nos números anteriores não impede o autor de optar por deduzir pedido autónomo de reparação de todos os danos resultantes da actuação ilegítima da Administração.

TÍTULO III
Da acção administrativa especial

CAPÍTULO I
Disposições gerais

ARTIGO 46.°
(Objecto)

1. Seguem a forma da acção administrativa especial, com a tramitação regulada no capítulo III do presente título, os processos cujo objecto sejam pretensões emergentes da prática ou omissão ilegal de actos administrativos, bem como de normas que tenham ou devessem ter sido emitidas ao abrigo de disposições de direito administrativo.

2. Nos processos referidos no número anterior podem ser formulados os seguintes pedidos principais:

a) Anulação de um acto administrativo ou declaração da sua nulidade ou inexistência jurídica;

b) Condenação à prática de um acto administrativo legalmente devido;

c) Declaração da ilegalidade de uma norma emitida ao abrigo de disposições de direito administrativo;

d) Declaração da ilegalidade da não emanação de uma norma que devesse ter sido emitida ao abrigo de disposições de direito administrativo.

3. A impugnação de actos administrativos praticados no âmbito do procedimento de formação de contratos rege-se pelo disposto no presente título, sem prejuízo do regime especial dos artigos 100.° e seguintes, apenas respeitante à impugnação de actos relativos à formação dos contratos aí especificamente previstos.

ARTIGO 47.°
(Cumulação de pedidos)

1. Com qualquer dos pedidos principais enunciados no n.° 2 do artigo anterior podem ser cumulados outros que com aqueles apresentem uma relação material de conexão, segundo o disposto no artigo 4.°, e, designadamente, o pedido de condenação da Administração à reparação dos danos resultantes da actuação ou omissão administrativa ilegal.

2. O pedido de anulação ou de declaração de nulidade ou inexistência de um acto administrativo pode ser nomeadamente cumulado com:

a) O pedido de condenação à prática do acto administrativo devido, em substituição, total ou parcial, do acto praticado;

b) O pedido de condenação da Administração à adopção dos actos e operações necessários para reconstituir a situação que existiria se o acto anulado não tivesse sido praticado e dar cumprimento aos deveres que ela não tenha cumprido com fundamento no acto impugnado;

c) O pedido de anulação ou declaração de nulidade do contrato em cujo procedimento de formação se integrava o acto impugnado;

d) Outros pedidos relacionados com a execução do contrato, quando o acto impugnado seja relativo a essa execução.

3. A não formulação dos pedidos cumulativos mencionados no número anterior não preclude a possibilidade de as mesmas pretensões serem accionadas no âmbito do processo de execução da sentença de anulação.

4. Salvo quando seja apresentada em termos de subsidiariedade ou de alternatividade, é possível a cumulação de impugnações de actos administrativos:

a) Que se encontrem entre si colocados numa relação de prejudicialidade ou de dependência, nomeadamente por estarem inseridos no mesmo procedimento ou porque da existência ou validade de um deles depende a validade do outro;

b) Cuja validade possa ser verificada com base na apreciação das mesmas circunstâncias de facto e dos mesmos fundamentos de direito.

5. Havendo cumulação, sem que entre os pedidos exista a conexão exigida no número anterior, o juiz notifica o autor ou autores para, no prazo de 10 dias, indicarem o pedido que pretendem ver apreciado no processo, sob cominação de, não o fazendo, haver absolvição da instância quanto a todos os pedidos.

6. No caso de absolvição da instância por ilegal cumulação de impugnações, podem ser apresentadas novas petições, no prazo de um mês a contar do trânsito em julgado, considerando-se estas apresentadas na data de entrada da primeira para efeitos da tempestividade da sua apresentação.

ARTIGO 48.°
(Processos em massa)

1. Quando sejam intentados mais de 20 processos que, embora reportados a diferentes pronúncias da mesma entidade administrativa, digam respeito à mesma relação jurídica material ou, ainda que respeitantes a diferentes relações jurídicas coexistentes em paralelo, sejam susceptíveis de ser decididos com base na aplicação das mesmas normas a idênticas situações de facto, o presidente do tribunal pode determinar, ouvidas as partes, que seja dado andamento a apenas um ou alguns deles, que neste último caso são apensados num único processo, e se suspenda a tramitação dos demais.

2. O tribunal pode igualmente determinar, ouvidas as partes, a suspensão dos processos que venham a ser intentados na pendência do processo seleccionado e que preencham os pressupostos previstos no número anterior.

3. No exercício dos poderes conferidos nos números anteriores, o tribunal deve certificar-se de que no processo ou processos aos quais seja dado andamento prioritário a questão é debatida em todos os seus aspectos de facto e de direito e que a suspensão da tramitação dos demais processos não tem o alcance de limitar o âmbito da instrução, afastando a apreciação de factos ou a realização de diligências de prova necessárias para o completo apuramento da verdade.

4. Ao processo ou processos seleccionados segundo o disposto no n.° 1 é aplicável o disposto neste Código para os processos urgentes e no seu julgamento intervêm todos os juízes do tribunal ou da secção.

5. Quando, no processo seleccionado, seja emitida pronúncia transitada em julgado e seja de entender que a mesma solução pode ser aplicada aos processos que tenham ficado suspensos, por estes não apresentarem qualquer especificidade em relação àquele, as partes nos processos suspensos são imediatamente notificadas da sentença, podendo o autor nesses processos optar, no prazo de 30 dias, por:

a) Desistir do seu próprio processo;

b) Requerer ao tribunal a extensão ao seu caso dos efeitos da sentença proferida, deduzindo qualquer das pretensões enunciadas nos n.os 3, 4 e 5 do artigo 176.°;

c) Requerer a continuação do seu próprio processo;

d) Recorrer da sentença, se ela tiver sido proferida em primeira instância.

6. Quando seja apresentado o requerimento a que se refere a alínea *b*) do número anterior, seguem-se com as devidas adaptações, os trâmites previstos nos artigos 177.° a 179.°

7. Se o recurso previsto na alínea *d*) do n.° 5 vier a ser julgado procedente, pode o autor exercer a faculdade prevista na alínea *b*) do mesmo número, sendo também neste caso aplicável o disposto no número anterior.

ARTIGO 49.°
(Norma remissiva)

É aplicável às sentenças proferidas nos casos regulados neste título o disposto nos artigos 44.° e 45.°

CAPÍTULO II
Disposições particulares

SECÇÃO I
Impugnação de actos administrativos

ARTIGO 50.°
(Objecto e efeitos da impugnação)

1. A impugnação de um acto administrativo tem por objecto a anulação ou a declaração de nulidade ou inexistência desse acto.

2. Sem prejuízo das demais situações previstas na lei, a impugnação de um acto administrativo suspende a eficácia desse acto quando esteja apenas em causa o pagamento de uma quantia certa, sem natureza sancionatória, e tenha sido prestada garantia por qualquer das formas previstas na lei tributária.

SUBSECÇÃO I
Do acto administrativo impugnável

ARTIGO 51.°
(Princípio geral)

1. Ainda que inseridos num procedimento administrativo, são impugnáveis os actos administrativos com eficácia externa, especialmente aqueles cujo conteúdo seja susceptível de lesar direitos ou interesses legalmente protegidos.

2. São igualmente impugnáveis as decisões materialmente administrativas proferidas por autoridades não integradas na Administração Pública e por entidades privadas que actuem ao abrigo de normas de direito administrativo.

3. Salvo quando o acto em causa tenha determinado a exclusão do interessado do procedimento e sem prejuízo do disposto em lei especial, a circunstância de não ter impugnado qualquer acto procedimental não impede o interessado de impugnar o acto final com fundamento em ilegalidades cometidas ao longo do procedimento.

4. Se contra um acto de indeferimento for deduzido um pedido de estrita anulação, o tribunal convida o autor a substituir a petição, para o efeito de formular o adequado pedido de condenação à prática do acto devido, e, se a petição for substituída, a entidade demandada e os contra-interessados são de novo citados para contestar.

ARTIGO 52.°
(Irrelevância da forma do acto)

1. A impugnabilidade dos actos administrativos não depende da respectiva forma.

2. O não exercício do direito de impugnar um acto contido em diploma legislativo ou regulamentar não obsta à impugnação dos seus actos de execução ou aplicação.

3. O não exercício do direito de impugnar um acto que não individualize os seus destinatários não obsta à impugnação dos seus actos de execução ou aplicação cujos destinatários sejam individualmente identificados.

ARTIGO 53.°
(Impugnação de acto meramente confirmativo)

Uma impugnação só pode ser rejeitada com fundamento no carácter meramente confirmativo do acto impugnado quando o acto anterior:

a) Tenha sido impugnado pelo autor;

b) Tenha sido objecto de notificação ao autor;

c) Tenha sido objecto de publicação, sem que tivesse de ser notificado ao autor.

ARTIGO 54.°
(Impugnação de acto administrativo ineficaz)

1. Um acto administrativo pode ser impugnado, ainda que não tenha começado a produzir efeitos jurídicos, quando:

a) Tenha sido desencadeada a sua execução;

b) Seja seguro ou muito provável que o acto irá produzir efeitos, designadamente por a ineficácia se dever apenas ao facto de o acto se encontrar dependente de termo inicial ou de condição suspensiva cuja verificação seja provável, nomeadamente por depender da vontade do beneficiário do acto.

2. O disposto na alínea *a*) do número anterior não impede a utilização de outros meios de tutela contra a execução ilegítima do acto administrativo ineficaz.

SUBSECÇÃO II
Da legitimidade

ARTIGO 55.°
(Legitimidade activa)

1. Tem legitimidade para impugnar um acto administrativo:

a) Quem alegue ser titular de um interesse directo e pessoal, designadamente por ter sido lesado pelo acto nos seus direitos ou interesses legalmente protegidos;

b) O Ministério Público;

c) Pessoas colectivas públicas e privadas, quanto aos direitos e interesses que lhes cumpra defender;

d) Órgãos administrativos, relativamente a actos praticados por outros órgãos da mesma pessoa colectiva;

e) Presidentes de órgãos colegiais, em relação a actos praticados pelo respectivo órgão, bem como outras autoridades, em defesa da legalidade administrativa, nos casos previstos na lei;

f) Pessoas e entidades mencionadas no n.° 2 do artigo 9.°

2. A qualquer eleitor, no gozo dos seus direitos civis e políticos, é permitido impugnar as deliberações adoptadas por órgãos das autarquias locais sediadas na circunscrição onde se encontre recenseado.

3. A intervenção do interessado no procedimento em que tenha sido praticado o acto administrativo constitui mera presunção de legitimidade para a sua impugnação.

ARTIGO 56.°
(Aceitação do acto)

1. Não pode impugnar um acto administrativo quem o tenha aceitado, expressa ou tacitamente, depois de praticado.

2. A aceitação tácita deriva da prática, espontânea e sem reserva, de facto incompatível com a vontade de impugnar.

3. A execução ou acatamento por funcionário ou agente não se considera aceitação tácita do acto executado ou acatado, salvo quando dependa da vontade daqueles a escolha da oportunidade da execução.

ARTIGO 57.°
(Contra-interessados)

Para além da entidade autora do acto impugnado, são obrigatoriamente demandados os contra-interessados a quem o provimento do processo impugnatório possa directamente prejudicar ou que tenham legítimo interesse na manutenção do acto impugnado e que possam ser identificados em função da relação material em causa ou dos documentos contidos no processo administrativo.

SUBSECÇÃO III
Dos prazos de impugnação

ARTIGO 58.°
(Prazos)

1. A impugnação de actos nulos ou inexistentes não está sujeita a prazo.

2. Salvo disposição em contrário, a impugnação de actos anuláveis tem lugar no prazo de:

a) Um ano, se promovida pelo Ministério Público;

b) Três meses, nos restantes casos.

3. A contagem dos prazos referidos no número anterior obedece ao regime aplicável aos prazos para a propositura de acções que se encontram previstos no Código de Processo Civil.

4. Desde que ainda não tenha expirado o prazo de um ano, a impugnação será admitida, para além do prazo de três meses da alínea *b*) do n.° 2, caso se demonstre, com respeito pelo princípio do contraditório, que, no caso concreto, a tempestiva apresentação da petição não era exigível a um cidadão normalmente diligente, por:

a) A conduta da Administração ter induzido o interessado em erro;

b) O atraso dever ser considerado desculpável, atendendo à ambiguidade do quadro normativo aplicável ou às dificuldades que, no caso concreto, se colocavam quanto à identificação do acto impugnável, ou à sua qualificação como acto administrativo ou como norma;

c) Se ter verificado uma situação de justo impedimento.

ARTIGO 59.°
(Início dos prazos de impugnação)

1. O prazo para a impugnação pelos destinatários a quem o acto administrativo deva ser notificado só corre a partir da data da notificação, ainda que o acto tenha sido objecto de publicação obrigatória.

2. O disposto no número anterior não impede a impugnação, se a execução do acto for desencadeada sem que a notificação tenha tido lugar.

3. O prazo para a impugnação por quaisquer outros interessados dos actos que não tenham de ser obrigatoriamente publicados começa a correr a partir do seguinte facto que primeiro se verifique:

a) Notificação;

b) Publicação;

c) Conhecimento do acto ou da sua execução.

4. A utilização de meios de impugnação administrativa suspende o prazo de impugnação contenciosa do acto administrativo, que só retoma o seu curso com a notificação da decisão proferida sobre a impugnação administrativa ou com o decurso do respectivo prazo legal.

5. A suspensão do prazo prevista no número anterior não impede o interessado de proceder à impugnação contenciosa do acto na pendência da impugnação administrativa, bem como de requerer a adopção de providências cautelares.

6. O prazo para a impugnação pelo Ministério Público conta-se a partir da data da prática do acto ou da sua publicação, quando obrigatória.

7. O Ministério Público pode impugnar o acto em momento anterior ao da publicação obrigatória, caso tenha sido entretanto desencadeada a sua execução.

8. A rectificação do acto administrativo ou da sua notificação ou publicação não determina o início de novo prazo, salvo quando diga respeito à indicação do autor, do sentido ou dos fundamentos da decisão.

ARTIGO 60.°
(Notificação ou publicação deficientes)

1. O acto administrativo não é oponível ao interessado quando a notificação ou a publicação, quando exigível, não dêem a conhecer o sentido da decisão.

2. Quando a notificação ou a publicação do acto administrativo não contenham a indicação do autor, da data ou dos fundamentos da decisão, tem o interessado a faculdade de requerer à entidade que proferiu o acto a notificação das indicações em falta ou a passagem de certidão que as contenha, bem como, se necessário, de pedir a correspondente intimação judicial, nos termos previstos nos artigos 104.° e seguintes deste Código.

3. A apresentação, no prazo de 30 dias, de requerimento dirigido ao autor do acto, ao abrigo do disposto no número anterior, interrompe o prazo de impugnação, mantendo-se a interrupção se vier a ser pedida a intimação judicial a que se refere o mesmo número.

4. Não são oponíveis ao interessado eventuais erros contidos na notificação ou na publicação, no que se refere à indicação do autor, da data, do sentido ou dos fundamentos da decisão, bem como eventual erro ou omissão quanto à existência de delegação ou subdelegação de poderes.

SUBSECÇÃO IV
Da instância

ARTIGO 61.°
(Apensação de impugnações)

1. Quando sejam separadamente intentados diferentes processos impugnatórios em alguma das situações em que, de acordo com o disposto no n.° 4 do artigo 47.°, seja admitida a cumulação de impugnações, a apensação dos processos deve ser ordenada no que foi interposto em primeiro lugar, nos termos do artigo 28.°

2. O processo impugnatório apensado é carregado ao relator na espécie respectiva quando a apensação se fundamente em conexão ou dependência entre actos impugnados ou na circunstância de pertencerem ao mesmo procedimento administrativo.

ARTIGO 62.°
(Prossecução da acção pelo Ministério Público)

1. O Ministério Público pode, no exercício da acção pública, assumir a posição de autor, requerendo o seguimento de processo que, por decisão ainda não transitada, tenha terminado por desistência ou outra circunstância própria do autor.

2. Para o efeito do disposto no número anterior, o juiz, uma vez extinta a instância, dará vista do processo ao Ministério Público.

ARTIGO 63.°
(Modificação objectiva de instância)

1. Quando por não ter sido decretada, a título cautelar, a suspensão do procedimento em que se insere o acto impugnado, este tenha seguimento na pendência do processo, pode o objecto ser ampliado à impugnação de novos actos que venham a ser praticados no âmbito desse procedimento, bem como à formulação de novas pretensões que com aquela possam ser cumuladas.

2. O disposto no número anterior é extensivo ao caso de o acto impugnado ser relativo à formação de um contrato e este vir a ser celebrado na pendência do processo, como também às situações em que sobrevenham actos administrativos cuja validade dependa da existência ou validade do acto impugnado, ou cujos efeitos se oponham à utilidade pretendida no processo.

3. Para o efeito do disposto nos números anteriores, deve a Administração trazer ao processo a informação da existência dos eventuais actos conexos com o acto impugnado que venham a ser praticados na pendência do mesmo.

ARTIGO 64.°
(Revogação do acto impugnado com efeitos retroactivos)

1. Quando, na pendência do processo, seja proferido acto revogatório com efeitos retroactivos do acto impugnado, acompanhado de nova regulação da situação, pode o autor requerer que o processo prossiga contra o novo acto, com a faculdade de alegação de novos fundamentos e do oferecimento de diferentes meios de prova.

2. O requerimento a que se refere o número anterior deve ser apresentado no prazo de impugnação do acto revogatório e antes do trânsito em julgado da decisão que julgue extinta a instância.

3. O disposto no n.° 1 é aplicável a todos os casos em que o acto impugnado seja, total ou parcialmente, alterado ou substituído por outro com os mesmos efeitos, e ainda no caso de o acto revogatório já ter sido praticado no momento em que o processo foi intentado, sem que o autor disso tivesse ou devesse ter conhecimento.

ARTIGO 65.°
(Revogação do acto impugnado sem efeitos retroactivos)

1. Quando na pendência do processo, seja proferido acto revogatório sem efeitos retroactivos do acto impugnado, o processo prossegue em relação aos efeitos produzidos.

2. O disposto no número anterior é aplicável aos casos em que, por forma diversa da revogação, cesse ou se esgote a produção de efeitos do acto impugnado, designadamente pela sua integral execução no plano dos factos.

3. Quando a cessação de efeitos do acto impugnado seja acompanhada de nova regulação da situação, o autor goza da faculdade prevista no artigo anterior.

4. O disposto no n.° 1 é aplicável aos casos em que o acto revogatório já tinha sido praticado no momento em que o processo foi intentado, sem que o autor disso tivesse ou devesse ter conhecimento.

SECÇÃO II
Condenação à prática de acto devido

ARTIGO 66.°
(Objecto)

1. A acção administrativa especial pode ser utilizada para obter a condenação da entidade competente à prática, dentro de determinado prazo, de um acto administrativo ilegalmente omitido ou recusado.

2. Ainda que a prática do acto devido tenha sido expressamente recusada, o objecto do processo é a pretensão do interessado e não o acto de indeferimento, cuja eliminação da ordem jurídica resulta directamente da pronúncia condenatória.

3. Quando o considere justificado, pode o tribunal impor, logo na sentença de condenação, sanção pecuniária compulsória destinada a prevenir o incumprimento, sendo, neste caso, aplicável o disposto no artigo 169.°

ARTIGO 67.°
(Pressupostos)

1. A condenação à prática de acto administrativo legalmente devido pode ser pedida quando:

a) Tendo sido apresentado requerimento que constitua o órgão competente no dever de decidir, não tenha sido proferida decisão dentro do prazo legalmente estabelecido;

b) Tenha sido recusada a prática do acto devido; ou

c) Tenha sido recusada a apreciação de requerimento dirigido à prática do acto.

2. Para os efeitos do disposto na alínea *a*) do número anterior, a falta de resposta a requerimento dirigido a delegante ou subdelegante é imputada ao delegado ou subdelegado, mesmo que a este não tenha sido remetido o requerimento.

3. Para os mesmos efeitos, quando, tendo sido o requerimento dirigido a órgão incompetente, este não o tenha remetido oficiosamente ao órgão competente nem o tenha devolvido ao requerente, a inércia daquele primeiro órgão é imputada ao segundo.

ARTIGO 68.°
(Legitimidade)

1. Tem legitimidade para pedir a condenação à prática de um acto administrativo legalmente devido:

a) Quem alegue ser titular de um direito ou interesse legalmente protegido, dirigido à emissão desse acto;

b) Pessoas colectivas, públicas ou privadas, em relação aos direitos e interesses que lhes cumpra defender;

c) O Ministério Público, quando o dever de praticar o acto resulte directamente da lei e esteja em causa a ofensa de direitos fundamentais, de um interesse público especialmente relevante ou de qualquer dos valores e bens referidos no n.° 2 do artigo 9.°;

d) As demais pessoas e entidades mencionadas no n.° 2 do artigo 9.°

2. Para além da entidade responsável pela situação de omissão ilegal, são obrigatoriamente demandados no processo os contra-interessados a quem a prática do acto omitido possa directamente prejudicar ou que tenham legítimo interesse em que ele não seja praticado e que possam ser identificados em função da relação material em causa ou dos documentos contidos no processo administrativo.

ARTIGO 69.°
(Prazos)

1. Em situações de inércia da Administração, o direito de acção caduca no prazo de um ano contado desde o termo do prazo legal estabelecido para a emissão do acto ilegalmente omitido.

2. Tendo havido indeferimento, o prazo de propositura da acção é de três meses.

3. No caso previsto no número anterior, o prazo corre desde a notificação do acto, sendo aplicável o disposto nos artigos 59.° e 60.°

ARTIGO 70.°
(Alteração da instância)

1. Quando a pretensão do interessado seja indeferida pela Administração na pendência do processo, pode o autor alegar novos fundamentos e oferecer diferentes meios de prova em favor da sua pretensão.

2. A faculdade conferida pelo número anterior é extensiva aos casos em que o indeferimento seja anterior, mas só tenha sido notificado ao autor após a propositura da acção.

3. Quando, na pendência do processo, seja proferido um acto administrativo que não satisfaça integralmente a pretensão do interessado, pode ser cumulado o pedido de anulação ou declaração de nulidade ou inexistência deste acto, devendo o novo articulado ser apresentado no prazo de 30 dias.

4. O prazo referido no número anterior é contado desde o momento da notificação do novo acto, considerando-se como tal, quando não tenha havido notificação, o conhecimento, obtido no processo, do autor, da data, do sentido e dos fundamentos da decisão.

ARTIGO 71.°
(Poderes de pronúncia do tribunal)

1. Ainda que o requerimento apresentado não tenha obtido resposta ou a sua apreciação tenha sido recusada, o tribunal não se limita a devolver a questão ao órgão administrativo competente, anulando ou declarando nulo ou inexistente o eventual acto de indeferimento, mas pronuncia-se sobre a pretensão material do interessado, impondo a prática do acto devido.

2. Quando a emissão do acto pretendido envolva a formulação de valorações próprias do exercício da função administrativa e a apreciação do caso concreto não permita identificar apenas uma solução como legalmente possível, o tribunal não pode determinar o conteúdo do acto a praticar, mas deve explicitar as vinculações a observar pela Administração na emissão do acto devido.

SECÇÃO III
Impugnação de normas e declaração de ilegalidade por omissão

ARTIGO 72.°
(Objecto)

1. A impugnação de normas no contencioso administrativo tem por objecto a declaração da ilegalidade de normas emanadas ao abrigo de disposições de direito administrativo, por vícios próprios ou derivados da invalidade de actos praticados no âmbito do respectivo procedimento de aprovação.

2. Fica excluída do regime regulado na presente secção a declaração de ilegalidade com força obrigatória geral com qualquer dos fundamentos previstos no n.° 1 do artigo 281.° da Constituição da República Portuguesa.

ARTIGO 73.°
(Pressupostos)

1. A declaração de ilegalidade com força obrigatória geral pode ser pedida por quem seja prejudicado pela aplicação da norma ou possa previsivelmente vir a sê-lo em momento próximo, desde que a aplicação da norma tenha sido recusada por qualquer tribunal, em três casos concretos, com fundamento na sua ilegalidade.

2. Sem prejuízo do disposto no número anterior, quando os efeitos de uma norma se produzam imediatamente, sem dependência de um acto administrativo ou jurisdicional de aplicação, o lesado ou qualquer das entidades referidas no n.° 2 do artigo 9.° pode obter a desaplicação da norma pedindo a declaração da sua ilegalidade com efeitos circunscritos ao caso concreto.

3. O Ministério Público, oficiosamente ou a requerimento de qualquer das entidades referidas no n.° 2 do artigo 9.°, com a faculdade de estas se constituírem como assistentes, pode pedir a declaração de ilegalidade com força obrigatória geral, sem necessidade da verificação da recusa de aplicação em três casos concretos a que se refere o n.° 1.

4. O Ministério Público tem o dever de pedir a declaração de ilegalidade com força obrigatória geral quando tenha conhecimento de três decisões de desaplicação de uma norma com fundamento na sua ilegalidade.

5. Para o efeito do disposto no número anterior, a secretaria, após o respectivo trânsito em julgado, remete ao representante do Ministério Público junto do tribunal certidão das sentenças que tenham desaplicado, com fundamento em ilegalidade, quaisquer normas emitidas ao abrigo de disposições de direito administrativo.

ARTIGO 74.°
(Inexistência de prazo)

A declaração de ilegalidade pode ser pedida a todo o tempo.

ARTIGO 75.°
(Decisão)

O juiz pode decidir com fundamento na ofensa de princípios ou normas jurídicas diversos daqueles cuja violação haja sido invocada.

ARTIGO 76.°
(Efeitos da declaração de ilegalidade com força obrigatória geral)

1. A declaração com força obrigatória geral da ilegalidade de uma norma, nos termos previstos neste Código, produz efeitos desde a data da emissão da norma e determina a repristinação das normas que ela haja revogado.

2. O tribunal pode, no entanto, determinar que os efeitos da decisão se produzam apenas a partir da data do trânsito em julgado da sentença quando razões de segurança jurídica, de equidade ou de interesse público de excepcional relevo, devidamente fundamentadas, o justifiquem.

3. A retroactividade da declaração de ilegalidade não afecta os casos julgados nem os actos administrativos que entretanto se tenham tornado inimpugnáveis, salvo decisão em contrário do tribunal, quando a norma respeite a matéria sancionatória e seja de conteúdo menos favorável ao particular.

ARTIGO 77.°
(Declaração de ilegalidade por omissão)

1. O Ministério Público, as demais pessoas e entidades defensoras dos interesses referidos no n.° 2 do artigo 9.° e quem alegue um prejuízo directamente resultante da situação de omissão podem pedir ao tribunal administrativo competente que aprecie e verifique a existência de situações de ilegalidade por omissão das normas cuja adopção, ao abrigo de disposições de direito administrativo, seja necessária para dar exequibilidade a actos legislativos carentes de regulamentação.

2. Quando o tribunal verifique a existência de uma situação de ilegalidade por omissão, nos termos do número anterior, disso dará conhecimento à entidade competente, fixando prazo, não inferior a seis meses, para que a omissão seja suprida.

CAPÍTULO III
Marcha do processo

SECÇÃO I
Dos articulados

ARTIGO 78.°
(Requisitos da petição inicial)

1. A instância constitui-se com a propositura da acção e esta considera-se proposta com a recepção da petição inicial na secretaria do tribunal ao qual é dirigida ou com a remessa da mesma, nos termos em que esta é admitida na lei processual civil.

2. Na petição, deduzida por forma articulada, deve o autor:

a) Designar o tribunal em que a acção é proposta;

b) Indicar o seu nome e residência;

c) Indicar o domicílio profissional do mandatário judicial;

d) Identificar o acto jurídico impugnado, quando seja o caso;

e) Indicar o órgão que praticou ou devia ter praticado o acto, ou a pessoa colectiva de direito público ou o ministério a que esse órgão pertence;

f) Indicar o nome e a residência dos eventuais contra-interessados;

g) Expor os factos e as razões de direito que fundamentam a acção;

h) Formular o pedido;

i) Declarar o valor da causa;

j) Indicar a forma do processo;

l) Indicar os factos cuja prova se propõe fazer, juntando os documentos que desde logo provem esses factos ou informando que eles constam do processo administrativo;

m) Identificar os documentos que acompanham a petição.

3. Para o efeito do disposto na alínea *e*) do número anterior, a indicação do órgão que praticou ou devia ter praticado o acto é suficiente para que se considere indicada, quando o devesse ter sido, a pessoa colectiva ou o ministério, pelo que a citação que venha a ser dirigida ao órgão se considera feita, nesse caso, à pessoa colectiva ou ao ministério a que o órgão pertence.

4. O autor pode requerer, na petição, a dispensa da produção de qualquer prova, bem como da apresentação de alegações.

5. É estabelecido, por portaria do Ministro da Justiça, o modelo a que devem obedecer os articulados no que se refere à indicação das menções que deles devam constar.

ARTIGO 79.°
(Instrução da petição)

1. A apresentação da petição inicial, da procuração forense com os poderes necessários e suficientes da representação judiciária pretendida e do documento comprovativo do prévio pagamento da taxa de justiça inicial ou da concessão de apoio judiciário, na modalidade de dispensa total ou parcial do mesmo, processam-se segundo o disposto na lei processual civil.

2. Quando seja deduzida pretensão impugnatória, deve o autor juntar documento comprovativo da prática do acto ou da norma impugnados.

3. Quando seja pedida a declaração da inexistência jurídica de um acto administrativo, deve o autor produzir ou requerer a produção da prova da aparência desse acto.

4. Quando a sua pretensão dirigida à prática de um acto administrativo tenha sido indeferida, deve o autor instruir o pedido de condenação à prática do acto devido com documento comprovativo do indeferimento.

5. Quando seja pedida a condenação à prática de acto administrativo devido sem que tenha havido indeferimento, deve ser apresentada cópia do requerimento apresentado, recibo ou outro documento comprovativo da entrada do original nos serviços competentes.

6. Alegando motivo justificado, é fixado prazo ao recorrente para a junção de documentos que não tenha podido obter em tempo.

ARTIGO 80.°
(Recusa da petição pela secretaria)

1. A secretaria recusa o recebimento da petição inicial, indicando por escrito o fundamento da rejeição, quando se verifique algum dos seguintes factos:

a) Não tenha endereço ou esteja endereçada a outro tribunal ou autoridade;

b) No caso de referir a existência de contra-interessados, não proceder à cabal indicação do respectivo nome e residência;

c) Omita qualquer dos elementos a que se referem as alíneas *b*), *c*), *d*), *e*), *i*), *j*) e *m*) do n.° 2 do artigo 78.°;

d) Não tenha sido junto o documento comprovativo do prévio pagamento da taxa de justiça inicial ou o documento que ateste a concessão de apoio judiciário;

e) Não esteja redigida em língua portuguesa;

f) Não esteja assinada.

2. A recusa da petição pela secretaria tem os efeitos e consequências que lhe correspondem na lei processual civil.

ARTIGO 81.°
(Citação da entidade demandada e dos contra-interessados)

1. Recebida a petição, incumbe à secretaria promover oficiosamente a citação da entidade pública demandada e dos contra-interessados para contestarem no prazo de 30 dias.

2. Quando, por erro cometido na petição, seja citado um órgão diferente daquele que praticou ou devia ter praticado o acto, o órgão citado deve dar imediato conhecimento àquele que o deveria ter sido.

3. Na hipótese prevista no número anterior, a entidade demandada beneficia de um prazo suplementar de 15 dias para apresentar a contestação e enviar o processo administrativo, quando exista.

ARTIGO 82.°
(Publicação de anúncio)

1. Quando os contra-interessados sejam em número superior a 20, o tribunal pode promover a respectiva citação mediante a publicação de anúncio, com a advertência de que os interessados dispõem do prazo de 15 dias para se constituírem como contra-interessados no processo.

2. Quando esteja em causa a impugnação de um acto que tenha sido publicado, a publicação do anúncio mencionado no número anterior faz-se pelo meio e no local utilizados para dar publicidade ao acto impugnado.

3. Se o acto impugnado não tiver sido objecto de publicação, o anúncio a que se refere o n.° 1 é publicado em dois jornais diários de circulação nacional ou local, dependendo do âmbito da matéria em causa.

4. Uma vez expirado o prazo previsto no n.° 1, os contra-interessados que como tais se tenham constituído consideram-se citados para contestar no prazo de 30 dias.

5. Quando esteja em causa um pedido de declaração com força obrigatória geral da ilegalidade de uma norma, o juiz, no despacho que ordene ou dispense a citação da entidade demandada, manda publicar anúncio da formulação do pedido, pelo meio e no local utilizados para dar publicidade à norma, a fim de permitir a intervenção no processo de eventuais contra-interessados, admissível até ao termo da fase dos articulados.

ARTIGO 83.°
(Contestação da entidade administrativa e dos contra-interessados)

1. Na contestação, deve a entidade demandada deduzir, de forma articulada, toda a matéria relativa à defesa e juntar os documentos destinados a demonstrar os factos cuja prova se propõe fazer.

2. A entidade demandada deve ainda pronunciar-se sobre o requerimento de dispensa de prova e alegações finais, se o autor o tiver feito na petição, valendo o seu silêncio como assentimento.

3. Quando a contestação seja subscrita por licenciado em Direito com funções de apoio jurídico, deve ser junta cópia do despacho que o designou.

4. Sem prejuízo do disposto no n.° 5 do artigo 84.°, a falta de contestação ou a falta nela de impugnação especificada não importa confissão dos factos articulados pelo autor, mas o tribunal aprecia livremente essa conduta para efeitos probatórios.

5. Se a um contra-interessado não tiver sido facultada, em tempo útil, a consulta ao processo administrativo, disso dará conhecimento ao juiz do processo, que, neste caso, permitirá que a contestação seja apresentada no prazo de 15 dias contado desde o momento em que o contra-interessado venha a ser notificado de que o processo administrativo foi junto aos autos.

ARTIGO 84.°
(Envio do processo administrativo)

1. Com a contestação, ou dentro do respectivo prazo, a entidade demandada é obrigada a remeter ao tribunal o original do processo administrativo, quando exista, e todos os demais documentos respeitantes à matéria do processo de que seja detentora, que ficarão apensados aos autos.

2. Quando o processo administrativo se encontre já apensado a outros autos, a entidade demandada deve dar conhecimento do facto ao tribunal, indicando a que autos se refere.

3. O original do processo administrativo pode ser substituído por fotocópias autenticadas e devidamente ordenadas, sem prejuízo da sua requisição, quando tal se mostre necessário.

4. Na falta de cumprimento do previsto no n.° 1, sem justificação aceitável, pode o juiz ou relator determinar a aplicação de sanções pecuniárias compulsórias, nos termos do artigo 169.°, sem prejuízo do apuramento da responsabilidade civil, disciplinar e criminal a que haja lugar.

5. A falta do envio do processo administrativo não obsta ao prosseguimento da causa e determina que os factos alegados pelo autor se considerem provados, se aquela falta tiver tornado a prova impossível ou de considerável dificuldade.

6. Da junção aos autos do processo administrativo é dado conhecimento a todos os intervenientes no processo.

ARTIGO 85.°
(Intervenção do Ministério Público)

1. No momento da citação da entidade demandada e dos contra-interessados, é fornecida cópia da petição e dos documentos que a instruem ao Ministério Público, salvo nos processos em que este figure como autor.

2. Em função dos elementos que possa coligir e daqueles que venham a ser carreados para o processo, o Ministério Público pode solicitar a realização de diligências instrutórias, bem como pronunciar-se sobre o mérito da causa, em defesa dos direitos fundamentais dos cidadãos, de interesses públicos especialmente relevantes ou de algum dos valores ou bens referidos no n.° 2 do artigo 9.°

3. Para o efeito do disposto no número anterior, o Ministério Público, nos processos impugnatórios, pode invocar causas de invalidade diversas das que tenham sido arguidas na petição.

4. Nos processos impugnatórios, o Ministério Público pode ainda suscitar quaisquer questões que determinem a nulidade ou inexistência do acto impugnado.

5. Os poderes de intervenção previstos nos números anteriores podem ser exercidos até 10 dias após a notificação da junção do processo administrativo aos autos ou, não havendo lugar a esta, da apresentação das contestações, disso sendo, de imediato, notificadas as partes.

ARTIGO 86.°
(Articulados supervenientes)

1. Os factos constitutivos, modificativos ou extintivos supervenientes podem ser deduzidos em novo articulado, pela parte a que aproveitem, até à fase das alegações.

2. Consideram-se supervenientes tanto os factos ocorridos posteriormente ao termo dos prazos estabelecidos nos artigos precedentes como os factos anteriores de que a parte só tenha conhecimento depois de findarem esses prazos, devendo, neste caso, produzir-se prova da superveniência.

3. Quando o novo articulado se funde na junção ao processo de elementos até aí desconhecidos ou aos quais não tinha sido possível o acesso, ele deve ser oferecido nos 10 dias posteriores à notificação da junção dos referidos elementos.

4. Recebido o articulado, são as outras partes notificadas pela secretaria para responder no prazo de 10 dias.

5. As provas são oferecidas com o articulado e com a resposta e os factos articulados que interessem à decisão da causa são incluídos na base instrutória.

6. Se a base instrutória já estiver elaborada, os factos articulados são aditados, sem possibilidade de reclamação contra o aditamento, cabendo recurso do despacho que o ordene, que sobe com o recurso da decisão final.

SECÇÃO II
Saneamento, instrução e alegações

ARTIGO 87.°
(Despacho saneador)

1. Findos os articulados, o processo é concluso ao juiz ou relator, que profere despacho saneador quando deva:

a) Conhecer obrigatoriamente, ouvido o autor no prazo de 10 dias, de todas as questões que obstem ao conhecimento do objecto do processo;

b) Conhecer total ou parcialmente do mérito da causa, sempre que, tendo o autor requerido, sem oposição dos demandados, a dispensa de alegações finais, o estado do processo permita, sem necessidade de mais indagações, a apreciação dos pedidos ou de algum dos pedidos deduzidos, ou, ouvido o autor no prazo de 10 dias, de alguma excepção peremptória;

c) Determinar a abertura de um período de produção de prova quando tenha sido alegada matéria de facto ainda controvertida e o processo haja de prosseguir.

2. As questões prévias referidas na alínea *a*) do número anterior que não tenham sido apreciadas no despacho saneador não podem ser suscitadas nem decididas em momento posterior do processo e as que sejam decididas no despacho saneador não podem vir a ser reapreciadas.

ARTIGO 88.°
(Suprimento de excepções dilatórias e aperfeiçoamento dos articulados)

1. Quando, no cumprimento do dever de suscitar e resolver todas as questões que possam obstar ao conhecimento do objecto do processo, verifique que as peças processuais enfermam de deficiências ou irregularidades de carácter formal, o juiz deve procurar corrigi-las oficiosamente.

2. Quando a correcção oficiosa não seja possível, o juiz profere despacho de aperfeiçoamento, destinado a providenciar o suprimento de excepções dilatórias e a convidar a parte a corrigir as irregularidades do articulado, fixando o prazo de 10 dias para o suprimento ou correcção do vício, designadamente por faltarem requisitos legais ou não ter sido apresentado documento essencial ou de que a lei faça depender o prosseguimento da causa.

3. Nos casos previstos nos números anteriores, são anulados os actos do processo entretanto praticados que não possam ser aproveitados, designadamente porque do seu aproveitamento resultaria uma diminuição de garantias para o demandado ou os demandados.

4. A falta de suprimento ou correcção, nos termos previstos no n.° 2, das deficiências ou irregularidades da petição determina a absolvição da instância, sem possibilidade de substituição da petição ao abrigo do disposto no artigo seguinte.

ARTIGO 89.°
(Fundamentos que obstam ao prosseguimento do processo)

1. Para o efeito do disposto nos artigos anteriores, obstam nomeadamente ao prosseguimento do processo:

a) Ineptidão da petição;

b) Falta de personalidade ou capacidade judiciária do autor;

c) Inimpugnabilidade do acto impugnado;

d) Ilegitimidade do autor ou do demandado;

e) Ilegalidade da coligação;

f) Falta da identificação dos contra-interessados;

g) Ilegalidade da cumulação de pretensões;

h) Caducidade do direito de acção;

i) Litispendência e caso julgado.

2. A absolvição da instância sem prévia emissão de despacho de aperfeiçoamento não impede o autor de, no prazo de 15 dias contado da notificação da decisão, apresentar nova petição, com observância das prescrições em falta, a qual se considera apresentada na data em que o tinha sido a primeira, para efeitos da tempestividade da sua apresentação.

3. O disposto no número anterior é designadamente aplicável quando o pedido formulado em processo impugnatório não tenha sido o adequado, por erro na qualificação do acto jurídico impugnado como norma ou como acto administrativo ou na identificação do acto impugnável.

4. Nos casos previstos nos números anteriores, é aplicável o disposto no n.° 4 do artigo anterior.

ARTIGO 90.°
(Instrução do processo)

1. No caso de não poder conhecer do mérito da causa no despacho saneador, o juiz ou relator pode ordenar as diligências de prova que considere necessárias para o apuramento da verdade.

2. O juiz ou relator pode indeferir, mediante despacho fundamentado, requerimentos dirigidos à produção de prova sobre certos factos ou recusar a utilização de certos meios de prova quando, o considere claramente desnecessário, sendo, quanto ao mais, aplicável o disposto na lei processual civil no que se refere à produção de prova.

3. Quando tenham sido cumulados pedidos dirigidos à condenação da Administração à prática de actos ou à realização de prestações, fundados no reconhecimento da ilegalidade da acção ou da omissão a que se refira o pedido principal, o tribunal pode determinar que a instrução respeitante a esses pedidos seja diferida para momento posterior ao da eventual instrução a realizar para esclarecer as questões respeitantes ao pedido principal, ou mesmo para momento subsequente ao da apresentação das alegações, quando esta tenha lugar.

4. No caso previsto no número anterior, a instrução respeitante aos demais pedidos pode vir a ser dispensada se o tribunal, entretanto, concluir pela improcedência do pedido principal.

ARTIGO 91.°
(Discussão da matéria de facto e alegações facultativas)

1. Finda a produção de prova, quando tenha lugar, pode o juiz ou relator, sempre que a complexidade da matéria o justifique, ordenar oficiosamente a realização de uma audiência pública destinada à discussão oral da matéria de facto.

2. A audiência pública a que se refere o número anterior pode ter também lugar a requerimento de qualquer das partes, podendo, no entanto, o juiz recusar a sua realização, mediante despacho fundamentado, quando entenda que ela não se justifica por a matéria de facto, documentalmente fixada, não ser controvertida.

3. Quando a audiência pública se realize por iniciativa das partes, nela são também deduzidas, por forma oral, as alegações sobre a matéria de direito.

4. Quando não se verifique a situação prevista no número anterior e as partes não tenham renunciado à apresentação de alegações escritas, são notificados o autor, pelo prazo de 20 dias, e depois, simultaneamente, a entidade demandada e os contra-interessados, por igual prazo, para, querendo, as apresentarem.

5. Nas alegações pode o autor invocar novos fundamentos do pedido, de conhecimento superveniente, ou restringi-los expressamente e deve formular conclusões.

6. O autor também pode ampliar o pedido nas alegações, nos termos em que, neste Código, é admitida a modificação objectiva da instância.

SECÇÃO III
Julgamento

ARTIGO 92.°
(Conclusão ao relator e vista aos juízes-adjuntos)

1. Concluso o processo ao relator, quando não deva ser julgado por juiz singular, tem lugar a vista simultânea aos juízes-adjuntos, que, no caso de evidente simplicidade da causa, pode ser dispensada pelo relator.

2. Para efeitos do disposto no número anterior, é fornecida a cada juiz-adjunto cópia das peças processuais que relevem para o conhecimento do objecto da causa, permanecendo o processo depositado, para consulta, na secretaria do tribunal.

ARTIGO 93.°
(Julgamento em formação alargada e reenvio prejudicial para o Supremo Tribunal Administrativo)

1. Quando à apreciação de um tribunal administrativo de círculo se coloque uma questão de direito nova que suscite dificuldades sérias e possa vir a ser suscitada noutros litígios, pode o respectivo presidente determinar que no julgamento intervenham todos os juízes do tribunal, sendo o quórum de dois terços, ou, em alternativa, proceder ao reenvio prejudicial para o Supremo Tribunal Administrativo, para que este emita pronúncia vinculativa sobre a questão no prazo de três meses.

2. Determinada a realização de julgamento com a intervenção de todos os juízes do tribunal, nos termos previstos no número anterior, o relator determina a extracção de cópia das peças processuais que relevem para o conhecimento do objecto da causa, as quais são entregues a cada um dos juízes que devam intervir no julgamento, permanecendo o processo depositado, para consulta, na secretaria do tribunal.

3. O reenvio prejudicial previsto no n.° 1 não tem lugar em processos urgentes e implica a remessa dos articulados produzidos, podendo a apreciação da questão ser liminarmente recusada, a título definitivo, quando uma formação constituída por três juízes de entre os mais antigos da secção de contencioso administrativo do Supremo Tribunal Administrativo considere que não se encontram preenchidos os pressupostos do reenvio ou que a escassa relevância da questão não justifica a emissão de uma pronúncia.

4. A pronúncia emitida pelo Supremo Tribunal Administrativo no âmbito do reenvio prejudicial não o vincula relativamente a novas pronúncias que, em sede de reenvio ou em via de recurso, venha a emitir no futuro sobre a mesma matéria.

ARTIGO 94.°
(Conteúdo da sentença ou acórdão)

1. A sentença ou acórdão começa com a identificação das partes e do objecto do processo e com a fixação das questões de mérito que ao tribunal cumpra solucionar, ao que se segue a apresentação dos fundamentos e a decisão final.

2. Os fundamentos podem ser formulados sob a forma de considerandos, devendo discriminar os factos provados e indicar, interpretar e aplicar as normas jurídicas correspondentes.

3. Quando o juiz ou relator considere que a questão de direito a resolver é simples, designadamente por já ter sido apreciada por tribunal, de modo uniforme e reiterado, ou que a pretensão é manifestamente infundada, a fundamentação da decisão pode ser sumária, podendo consistir na simples remissão para decisão precedente, de que se junte cópia.

ARTIGO 95.°
(Objecto e limites da decisão)

1. Sem prejuízo do disposto no número seguinte, o tribunal deve decidir, na sentença ou acórdão, todas as questões que as partes tenham submetido à sua apreciação, exceptuadas aquelas cuja decisão esteja prejudicada pela solução dada a outras, e não pode ocupar-se senão das questões suscitadas, salvo quando a lei lhe permita ou imponha o conhecimento oficioso de outras.

2. Nos processos impugnatórios, o tribunal deve pronunciar-se sobre todas as causas de invalidade que tenham sido invocadas contra o acto impugnado, excepto quando não possa dispor dos elementos indispensáveis para o efeito, assim como deve identificar a existência de causas de invalidade diversas das que tenham sido alegadas, ouvidas as partes para alegações complementares pelo prazo comum de 10 dias, quando o exija o respeito pelo princípio do contraditório.

3. Quando, com o pedido de anulação ou de declaração de nulidade ou inexistência de um acto administrativo, tenha sido cumulado pedido de condenação da Administração à adopção dos actos e operações necessários para reconstituir a situação que existiria se o acto impugnado não tivesse sido praticado, mas a adopção da conduta devida envolva a formulação de valorações próprias do exercício da função administrativa, sem que a apreciação do caso concreto permita identificar apenas uma actuação como legalmente possível, o tribunal não pode determinar o conteúdo da conduta a adoptar, mas deve explicitar as vinculações a observar pela Administração.

4. Quando, na hipótese prevista no número anterior, o quadro normativo permita ao tribunal especificar o conteúdo dos actos e operações a adoptar para remover a situação directamente criada pelo acto impugnado, mas do processo não resultem elementos de facto suficientes para proceder a essa especificação, o tribunal notifica a Administração para apresentar, no prazo de 20 dias, proposta fundamentada sobre a matéria, ouvindo em seguida os demais intervenientes no processo.

5. Na hipótese prevista no número anterior, o tribunal pode ordenar ainda as diligências que considere necessárias, após o que se segue a abertura de vista simultânea aos juízes-adjuntos, quando se trate de tribunal colegial, sendo proferida a decisão final.

6. Quando, tendo sido formulado pedido de indemnização por danos, do processo não resultem os elementos necessários à liquidação do montante da indemnização devida, terá lugar uma fase complementar de audição das partes, por 10 dias cada, e eventual realização de diligências complementares, destinada a permitir essa liquidação.

ARTIGO 96.°
(Diferimento do acórdão)

Quando não possa ser lavrado acórdão na sessão em que seja julgado o processo, o resultado é anotado, datado e assinado pelos juízes vencedores e vencidos e o juiz que tire o acórdão fica com o processo para lavrar a decisão respectiva que, sem embargo de o resultado ser logo publicado, será lida em conferência na sessão seguinte e aí datada e assinada pelos juízes que nela tenham intervindo, se estiverem presentes.

TÍTULO IV
Dos processos urgentes

CAPÍTULO I
Das impugnações urgentes

SECÇÃO I
Contencioso eleitoral

ARTIGO 97.º
(Âmbito)

1. A impugnação de actos administrativos em matéria eleitoral cuja apreciação seja atribuída à jurisdição administrativa rege-se pelo disposto na presente secção e, subsidiariamente, pelo disposto na secção I do capítulo II do título III.

2. O processo de contencioso eleitoral é urgente e de plena jurisdição.

ARTIGO 98.º
(Pressupostos)

1. Os processos do contencioso eleitoral podem ser intentados por quem, na eleição em causa, seja eleitor ou elegível ou, quanto à omissão nos cadernos ou listas eleitorais, também pelas pessoas cuja inscrição haja sido omitida.

2. Na falta de disposição especial, o prazo de propositura de acção é de sete dias a contar da data em que seja possível o conhecimento do acto ou da omissão.

3. Os actos anteriores ao acto eleitoral não podem ser objecto da impugnação autónoma, salvo os relativos à exclusão ou omissão de eleitores ou elegíveis nos cadernos ou listas eleitorais.

ARTIGO 99.°
(Tramitação)

1. Os processos de contencioso eleitoral obedecem à tramitação estabelecida no capítulo III do título III, salvo o preceituado nos números seguintes.

2. Só são admissíveis alegações no caso de ser requerida ou produzida prova com a contestação.

3. Os prazos a observar são os seguintes:

a) Cinco dias para a contestação e para as alegações;

b) Cinco dias para a decisão do juiz ou relator, ou para este submeter o processo a julgamento;

c) Três dias para os restantes casos.

4. Nos processos da competência de tribunal superior são extraídas cópias das peças oferecidas pelos intervenientes, em número igual ao dos juízes-adjuntos, para serem desde logo entregues a estes, por termo nos autos ou por protocolo.

5. No caso previsto no número anterior, quando o processo não seja decidido pelo relator, é julgado, independentemente de vistos, na primeira sessão que tenha lugar após o despacho referido na alínea *b*) do n.° 3.

SECÇÃO II
Contencioso pré-contratual

ARTIGO 100.°
(Âmbito)

1. A impugnação de actos administrativos relativos à formação de contratos de empreitada e concessão de obras públicas, de prestação de serviços e de fornecimento de bens rege-se pelo disposto na presente secção e, subsidiariamente, pelo disposto na secção I do capítulo II do título III.

2. Também são susceptíveis de impugnação directa, ao abrigo do disposto na presente secção, o programa, o caderno de encargos ou qualquer outro documento conformador do procedimento de formação dos contratos mencionados no número anterior, designadamente com fundamento na ilegalidade das especificações técnicas, económicas ou financeiras que constem desses documentos.

3. Para os efeitos do disposto na presente secção, são equiparados a actos administrativos os actos dirigidos à celebração de contratos do tipo previsto no n.° 1 que sejam praticados por sujeitos privados, no âmbito de um procedimento pré-contratual de direito público.

ARTIGO 101.°
(Prazo)

Os processos do contencioso pré-contratual têm carácter urgente e devem ser intentados no prazo de um mês a contar da notificação dos interessados ou, não havendo lugar a notificação, da data do conhecimento do acto.

ARTIGO 102.°
(Tramitação)

1. Os processos do contencioso pré-contratual obedecem à tramitação estabelecida no capítulo III do título III, salvo o preceituado nos números seguintes.

2. Só são admissíveis alegações no caso de ser requerida ou produzida prova com a contestação.

3. Os prazos a observar são os seguintes:

a) 20 dias para a contestação e para as alegações, quando estas tenham lugar;

b) 10 dias para a decisão do juiz ou relator, ou para este submeter o processo a julgamento;

c) 5 dias para os restantes casos.

4. O objecto do processo pode ser ampliado à impugnação do contrato, segundo o disposto no artigo 63.°

5. Se, na pendência do processo, se verificar que à satisfação dos interesses do autor obsta a existência de uma situação de impossibilidade absoluta, o tribunal não profere a sentença requerida mas convida as partes a acordarem, no prazo de 20 dias, no montante da indemnização a que o autor tem direito, seguindo-se os trâmites previstos no artigo 45.°

ARTIGO 103.°
(Audiência pública)

Quando o considere aconselhável ao mais rápido esclarecimento da questão, o tribunal pode, oficiosamente ou a requerimento de qualquer das partes, optar pela realização de uma audiência pública sobre a matéria de facto e de direito, em que as alegações finais serão proferidas por forma oral e no termo da qual é imediatamente ditada a sentença.

CAPÍTULO II
Das intimações

SECÇÃO I
Intimação para a prestação de informações, consulta de processos ou passagem de certidões

ARTIGO 104.°
(Pressupostos)

1. Quando não seja dada integral satisfação aos pedidos formulados no exercício do direito à informação procedimental ou do direito de acesso aos arquivos e registos administrativos, o interessado pode requerer a intimação da entidade administrativa competente, nos termos e com os efeitos previstos na presente secção.

2. O pedido de intimação é igualmente aplicável nas situações previstas no n.° 2 do artigo 60.° e pode ser utilizado pelo Ministério Público para o efeito do exercício da acção pública.

ARTIGO 105.°
(Prazo)

A intimação deve ser requerida ao tribunal competente no prazo de 20 dias, que se inicia com a verificação de qualquer dos seguintes factos:

a) Decurso do prazo legalmente estabelecido, sem que a entidade requerida satisfaça o pedido que lhe foi dirigido;

b) Indeferimento do pedido;

c) Satisfação parcial do pedido.

ARTIGO 106.°
(Efeito interruptivo do prazo de impugnação)

1. O efeito interruptivo do prazo de impugnação que decorre da apresentação dos pedidos de informação, consulta de documentos ou passagem de certidão, quando efectuados ao abrigo do disposto no n.° 2 do artigo 60.°, mantém-se se o interessado requerer a intimação judicial e cessa com:

a) O cumprimento da decisão que defira o pedido de intimação ou com o trânsito em julgado da que o indefira;

b) O trânsito em julgado da decisão que extinga a instância por satisfação do requerido na pendência do pedido de intimação.

2. Não se verifica o efeito interruptivo quando o tribunal competente para conhecer do meio contencioso que venha a ser utilizado pelo requerente considere que o pedido constituiu expediente manifestamente dilatório ou foi injustificado, por ser claramente desnecessário para permitir o uso dos meios administrativos ou contenciosos.

ARTIGO 107.°
(Tramitação)

1. Apresentado o requerimento, o juiz ordena a citação da autoridade requerida para responder no prazo de 10 dias.

2. Apresentada a resposta ou decorrido o respectivo prazo e concluídas as diligências que se mostrem necessárias, o juiz profere decisão.

ARTIGO 108.°
(Decisão)

1. Se der provimento ao processo, o juiz determina o prazo em que a intimação deve ser cumprida e que não pode ultrapassar os 10 dias.

2. Se houver incumprimento da intimação sem justificação aceitável, deve o juiz determinar a aplicação de sanções pecuniárias compulsórias, nos termos do artigo 169.°, sem prejuízo do apuramento da responsabilidade civil, disciplinar e criminal a que haja lugar, segundo o disposto no artigo 159.°

SECÇÃO II
Intimação para protecção de direitos, liberdades e garantias

ARTIGO 109.°
(Pressupostos)

1. A intimação para protecção de direitos, liberdades e garantias pode ser requerida quando a célere emissão de uma decisão de mérito que imponha à Administração a adopção de uma conduta positiva ou negativa se revele indispensável para assegurar o exercício, em tempo útil, de um direito, liberdade ou garantia, por não ser possível ou suficiente, nas circunstâncias do caso, o decretamento provisório de uma providência cautelar, segundo o disposto no artigo 131.°

2. A intimação também pode ser dirigida contra particulares, designadamente concessionários, nomeadamente para suprir a omissão, por parte da Administração, das providências adequadas a prevenir ou reprimir condutas lesivas dos direitos, liberdades e garantias do interessado.

3. Quando, nas circunstâncias enunciadas no n.° 1, o interessado pretenda a emissão de um acto administrativo estritamente vinculado, designadamente de execução de um acto administrativo já praticado, o tribunal emite sentença que produza os efeitos do acto devido.

ARTIGO 110.°
(Tramitação)

1. Apresentado o requerimento, com duplicado, o juiz ordena a notificação do requerido, com remessa do duplicado, para responder no prazo de sete dias.

2. Concluídas as diligências que se mostrem necessárias, cabe ao juiz decidir no prazo de cinco dias.

3. Quando a complexidade da matéria o justifique, pode o juiz determinar que o processo siga a tramitação estabelecida no capítulo III do título III, sendo, nesse caso, os prazos reduzidos a metade.

4. Na decisão, o juiz determina o comportamento concreto a que o destinatário é intimado e, sendo caso disso, o prazo para o cumprimento e o responsável pelo mesmo.

5. O incumprimento da intimação sujeita o particular ou o titular do órgão ao pagamento de sanção pecuniária compulsória, a fixar pelo juiz na decisão de intimação ou em despacho posterior, segundo o disposto no artigo 169.°, sem prejuízo do apuramento da responsabilidade civil, disciplinar e criminal a que haja lugar.

ARTIGO 111.°
(Situações de especial urgência)

1. Em situações de especial urgência, em que a petição permita reconhecer a possibilidade de lesão iminente e irreversível do direito, liberdade ou garantia, o juiz pode encurtar o prazo fixado no n.° 1 do artigo anterior ou optar pela realização, no prazo de quarenta e oito horas, de uma audiência oral, no termo da qual decidirá de imediato.

2. Quando as circunstâncias o imponham, a audição do requerido pode ser realizada por qualquer meio de comunicação que se revele adequado.

3. A notificação da decisão é feita de imediato a quem a deva cumprir, nos termos gerais aplicáveis aos processos urgentes.

TÍTULO V
Dos processos cautelares

CAPÍTULO I
Disposições comuns

ARTIGO 112.°
(Providências cautelares)

1. Quem possua legitimidade para intentar um processo junto dos tribunais administrativos pode solicitar a adopção da providência ou das providências cautelares, antecipatórias ou conservatórias, que se mostrem adequadas a assegurar a utilidade da sentença a proferir nesse processo.

2. Além das providências especificadas no Código de Processo Civil, com as adaptações que se justifiquem, nos casos em que se revelem adequadas, as providências cautelares a adoptar podem consistir designadamente na:

a) Suspensão da eficácia de um acto administrativo ou de uma norma;

b) Admissão provisória em concursos e exames;

c) Atribuição provisória da disponibilidade de um bem;

d) Autorização provisória ao interessado para iniciar ou prosseguir uma actividade ou adoptar uma conduta;

e) Regulação provisória de uma situação jurídica, designadamente através da imposição à Administração do pagamento de uma quantia por conta de prestações alegadamente devidas ou a título de reparação provisória;

f) Intimação para a adopção ou abstenção de uma conduta por parte da Administração ou de um particular, designadamente um concessionário, por alegada violação ou fundado receio de violação de normas de direito administrativo.

ARTIGO 113.°
(Relação com a causa principal)

1. O processo cautelar depende da causa que tem por objecto a decisão sobre o mérito, podendo ser intentado como preliminar ou como incidente do processo respectivo.

2. O processo cautelar é um processo urgente e tem tramitação autónoma em relação ao processo principal, sendo apensado a este.

3. Quando requerida a adopção de providências antes de proposta a causa principal, o processo é apensado aos autos logo que aquela seja intentada.

ARTIGO 114.°
(Momento e forma do pedido)

1. A adopção de uma ou mais providências cautelares é solicitada em requerimento próprio, apresentado:

a) Previamente à instauração do processo principal;

b) Juntamente com a petição inicial do processo principal;

c) Na pendência do processo principal.

2. O requerimento é apresentado no tribunal competente para julgar o processo principal.

3. No requerimento, deve o requerente:

a) Indicar o tribunal a que o requerimento é dirigido;

b) Indicar o seu nome e residência ou sede;

c) Identificar a entidade demandada;

d) Identificar os contra-interessados a quem a adopção da providência cautelar possa directamente prejudicar;

e) Indicar a acção de que o processo depende ou irá depender;

f) Indicar a providência ou as providências que pretende ver adoptadas;

g) Especificar, de forma articulada, os fundamentos do pedido, oferecendo prova sumária da respectiva existência;

h) Quando for o caso, fazer prova do acto ou norma cuja suspensão pretende e da sua notificação ou publicação;

i) Identificar o processo principal, quando o requerimento seja apresentado na sua pendência.

4. Na falta da indicação de qualquer dos elementos enunciados no número anterior, o interessado é notificado para suprir a falta no prazo de cinco dias.

5. A falta da designação do tribunal a que o requerimento é dirigido deve ser oficiosamente suprida, com remessa para o tribunal competente, quando não seja o próprio.

ARTIGO 115.°
(Contra-interessados)

1. Se o interessado não conhecer a identidade e residência dos contra-interessados, pode requerer previamente certidão de que constem aqueles elementos de identificação.

2. A certidão a que se refere o número anterior deve ser passada no prazo de vinte e quatro horas pela autoridade requerida.

3. Se a certidão não for passada, o interessado junta prova de que a requereu e indica a identidade e residência dos contra-interessados que conheça.

4. No caso previsto no número anterior, quando não haja fundamento para rejeição, o juiz ou relator, no prazo de dois dias, intima a autoridade requerida a remeter, também no prazo de dois dias, a certidão pedida, fixando sanção pecuniária compulsória, segundo o disposto no artigo 169.°

5. A falta de remessa da certidão sem justificação adequada é constitutiva de responsabilidade, nos termos previstos no artigo 159.°

ARTIGO 116.°
(Despacho liminar)

1. Sobre o requerimento do interessado recai despacho de admissão ou rejeição.

2. Constituem fundamento de rejeição:

a) A falta de qualquer dos requisitos indicados no n.° 3 do artigo 114.° que não seja suprida na sequência de notificação para o efeito;

b) A manifesta ilegitimidade do requerente;

c) A manifesta ilegitimidade da entidade requerida;

d) A manifesta ilegalidade da pretensão formulada.

3. A rejeição com os fundamentos indicados nas alíneas *a*) e *c*) do número anterior não obsta à possibilidade de apresentação de novo requerimento.

4. A rejeição com os fundamentos indicados nas alíneas *b*) e *d*) do n.° 2 não obsta à possibilidade de apresentação de novo requerimento com fundamentos diferentes ou supervenientes em relação aos invocados no requerimento anterior.

ARTIGO 117.°
(Citação dos contra-interessados)

1. Não havendo fundamento para rejeição, o requerimento é admitido, sendo citados para deduzir oposição a entidade requerida e os contra-interessados, se os houver, no prazo de 10 dias.

2. Quando se verifique a situação prevista no n.° 1 do artigo 115.°, a secretaria só expede as citações após a resposta da autoridade requerida ou após o termo do prazo respectivo.

3. A secretaria cita os contra-interessados indicados pelo requerente e, relativamente aos incertos ou de residência desconhecida, emite anúncios que o requerente deva fazer publicar em dois jornais diários de circulação nacional ou local, dependendo do âmbito da matéria em causa, convidando-os a intervir até ao limite do prazo do n.° 6.

4. No caso previsto no número anterior, quando a pretensão esteja relacionada com a impugnação de um acto a que tenha sido dado certo tipo de publicidade, a mesma é também utilizada para o anúncio.

5. Se a providência cautelar for requerida como incidente em processo já intentado e a entidade requerida e os contra-interessados já tiverem sido citados no processo principal, são chamados por mera notificação.

6. Qualquer interessado que não tenha recebido a citação só pode intervir no processo até à conclusão ao juiz ou relator para decisão.

ARTIGO 118.°
(Produção de prova)

1. Na falta de oposição, presumem-se verdadeiros os factos invocados pelo requerente.

2. Nas contestações, a entidade requerida e os contra-interessados podem oferecer meios de prova.

3. Juntas as contestações ou decorrido o respectivo prazo, o processo é concluso ao juiz, que pode ordenar as diligências de prova que considere necessárias.

4. As testemunhas oferecidas são apresentadas pelas partes no dia e no local designados para a inquirição, não havendo adiamento por falta das testemunhas ou dos mandatários.

ARTIGO 119.°
(Prazo para a decisão)

1. O juiz ou relator profere decisão no prazo de cinco dias contado da data da apresentação da última contestação ou do decurso do respectivo prazo, ou da produção de prova, quando esta tenha tido lugar.

2. O relator pode submeter o julgamento da providência à apreciação da conferência, quando a complexidade da matéria o justifique.

3. O presidente do tribunal de círculo pode determinar, por proposta do juiz do processo, que a questão seja decidida em conferência de três juízes.

ARTIGO 120.°
(Critérios de decisão)

1. Sem prejuízo do disposto nos números seguintes, as providências cautelares são adoptadas:

a) Quando seja evidente a procedência da pretensão formulada ou a formular no processo principal, designadamente por estar em causa a impugnação de acto manifestamente ilegal, de acto de aplicação de norma já anteriormente anulada ou de acto idêntico a outro já anteriormente anulado ou declarado nulo ou inexistente;

b) Quando, estando em causa a adopção de uma providência conservatória, haja fundado receio da constituição de uma situação de facto consumado ou da produção de prejuízos de difícil reparação para os interesses que o requerente visa assegurar no processo principal e não seja manifesta a falta de fundamento da pretensão formulada ou a formular nesse processo ou a existência de circunstâncias que obstem ao seu conhecimento de mérito;

c) Quando, estando em causa a adopção de uma providência antecipatória, haja fundado receio da constituição de uma situação de facto consumado ou da produção de prejuízos de difícil reparação para os interesses que o requerente pretende ver reconhecidos no processo principal e seja provável que a pretensão formulada ou a formular nesse processo venha a ser julgada procedente.

2. Nas situações previstas nas alíneas *b*) e *c*) do número anterior, a adopção da providência ou das providências será recusada quando, devidamente ponderados os interesses públicos e privados, em presença, os danos que resultariam da sua concessão se mostrem superiores àqueles que podem resultar da sua recusa, sem que possam ser evitados ou atenuados pela adopção de outras providências.

3. As providências cautelares a adoptar devem limitar-se ao necessário para evitar a lesão dos interesses defendidos pelo requerente, podendo o tribunal, ouvidas as partes, adoptar outra ou outras providências, em cumulação ou em substituição daquela ou daquelas que tenham sido concretamente requeridas, quando tal se revele adequado a evitar a lesão desses interesses e seja menos gravoso para os demais interesses, públicos ou privados, em presença.

4. Se os potenciais prejuízos para os interesses, públicos ou privados, em conflito com os do requerente forem integralmente reparáveis mediante indemnização pecuniária, o tribunal pode, para os efeitos do disposto no número anterior, impor ao requerente a prestação de garantia por uma das formas previstas na lei tributária.

5. Na falta de contestação da autoridade requerida ou da alegação de que a adopção das providências cautelares pedidas prejudica o interesse público, o tribunal julga verificada a inexistência de tal lesão, salvo quando esta seja manifesta ou ostensiva.

7. Quando no processo principal esteja apenas em causa o pagamento da quantia certa, sem natureza sancionatória, as providências cautelares são adoptadas, independentemente da verificação dos requisitos previstos no n.° 1, se tiver sido prestada garantia por uma das formas previstas na lei tributária.

ARTIGO 121.°
(Decisão da causa principal)

1. Quando a manifesta urgência na resolução definitiva do caso, atendendo à natureza das questões e à gravidade dos interesses envolvidos, permita concluir que a situação não se compadece com a adopção de uma simples providência cautelar e tenham sido trazidos ao processo todos os elementos necessários para o efeito, o tribunal pode, ouvidas as partes pelo prazo de 10 dias, antecipar o juízo sobre a causa principal.

2. A decisão de antecipar o juízo sobre a causa principal é passível de impugnação nos termos gerais.

ARTIGO 122.°
(Efeitos da decisão)

1. A decisão sobre a adopção de providências cautelares é urgentemente notificada à autoridade requerida, para cumprimento imediato.

2. As providências cautelares podem ser sujeitas a termo ou condição.

3. Na falta de determinação em contrário, as providências cautelares subsistem até caducarem ou até que seja proferida decisão sobre a sua alteração ou revogação.

ARTIGO 123.°
(Caducidade das providências)

1. As providências cautelares caducam nos seguintes casos:

a) Se o requerente não fizer uso, no respectivo prazo, do meio contencioso adequado à tutela dos interesses a que o pedido de adopção de providência cautelar se destinou;

b) Se, tendo o requerente feito uso desses meios, o correspondente processo estiver parado durante mais de três meses por negligência sua em promover os respectivos termos ou de algum incidente de que dependa o andamento do processo;

c) Se, no processo utilizado nos termos da alínea *a*), for proferida decisão desfavorável à pretensão do requerente que não seja impugnada dentro do prazo legal ou não seja susceptível de impugnação;

d) Se esse processo findar por extinção da instância e o requerente não intentar novo processo, nos casos em que a lei o permita, dentro do prazo fixado para o efeito;

e) Se se extinguir o direito ou interesse a cuja tutela a providência se destina;

f) Quando se verifique o trânsito em julgado da decisão que ponha termo ao processo principal, no caso de ser desfavorável ao requerente;

g) Se for executada decisão que ponha termo ao processo principal, em sentido favorável ao requerente.

2. Quando a tutela dos interesses a que a providência cautelar se destina seja assegurada, por via contenciosa não sujeita a prazo, deve o requerente, para efeitos da alínea *a*) do número anterior, usar essa via no prazo de três meses contado desde o trânsito em julgado da decisão.

3. A caducidade da providência cautelar é declarada pelo tribunal, oficiosamente ou a pedido fundamentado de qualquer interessado, com audição das partes.

4. Apresentado o requerimento, o juiz ordena a notificação do requerente da providência para responder no prazo de sete dias.

5. Concluídas as diligências que se mostrem necessárias, o juiz decide sobre o pedido no prazo de cinco dias.

ARTIGO 124.°
(Alteração e revogação das providências)

1. A decisão tomada no sentido de adoptar ou recusar a adopção de providências cautelares pode ser revogada, alterada ou substituída na pendência da causa principal, por iniciativa do próprio tribunal ou a requerimento de qualquer dos interessados ou do Ministério Público, quando tenha sido este o requerente, com fundamento na alteração das circunstâncias inicialmente existentes.

2. À situação prevista no número anterior é aplicável, com as devidas adaptações, o preceituado nos n.ºs 3 a 5 do artigo anterior.

3. É, designadamente, relevante, para os efeitos do disposto no n.° 1, a eventual improcedência da causa principal, decidida por sentença de que tenha sido interposto recurso com efeito suspensivo.

ARTIGO 125.°
(Notificação e publicação)

1. A alteração e a revogação das providências cautelares, bem como a declaração da respectiva caducidade, são imediatamente notificadas ao requerente, à entidade requerida e aos contra-interessados.

2. A adopção de providências cautelares que se refiram à vigência de normas ou à eficácia de actos administrativos que afectem uma pluralidade de pessoas é publicada nos termos previstos para as decisões finais de provimento dos respectivos processos impugnatórios.

ARTIGO 126.°
(Indemnização)

1. O requerente responde pelos danos que, com dolo ou negligência grosseira, tenha causado ao requerido e aos contra-interessados.

2. Quando as providências cessem por causa diferente da execução de decisão do processo principal favorável ao requerente, a Administração ou os terceiros lesados pela sua adopção podem solicitar a indemnização que lhes seja devida ao abrigo do disposto no número anterior, no prazo de um ano a contar da notificação prevista no n.° 1 do artigo anterior.

3. Decorrido o prazo referido no número anterior sem que tenha sido pedida qualquer indemnização, é autorizado o levantamento da garantia, quando exista.

ARTIGO 127.°
(Garantia da providência)

1. A pronúncia judicial que decrete uma providência cautelar pode ser objecto de execução forçada pelas formas previstas neste Código para o processo executivo.

2. Quando a providência decretada exija da Administração a adopção de providências infungíveis, de conteúdo positivo ou negativo, o tribunal pode condenar de imediato o titular do órgão competente ao pagamento da sanção pecuniária compulsória que se mostre adequada a assegurar a efectividade da providência decretada, sendo, para o efeito, aplicável o disposto no artigo 169.°

3. Sem prejuízo do disposto no número anterior, os órgãos ou agentes que infrinjam a providência cautelar decretada ficam sujeitos à responsabilidade prevista no artigo 159.°

CAPÍTULO II
Disposições particulares

ARTIGO 128.°
(Proibição de executar o acto administrativo)

1. Quando seja requerida a suspensão da eficácia de um acto administrativo, a autoridade administrativa, recebido o duplicado do requerimento, não pode iniciar ou prosseguir e execução, salvo se, mediante resolução fundamentada, reconhecer, no prazo de 15 dias, que o diferimento da execução seria gravemente prejudicial para o interesse público.

2. Sem prejuízo do previsto na parte final do número anterior, deve a autoridade que receba o duplicado impedir, com urgência, que os serviços competentes ou os interessados procedam ou continuem a proceder à execução do acto.

3. Considera-se indevida a execução quando falte a resolução prevista no n.° 1 ou o tribunal julgue improcedentes as razões em que aquela se fundamenta.

4. O interessado pode requerer ao tribunal onde penda o processo de suspensão da eficácia, até ao trânsito em julgado da sua decisão, a declaração de ineficácia dos actos de execução indevida.

5. O incidente é processado nos autos do processo de suspensão da eficácia.

6. Requerida a declaração de ineficácia dos actos de execução indevida, o juiz ou relator ouve os interessados no prazo de cinco dias, tomando de imediato a decisão.

ARTIGO 129.°
(Suspensão da eficácia do acto já executado)

A execução de um acto não obsta à suspensão da sua eficácia quando desta possa advir, para o requerente ou para os interesses que este defenda ou venha a defender, no processo principal, utilidade relevante no que toca aos efeitos que o acto ainda produza ou venha a produzir.

ARTIGO 130.°
(Suspensão da eficácia de normas)

1. O interessado na declaração da ilegalidade de norma emitida ao abrigo de disposições de direito administrativo cujos efeitos se produzam imediatamente, sem dependência de um acto administrativo ou jurisdicional de aplicação, pode requerer a suspensão da eficácia dessa norma, com efeitos circunscritos ao seu caso.

2. Pode pedir a suspensão, com alcance geral, dos efeitos de qualquer norma quem tenha deduzido ou se proponha deduzir pedido de declaração de ilegalidade dessa norma com força obrigatória geral.

3. Se o requerente não for o Ministério Público, o deferimento do pedido referido no número anterior depende da demonstração de que a aplicação da norma em causa foi recusada por qualquer tribunal, em três casos concretos, com fundamento na sua ilegalidade.

4. Aos casos previstos no presente artigo aplica-se, com as adaptações que forem necessárias, o disposto no capítulo I e nos dois artigos precedentes.

ARTIGO 131.°
(Decretamento provisório da providência)

1. Quando a providência cautelar se destine a tutelar direitos, liberdades e garantias que de outro modo não possam ser exercidos em tempo útil ou quando entenda haver especial urgência, pode o interessado pedir o decretamento provisório da providência.

2. Uma vez distribuído, o processo é concluso ao juiz ou relator com a maior urgência.

3. Quando a petição permita reconhecer a possibilidade de lesão iminente e irreversível do direito, liberdade ou garantia invocado ou outra situação de especial urgência, o juiz ou relator pode, colhidos os elementos a que tenha acesso imediato e sem quaisquer outras formalidades ou diligências, decretar provisoriamente a providência requerida ou aquela que julgue mais adequada no prazo de quarenta e oito horas.

4. Quando as circunstâncias o imponham, a audição do requerido pode ser realizada por qualquer meio de comunicação que se revele adequado.

5. A decisão provisória não é susceptível de qualquer meio impugnatório.

6. Decretada a providência provisória, a decisão é notificada de imediato às autoridades que a devam cumprir, nos termos gerais para os actos urgentes, e é dado às partes o prazo de cinco dias para se pronunciarem sobre a possibilidade do levantamento, manutenção ou alteração da providência, sendo, em seguida, o processo concluso, por cinco dias, ao juiz ou relator, para proferir decisão confirmando ou alterando o decidido.

ARTIGO 132.°
(Providências relativas a procedimentos de formação de contratos)

1. Quando esteja em causa a anulação ou declaração de nulidade ou inexistência jurídica de actos administrativos relativos à formação de contratos, podem ser requeridas providências destinadas a corrigir a ilegalidade ou a impedir que sejam causados outros danos aos interesses em presença, incluindo a suspensão do procedimento de formação do contrato.

2. Para os efeitos do disposto no número anterior, são equiparados a actos administrativos os actos praticados por sujeitos privados, no âmbito de procedimentos pré-contratuais de direito público.

3. Aplicam-se, neste domínio, as regras do capítulo anterior, com ressalva do disposto nos números seguintes.

4. O requerimento deve ser instruído com todos os elementos de prova.

5. A autoridade requerida e os contra-interessados dispõem do prazo de sete dias para responderem.

6. Sem prejuízo do disposto na alínea *a*) do n.° 1 do artigo 120.°, a concessão da providência depende do juízo de probabilidade do tribunal quanto a saber se, ponderados os interesses susceptíveis de serem lesados, os danos que resultariam da adopção da providência são superiores aos prejuízos que podem resultar da sua não adopção, sem que tal lesão possa ser evitada ou atenuada pela adopção de outras providências.

7. Quando, logo no processo cautelar, o juiz considere demonstrada a ilegalidade de especificações contidas nos documentos do concurso que era invocada como fundamento do processo principal, pode determinar a sua correcção, decidindo, desse modo, o fundo da causa, segundo o disposto no artigo 121.°

ARTIGO 133.°
(Regulação provisória do pagamento de quantias)

1. Quando o alegado incumprimento do dever de a Administração realizar prestações pecuniárias provoque uma situação de grave carência económica, pode o interessado requerer ao tribunal, a título de regulação provisória, e sem necessidade da prestação de garantia, a intimação da entidade competente a prestar as quantias indispensáveis a evitar a situação de carência.

2. A regulação provisória é decretada quando:

a) Esteja adequadamente comprovada a situação de grave carência económica;

b) Seja de prever que o prolongamento dessa situação possa acarretar consequências graves e dificilmente reparáveis;

c) Seja provável que a pretensão formulada ou a formular nesse processo venha a ser julgada procedente.

3. As quantias percebidas não podem exceder as que resultariam do reconhecimento dos direitos invocados pelo requerente, considerando-se o respectivo processamento como feito por conta das prestações alegadamente devidas em função das prestações não realizadas.

ARTIGO 134.°
(Produção antecipada de prova)

1. Havendo justo receio de vir a tornar-se impossível ou muito difícil o depoimento de certas pessoas ou a verificação de certos factos por meio de prova pericial ou por inspecção, pode o depoimento, o arbitramento ou a inspecção realizar-se antes de intentado o processo.

2. O requerimento, a apresentar com tantos duplicados quantas as pessoas a citar ou notificar, deve justificar sumariamente a necessidade da antecipação de prova, mencionar com precisão os factos sobre que esta hão-de recair, especificar os meios de prova a produzir, identificar as pessoas que hão-de ser ouvidas, se for caso disso, e indicar, com a possível concretização, o pedido e os fundamentos da causa a propor, bem como a pessoa ou o órgão em relação aos quais se pretende fazer uso da prova.

3. A pessoa ou o órgão referido é notificado para intervir nos actos de preparação e produção de prova ou para deduzir oposição no prazo de três dias.

4. Quando a notificação não possa ser feita a tempo de, com grande probabilidade, se realizar a diligência requerida, a pessoa ou o órgão são notificados da realização da diligência, tendo a faculdade de requerer, no prazo de sete dias, a sua repetição, se esta for possível.

5. Se a causa principal vier a correr noutro tribunal, para aí é remetido o apenso, ficando o juiz da acção com exclusiva competência para os termos subsequentes à remessa.

6. O disposto nos n.os 1 a 4 é aplicável, com as necessárias adaptações, aos pedidos de antecipação de prova em processo já intentado.

TÍTULO VI
Dos conflitos de competência jurisdicional e de atribuições

ARTIGO 135.°
(Lei aplicável)

1. Aos processos de conflito entre tribunais da jurisdição administrativa e fiscal ou entre órgãos administrativos é aplicável, com as necessárias adaptações, o disposto na lei processual civil, salvo o preceituado nos artigos seguintes.

2. O processo impugnatório a que se refere a alínea *a*) do n.° 2 do artigo 42.° do Código do Procedimento Administrativo rege-se pelos preceitos próprios da acção administrativa especial, com as seguintes especialidades:

a) Os prazos são reduzidos a metade;

b) O autor do primeiro acto é chamado ao processo na fase da resposta da entidade demandada e no mesmo prazo para se pronunciar;

c) Só é admitida prova documental;

d) Não são admissíveis alegações;

e) Da sentença não cabe qualquer recurso.

ARTIGO 136.°
(Pressupostos)

A resolução dos conflitos pode ser requerida por qualquer interessado e pelo Ministério Público no prazo de um ano contado da data em que se torne inimpugnável a última das decisões.

ARTIGO 137.°
(Resposta)

Não há lugar a resposta do Supremo Tribunal Administrativo e do Tribunal Central Administrativo quando o conflito respeite à competência de qualquer das suas secções.

ARTIGO 138.°
(Decisão provisória)

Se da inacção das autoridades em conflito puder resultar grave prejuízo, o relator designa a autoridade que deve exercer provisoriamente a competência em tudo o que seja urgente.

ARTIGO 139.°
(Decisão)

1. A decisão que resolva o conflito, além de especificar a autoridade ou tribunal competente, determina a invalidade do acto ou decisão da autoridade ou tribunal incompetente.

2. Quando razões de equidade ou de interesse público especialmente relevante o justifiquem, a decisão pode excluir os actos preparatórios da declaração de invalidade.

TÍTULO VII
Dos recursos jurisdicionais

CAPÍTULO I
Disposições gerais

ARTIGO 140.°
(Regime aplicável)

Os recursos ordinários das decisões jurisdicionais proferidas pelos tribunais administrativos regem-se pelo disposto na lei processual civil, com as necessárias adaptações, e são processados como os recursos de agravo, sem prejuízo do estabelecido na presente lei e no Estatuto dos Tribunais Administrativos e Fiscais.

ARTIGO 141.°
(Legitimidade)

1. Pode interpor recurso ordinário de uma decisão jurisdicional proferida por um tribunal administrativo quem nela tenha ficado vencido e o Ministério Público, se a decisão tiver sido proferida com violação de disposições ou princípios constitucionais ou legais.

2. Nos processos impugnatórios, considera-se designadamente vencido, para o efeito do disposto no número anterior, o autor que, tendo invocado várias causas de invalidade contra o mesmo acto administrativo, tenha decaído relativamente à verificação de alguma delas, na medida em que o reconhecimento, pelo tribunal de recurso, da existência dessa causa de invalidade impeça ou limite a possibilidade de renovação do acto anulado.

3. Ainda que um acto administrativo tenha sido anulado com fundamento na verificação de diferentes causas de invalidade, a sentença pode ser impugnada com base na inexistência de apenas uma dessas causas de invalidade, na medida em que do reconhecimento da inexistência dessa causa de invalidade dependa a possibilidade de o acto anulado vir a ser renovado.

ARTIGO 142.°
(Decisões que admitem recurso)

1. O recurso das decisões que, em primeiro grau de jurisdição, tenham conhecido do mérito da causa é admitido nos processos de valor superior à alçada do tribunal do qual se recorre.

2. Para os efeitos do disposto no número anterior, consideram-se incluídas nas decisões sobre o mérito da causa as que, em sede executiva, declarem a existência de causa legítima de inexecução, pronunciem a invalidade de actos desconformes ou fixem indemnizações fundadas na existência de causa legítima de inexecução.

3. Para além dos casos previstos na lei processual civil, é sempre admissível recurso, seja qual for o valor da causa, das decisões:

a) De improcedência de pedidos de intimação para protecção de direitos, liberdades e garantias;

b) Proferidas em matéria sancionatória;

c) Proferidas contra jurisprudência uniformizada pelo Supremo Tribunal Administrativo;

d) Que ponham termo ao processo sem se pronunciarem sobre o mérito da causa.

4. O recurso de revista para o Supremo Tribunal Administrativo só é admissível nos casos e termos previstos no capítulo seguinte.

5. As decisões proferidas em despachos interlocutórios devem ser impugnadas no recurso que venha a ser interposto da decisão final, excepto nos casos de subida imediata previstos no Código de Processo Civil.

ARTIGO 143.°
(Efeitos dos recursos)

1. Salvo o disposto em lei especial, os recursos têm efeito suspensivo da decisão recorrida.

2. Os recursos interpostos de intimações para protecção de direitos, liberdades e garantias e de decisões respeitantes à adopção de providências cautelares têm efeito meramente devolutivo.

3. Quando a suspensão dos efeitos da sentença seja passível de originar situações de facto consumado ou a produção de prejuízos de difícil reparação para a parte vencedora ou para os interesses, públicos ou privados, por ela prosseguidos, pode ser requerido ao tribunal para o qual se recorre que ao recurso seja atribuído efeito meramente devolutivo.

4. Quando a atribuição de efeito meramente devolutivo ao recurso possa ser causadora de danos, o tribunal pode determinar a adopção de providências adequadas a evitar ou minorar esses danos e impor a prestação, pelo interessado, de garantia destinada a responder pelos mesmos.

5. A atribuição de efeito meramente devolutivo ao recurso é recusada quando os danos que dela resultariam se mostrem superiores àqueles que podem resultar da sua não atribuição, sem que a lesão possa ser evitada ou atenuada pela adopção de providências adequadas a evitar ou minorar esses danos.

ARTIGO 144.°
(Interposição de recurso e alegações)

1. O prazo para a interposição de recurso é de 30 dias e conta-se a partir da notificação da decisão recorrida.

2. O recurso é interposto mediante requerimento que inclui ou junta a respectiva alegação e no qual são enunciados os vícios imputados à sentença.

3. Salvo o disposto no número seguinte, do despacho que não admita o recurso ou o retenha pode o recorrente reclamar para o presidente do tribunal que seria competente para dele conhecer, segundo o disposto na lei processual civil, com as necessárias adaptações.

4. Do despacho do relator que não receba o recurso interposto de decisão da secção de contencioso administrativo do Supremo Tribunal Administrativo para o pleno do mesmo Tribunal ou o retenha cabe reclamação para a conferência e da decisão desta não há recurso.

ARTIGO 145.°
(Notificação dos recorridos e subida do recurso)

1. Recebido o requerimento, a secretaria promove oficiosamente a notificação do recorrido ou recorridos para alegarem no prazo de 30 dias.

2. Recebidas as contra-alegações ou expirado o prazo para a sua apresentação, o recurso sobe acompanhado de cópia impressa ou dactilografada da decisão recorrida, ou do correspondente suporte informático.

ARTIGO 146.°
(Intervenção do Ministério Público, conclusão ao relator e aperfeiçoamento das alegações de recurso)

1. Recebido o processo no tribunal de recurso e efectuada a distribuição, a secretaria notifica o Ministério Público, quando este não se encontre na posição de recorrente ou recorrido, para, querendo, se pronunciar, no prazo de 10 dias, sobre o mérito do recurso, em defesa dos direitos fundamentais dos cidadãos, de interesses públicos especialmente relevantes ou de algum dos valores ou bens referidos no n.° 2 do artigo 9.°

2. No caso de o Ministério Público exercer a faculdade que lhe é conferida no número anterior, as partes são notificadas para responder no prazo de 10 dias.

3. Cumpridos os trâmites previstos nos números anteriores, os autos são conclusos ao relator, que ordena a notificação do recorrente para se pronunciar, no prazo de 10 dias, sobre as questões prévias de conhecimento oficioso ou que tenham sido suscitadas pelos recorridos.

4. Quando o recorrente, na alegação de recurso contra sentença proferida em processo impugnatório, se tenha limitado a reafirmar os vícios imputados ao acto impugnado, sem formular conclusões ou sem que delas seja possível deduzir quais os concretos aspectos de facto que considera incorrectamente julgados ou as normas jurídicas que considera terem sido violadas pelo tribunal recorrido, o relator deve convidá-lo a apresentar, completar ou esclarecer as conclusões formuladas, no prazo de 10 dias, sob pena de não se conhecer do recurso na parte afectada.

5. No caso previsto no número anterior, a parte contrária é notificada da apresentação de aditamento ou esclarecimento pelo recorrente, podendo responder no prazo de 10 dias.

ARTIGO 147.°
(Processos urgentes)

1. Nos processos urgentes, os recursos são interpostos no prazo de 15 dias e sobem imediatamente, no processo principal ou no apenso em que a decisão tenha sido proferida, quando o processo esteja findo no tribunal recorrido, ou sobem em separado, no caso contrário.

2. Os prazos a observar durante o recurso são reduzidos a metade e o julgamento pelo tribunal superior tem lugar, com prioridade sobre os demais processos, na sessão imediata à conclusão do processo para decisão.

ARTIGO 148.°
(Julgamento ampliado do recurso)

1. O Presidente do Supremo Tribunal Administrativo ou o do Tribunal Central Administrativo podem determinar que no julgamento de um recurso intervenham todos os juízes da secção quando tal se revele necessário ou conveniente para assegurar a uniformidade da jurisprudência, sendo o quórum de dois terços.

2. O julgamento nas condições previstas no número anterior pode ser requerido pelas partes e deve ser proposto pelo relator ou pelos adjuntos, designadamente quando se verifique a possibilidade de vencimento de solução jurídica em oposição com jurisprudência anteriormente firmada no domínio da mesma legislação e sobre a mesma questão fundamental de direito.

3. Determinado o julgamento por todos os juízes da secção, nos termos previstos nos números anteriores, o relator determina a extracção de cópia das peças processuais relevantes para o conhecimento do objecto do recurso, as quais são entregues a cada um dos juízes, permanecendo o processo, para consulta, na secretaria do tribunal.

4. O acórdão é publicado na 1.ª ou na 2.ª série do *Diário da República*, consoante seja proferido pelo Supremo Tribunal Administrativo ou pelo Tribunal Central Administrativo.

CAPÍTULO II
Recursos ordinários

ARTIGO 149.°
(Poderes do tribunal de apelação)

1. Ainda que declare nula a sentença, o tribunal de recurso não deixa de decidir o objecto da causa, conhecendo do facto e do direito.

2. No caso de haver lugar à produção de prova em sede de recurso, é aplicável às diligências ordenadas, com as necessárias adaptações, o preceituado quanto à instrução, discussão, alegações e julgamento em primeira instância.

3. Se o tribunal recorrido tiver julgado do mérito da causa, mas deixado de conhecer de certas questões, designadamente por as considerar prejudicadas pela solução dada ao litígio, o tribunal superior, se entender que o recurso procede e que nada obsta à apreciação daquelas questões, conhece delas no mesmo acórdão em que revoga a decisão recorrida.

4. Se, por qualquer motivo, o tribunal recorrido não tiver conhecido do pedido, o tribunal de recurso, se julgar que o motivo não procede e que nenhum outro obsta a que se conheça do mérito da causa, conhece deste no mesmo acórdão em que revoga a decisão recorrida.

5. Nas situações previstas nos números anteriores, o relator, antes de ser proferida decisão, ouve cada uma das partes pelo prazo de 10 dias.

ARTIGO 150.°
(Recurso de revista)

1. Das decisões proferidas em 2.ª instância pelo Tribunal Central Administrativo pode haver, excepcionalmente, revista para o Supremo Tribunal Administrativo quando esteja em causa a apreciação de uma questão que, pela sua relevância jurídica ou social, se revista de importância fundamental ou quando a admissão do recurso seja claramente necessária para uma melhor aplicação do direito.

2. A revista só pode ter como fundamento a violação de lei substantiva ou processual.

3. Aos factos materiais fixados pelo tribunal recorrido, o tribunal de revista aplica definitivamente o regime jurídico que julgue adequado.

4. O erro na apreciação das provas e na fixação dos factos materiais da causa não pode ser objecto de revista, salvo havendo ofensa de uma disposição expressa de lei que exija certa espécie de prova para a existência do facto ou que fixe a força de determinado meio de prova.

5. A decisão quanto à questão de saber se, no caso concreto, se preenchem os pressupostos do n.° 1 compete ao Supremo Tribunal Administrativo, devendo ser objecto de apreciação preliminar sumária, a cargo de uma formação constituída por três juízes de entre os mais antigos da Secção de Contencioso Administrativo.

ARTIGO 151.°
(Revista *per saltum* para o Supremo Tribunal Administrativo)

1. Quando o valor da causa seja superior a três milhões de euros ou seja indeterminável e as partes, nas suas alegações, suscitem apenas questões de direito, o recurso interposto de decisão de mérito proferida por um tribunal administrativo de círculo sobe directamente ao Supremo Tribunal Administrativo, como revista à qual é aplicável o disposto nos n.os 2 a 4 do artigo anterior.

2. O disposto no número anterior não se aplica a processos respeitantes a questões de funcionalismo público ou relacionadas com formas públicas ou privadas de protecção social.

3. Se, remetido o processo ao Supremo Tribunal Administrativo, o relator entender que as questões suscitadas ultrapassam o âmbito da revista, determina, mediante decisão definitiva, que o processo baixe ao Tribunal Central Administrativo, para que o recurso aí seja julgado como apelação, com aplicação do disposto no artigo 149.°

4. Se o relator admitir o recurso, pode haver reclamação para a conferência, nos termos gerais.

ARTIGO 152.°
(Recurso para uniformização de jurisprudência)

1. As partes e o Ministério Público podem dirigir ao Supremo Tribunal Administrativo, no prazo de 30 dias contado do trânsito em julgado do acórdão impugnado, pedido de admissão de recurso para uniformização de jurisprudência, quando, sobre a mesma questão fundamental de direito, exista contradição:

a) Entre acórdão do Tribunal Central Administrativo e acórdão anteriormente proferido pelo mesmo Tribunal ou pelo Supremo Tribunal Administrativo;

b) Entre dois acórdãos do Supremo Tribunal Administrativo.

2. A petição de recurso é acompanhada de alegação na qual se identifiquem, de forma precisa e circunstanciada, os aspectos de identidade que determinam a contradição alegada e a infracção imputada à sentença recorrida.

3. O recurso não é admitido se a orientação perfilhada no acórdão impugnado estiver de acordo com a jurisprudência mais recentemente consolidada do Supremo Tribunal Administrativo.

4. O recurso é julgado pelo pleno da secção e o acórdão é publicado na 1.ª série do *Diário da República.*

5. A decisão de provimento emitida pelo tribunal superior não afecta qualquer sentença anterior àquela que tenha sido impugnada nem as situações jurídicas ao seu abrigo constituídas.

6. A decisão que verifique a existência da contradição alegada anula a sentença impugnada e substitui-a, decidindo a questão controvertida.

ARTIGO 153.°
(Relator por vencimento)

1. Quando, no pleno da secção, o relator fique vencido quanto à decisão ou a todos os fundamentos desta, o acórdão é lavrado por juiz a determinar por sorteio, de entre os que tenham feito vencimento.

2. Dos sorteios vão sendo sucessivamente excluídos os juízes que já tenham relatado por vencimento.

CAPÍTULO III
Recurso de revisão

ARTIGO 154.°
(Objecto)

1. A revisão de sentença transitada em julgado pode ser pedida ao tribunal que a tenha proferido, sendo subsidiariamente aplicável o disposto no Código de Processo Civil, no que não colida com o que se estabelece nos artigos seguintes.

2. No processo de revisão, pode ser cumulado o pedido de indemnização pelos danos sofridos.

ARTIGO 155.º
(Legitimidade)

1. Têm legitimidade para requerer a revisão, com qualquer dos fundamentos previstos no Código de Processo Civil, o Ministério Público e as partes no processo.

2. Tem igualmente legitimidade para requerer a revisão quem, devendo ser obrigatoriamente citado no processo, não o tenha sido e quem, não tendo tido a oportunidade de participar no processo, tenha sofrido ou esteja em vias de sofrer a execução da decisão a rever.

ARTIGO 156.º
(Tramitação)

1. Uma vez admitido o recurso, o juiz ou relator manda apensá-lo ao processo a que respeita, que para o efeito é avocado ao arquivo onde se encontre, e ordena a notificação de todos os que tenham intervido no processo em que foi proferida a decisão a rever.

2. O processo tem o seguimento estabelecido para aquele em que tenha sido proferida a decisão a rever, sendo a questão novamente julgada e mantida ou revogada, a final, a decisão recorrida.

TÍTULO VIII
Do processo executivo

CAPÍTULO I
Disposições gerais

ARTIGO 157.º
(Âmbito de aplicação)

1. A execução das sentenças proferidas pelos tribunais administrativos contra entidades públicas é regulada nos termos do presente título.

2. A execução das sentenças proferidas pelos tribunais administrativos contra particulares também corre nos tribunais administrativos, mas rege-se pelo disposto na lei processual civil.

3. Quando haja acto administrativo inimpugnável de que resulte um direito para um particular e a que a Administração não dê a devida execução, ou exista outro título executivo pssível de ser accionado contra ela, pode o interessado lançar mão das vias previstas no presente título para obter a correspondente execução judicial.

4. Sem prejuízo do disposto em lei especial, o preceituado no número anterior é, designadamente, aplicável para obter a emissão de sentença que produza os efeitos de alvará ilegalmente recusado ou omitido.

ARTIGO 158.°
(Obrigatoriedade das decisões judiciais)

1. As decisões dos tribunais administrativos são obrigatórias para todas as entidades públicas e privadas e prevalecem sobre as de quaisquer autoridades administrativas.

2. A prevalência das decisões dos tribunais administrativos sobre as das autoridades administrativas implica a nulidade de qualquer acto administrativo que desrespeite uma decisão judicial e faz incorrer os seus autores em responsabilidade civil, criminal e disciplinar, nos termos previstos no artigo seguinte.

ARTIGO 159.°
(Inexecução ilícita das decisões judiciais)

1. Para além dos casos em que, por acordo do interessado ou declaração judicial, nos termos previstos no presente título, seja considerada justificada por causa legítima, a inexecução, por parte da Administração, de sentença proferida por um tribunal administrativo envolve:

a) Responsabilidade civil, nos termos gerais, quer da Administração quer das pessoas que nela desempenhem funções;

b) Responsabilidade disciplinar, também nos termos gerais, dessas mesmas pessoas.

2. A inexecução também importa a pena de desobediência, sem prejuízo de outro procedimento especialmente fixado na lei, quando, tendo a

Administração sido notificada para o efeito, o órgão administrativo competente:

a) Manifeste a inequívoca intenção de não dar execução à sentença, sem invocar a existência de causa legítima de inexecução;

b) Não proceda à execução nos termos que a sentença tinha estabelecido ou que o tribunal venha a definir no âmbito do processo de execução.

ARTIGO 160.°
(Eficácia da sentença)

1. Os prazos dentro dos quais se impõe à Administração a execução das sentenças proferidas pelos tribunais administrativos correm a partir do respectivo trânsito em julgado.

2. Quando a sentença tenha sido objecto de recurso a que tenha sido atribuído efeito meramente devolutivo, os prazos correm com a notificação à Administração da decisão mediante a qual o tribunal tenha atribuído efeito meramente devolutivo ao recurso.

ARTIGO 161.°
(Extensão dos efeitos da sentença)

1. Os efeitos de uma sentença transitada em julgado que tenha anulado um acto administrativo desfavorável ou reconhecido uma situação jurídica favorável a uma ou várias pessoas podem ser estendidos a outras que se encontrem na mesma situação jurídica, quer tenham recorrido ou não à via judicial, desde que, quanto a estas, não exista sentença transitada em julgado.

2. O disposto no número anterior vale apenas para situações em que existam vários casos perfeitamente idênticos, nomeadamente no domínio do funcionalismo público e no âmbito de concursos, e só quando, no mesmo sentido, tenham sido proferidas cinco sentenças transitadas em julgado ou, existindo situações de processos em massa, nesse sentido tenham sido decididos em três casos os processos seleccionados segundo o disposto no artigo 48.°

3. Para o efeito do disposto no n.° 1, o interessado deve apresentar, no prazo de um ano contado da data da última notificação de quem tenha sido parte no processo em que a sentença foi proferida, um requerimento dirigido à entidade administrativa que, nesse processo, tenha sido demandada.

4. Indeferida a pretensão ou decorridos três meses sem decisão da Administração, o interessado pode requerer, no prazo de dois meses, ao tribunal que tenha proferido a sentença, a extensão dos respectivos efeitos e a sua execução em seu favor, sendo aplicáveis, com as devidas adaptações, os trâmites previstos no presente título para a execução das sentenças de anulação de actos administrativos.

5. A extensão dos efeitos da sentença, no caso de existirem contra-interessados que não tenham tomado parte no processo em que ela foi proferida, só pode ser requerida se o interessado tiver lançado mão, no momento próprio, da via judicial adequada, encontrando-se pendente o correspondente processo.

6. Quando, na pendência de processo impugnatório, o acto impugnado seja anulado por sentença proferida noutro processo, pode o autor fazer uso do disposto nos n.ºs 3 e 4 do presente artigo para obter a execução da sentença de anulação.

CAPÍTULO II
Execução para prestação de factos ou de coisas

ARTIGO 162.°
(Execução espontânea por parte da Administração)

1. Se outro prazo não for por elas próprias fixado, as sentenças dos tribunais administrativos que condenem a Administração à prestação de factos ou à entrega de coisas devem ser espontaneamente executadas pela própria Administração no prazo máximo de três meses, salvo ocorrência de causa legítima de inexecução, segundo o disposto no artigo seguinte.

2. Extinto o órgão ao qual competiria dar execução à sentença ou tendo-lhe sido retirada a competência na matéria, o dever recai sobre o órgão que lhe tenha sucedido ou sobre aquele ao qual tenha sido atribuída aquela competência.

ARTIGO 163.°
(Causas legítimas de inexecução)

1. Só constituem causa legítima de inexecução a impossibilidade absoluta e o grave prejuízo para o interesse público na execução da sentença.

2. A causa legítima de inexecução pode respeitar a toda a decisão ou a parte dela.

3. A invocação de causa legítima de inexecução deve ser fundamentada e notificada ao interessado, com os respectivos fundamentos, dentro do prazo estabelecido no n.° 1 do artigo anterior, e só pode reportar-se a circunstâncias supervenientes ou que a Administração não estivesse em condições de invocar no momento oportuno do processo declarativo.

ARTIGO 164.°
(Petição de execução)

1. Quando a Administração não dê execução espontânea à sentença no prazo estabelecido no n.° 1 do artigo 162.°, pode o interessado pedir a respectiva execução ao tribunal que tenha proferido a sentença em primeiro grau de jurisdição.

2. Caso outra solução não resulte de lei especial, a petição de execução, que é autuada por apenso aos autos em que foi proferida a decisão exequenda, deve ser apresentada no prazo de seis meses contado desde o termo do prazo do n.° 1 do artigo 162.° ou da notificação da invocação de causa legítima de inexecução.

3. Na petição, o exequente pode pedir a declaração de nulidade dos actos desconformes com a sentença, bem como a anulação daqueles que mantenham, sem fundamento válido, a situação ilegal.

4. Na petição, o exequente deve especificar os actos e operações em que entende que a execução deve consistir, podendo requerer, para além da indemnização moratória a que tenha direito:

a) A entrega judicial da coisa devida;

b) A prestação do facto devido por outrem, se o facto for fungível;

c) Estando em causa a prática de acto administrativo legalmente devido de conteúdo vinculado, a emissão pelo próprio tribunal de sentença que produza os efeitos do acto ilegalmente omitido;

d) Estando em causa a prestação de facto infungível, a fixação de um prazo limite, com imposição de uma sanção pecuniária compulsória aos titulares dos órgãos incumbidos de executar a sentença.

5. Se a Administração tiver invocado a existência de causa legítima de inexecução, segundo o disposto no n.° 3 do artigo anterior, deve o exequente deduzir, se for caso disso, as razões da sua discordância e juntar cópia da notificação a que se refere aquele preceito.

6. No caso de concordar com a invocação da existência de causa legítima de inexecução, o exequente pode requerer, no prazo estabelecido no n.° 2, a fixação da indemnização devida, segundo o disposto no artigo 166.°

ARTIGO 165.°
(Oposição à execução)

1. Apresentada a petição, é ordenada a notificação da entidade ou entidades obrigadas para, no prazo de 20 dias, executarem a sentença ou deduzirem a oposição que tenham, podendo o fundamento da oposição consistir na invocação da existência de causa legítima de inexecução da sentença ou da circunstância de esta ter sido entretanto executada.

2. O recebimento da oposição suspende a execução, sendo o exequente notificado para replicar no prazo de 10 dias.

3. No caso de concordar com a oposição deduzida pela Administração, o exequente pode, desde logo, pedir a fixação da indemnização devida, seguindo-se os termos prescritos no artigo seguinte.

4. Junta a réplica do exequente ou expirado o respectivo prazo sem que ele tenha manifestado a sua concordância com a oposição deduzida pela Administração, o tribunal ordena as diligências instrutórias que considere necessárias, findo o que se segue a abertura de vista simultânea aos juízes-adjuntos, caso se trate de tribunal colegial.

5. A oposição é decidida no prazo máximo de 20 dias.

ARTIGO 166.°
(Indemnização por causa legítima de inexecução e conversão da execução)

1. Quando o tribunal julgue procedente a oposição fundada na existência de causa legítima de inexecução, ordena a notificação da Administração e do exequente para, no prazo de 20 dias, acordarem no montante da indemnização devida pelo facto da inexecução, podendo o prazo ser prorrogado se for previsível que o acordo se possa vir a concretizar em momento próximo.

2. Na falta de acordo, o tribunal ordena as diligências instrutórias que considere necessárias, findo o que se segue a abertura de vista simultânea aos juízes-adjuntos, caso se trate de tribunal colegial, fixando o tribunal o montante da indemnização devida no prazo máximo de 20 dias.

3. Se a Administração não ordenar o pagamento devido no prazo de 30 dias contado da data do acordo ou da notificação da decisão judicial que tenha fixado a indemnização devida, seguem-se os termos do processo executivo para pagamento de quantia certa.

ARTIGO 167.°
(Providências de execução)

1. Quando, dentro do prazo concedido para a oposição, a Administração não dê execução à sentença nem deduza oposição, ou a oposição deduzida venha a ser julgada improcedente, o tribunal deve adoptar as providências necessárias para efectivar a execução da sentença, declarando nulos os actos desconformes com a sentença e anulando aqueles que mantenham, sem fundamento válido, a situação ilegal.

2. Quando o órgão competente para executar esteja sujeito a poderes hierárquicos ou de superintendência, o tribunal manda notificar o titular dos referidos poderes para dar execução à sentença em substituição desse órgão.

3. Em ordem à execução das suas sentenças, os tribunais administrativos podem requerer a colaboração das autoridades e agentes da entidade administrativa obrigada bem como, quando necessário, de outras entidades administrativas.

4. Todas as entidades públicas estão obrigadas a prestar a colaboração que, para o efeito do disposto no número anterior, lhes for requerida, sob pena de os responsáveis pela falta de colaboração poderem incorrer no crime de desobediência.

5. Dependendo do caso concreto, o tribunal pode proceder à entrega judicial da coisa devida ou determinar a prestação do facto devido por outrem, se o facto for fungível, sendo aplicáveis, com as necessárias adaptações, as disposições correspondentes do Código de Processo Civil.

6. Estando em causa a prática de acto administrativo legalmente devido de conteúdo vinculado, o próprio tribunal emite sentença que produza os efeitos do acto ilegalmente omitido.

ARTIGO 168.°
(Execução para prestação de facto infungível)

1. Quando, dentro do prazo concedido para a oposição, a Administração não dê execução à sentença nem deduza oposição, ou a oposição deduzida venha a ser julgada improcedente, o tribunal, estando em causa a prestação de um facto infungível, fixa, segundo critérios de razoabilidade, um prazo limite para a realização da prestação e, se não o tiver já feito na sentença condenatória, impõe uma sanção pecuniária compulsória, segundo o disposto no artigo seguinte.

2. Quando tal não resulte já do próprio teor da sentença exequenda, o tribunal especifica ainda, no respeito pelos espaços de valoração próprios do exercício da função administrativa, o conteúdo dos actos e operações que devem ser adoptados, identificando o órgão ou órgãos administrativos responsáveis pela sua adopção.

3. Expirando o prazo a que se refere o n.° 1 sem que a Administração tenha cumprido, pode o exequente requerer ao tribunal a fixação da indemnização que lhe é devida a título de responsabilidade civil pela inexecução ilícita da sentença, seguindo-se os trâmites estabelecidos no n.° 2 do artigo 166.°

ARTIGO 169.°
(Sanção pecuniária compulsória)

1. A imposição de sanção pecuniária compulsória consiste na condenação dos titulares dos órgãos incumbidos da execução, que para o efeito devem ser individualmente identificados, ao pagamento de uma quantia pecuniária por cada dia de atraso que, para além do prazo limite estabelecido, se possa vir a verificar na execução da sentença.

2. A sanção pecuniária compulsória prevista no n.° 1 é fixada segundo critérios de razoabilidade, podendo o seu montante diário oscilar entre 5% e 10% do salário mínimo nacional mais elevado em vigor no momento.

3. Se o órgão ou algum dos órgãos obrigados for colegial, não são abrangidos pela sanção pecuniária compulsória os membros do órgão que votem a favor da execução integral e imediata, nos termos judicialmente estabelecidos, e que façam registar em acta esse voto, nem aqueles que, não estando presentes na votação, comuniquem por escrito ao presidente a sua vontade de executar a sentença.

4. A sanção pecuniária compulsória cessa quando se mostre ter sido realizada a execução integral da sentença, quando o exequente desista do pedido ou quando a execução já não possa ser realizada pelos destinatários da medida, por terem cessado ou sido suspensos do exercício das respectivas funções.

5. A liquidação das importâncias devidas em consequência da imposição de sanções pecuniárias compulsórias, nos termos deste artigo, é feita pelo tribunal, a cada período de três meses, e, a final, uma vez cessada a aplicação da medida, podendo o exequente solicitar a liquidação.

6. As importâncias devidas ao exequente a título de indemnização e aquelas que resultem da aplicação de sanção pecuniária compulsória são cumuláveis, mas a parte em que o valor das segundas exceda o das primeiras constitui receita consignada à dotação anual, inscrita à ordem do Conselho Superior dos Tribunais Administrativos e Fiscais, a que se refere o n.° 3 do artigo 172.°

CAPÍTULO III
Execução para pagamento de quantia certa

ARTIGO 170.°
(Execução espontânea e petição de execução)

1. Se outro prazo não for por elas próprias fixado, as sentenças dos tribunais administrativos que condenem a Administração ao pagamento de quantia certa devem ser espontaneamente executadas pela própria Administração no prazo máximo de 30 dias.

2. Quando a Administração não dê execução à sentença no prazo estabelecido no n.° 1, dispõe o interessado do prazo de seis meses para pedir a respectiva execução ao tribunal competente, podendo, para o efeito, solicitar:

a) A compensação do seu crédito com eventuais dívidas que o onerem para com a mesma pessoa colectiva ou o mesmo ministério;

b) O pagamento, por conta da dotação orçamental inscrita à ordem do Conselho Superior dos Tribunais Administrativos e Fiscais a que se refere o n.° 3 do artigo 172.°

ARTIGO 171.°
(Oposição à execução)

1. Apresentada a petição, é ordenada a notificação da entidade obrigada para pagar, no prazo de 20 dias, ou deduzir oposição fundada na invocação de facto superveniente, modificativo ou extintivo da obrigação.

2. A inexistência de verba ou cabimento orçamental não constitui fundamento de oposição à execução, sem prejuízo de poder ser invocada como causa de exclusão da ilicitude da inexecução espontânea da sentença, para os efeitos do disposto no artigo 159.°

3. O recebimento da oposição suspende a execução, sendo o exequente notificado para replicar no prazo de 10 dias.

4. Junta a réplica do exequente ou expirado o respectivo prazo sem que ele tenha manifestado a sua concordância com a oposição deduzida pela Administração, o tribunal ordena as diligências instrutórias que considere necessárias, findo o que se segue a abertura de vista simultânea aos juízes-adjuntos, caso se trate de tribunal colegial.

5. A oposição é decidida no prazo máximo de 20 dias.

ARTIGO 172.°
(Providências de execução)

1. O tribunal dá provimento à pretensão executiva do autor quando, dentro do prazo concedido para a oposição, a Administração não dê execução à sentença nem deduza oposição ou a eventual alegação da existência de factos supervenientes, modificativos ou extintivos da obrigação venha a ser julgada improcedente.

2. Quando tenha sido requerida a compensação de créditos entre exequente e Administração obrigada, a compensação decretada pelo juiz funciona como título de pagamento total ou parcial da dívida que o exequente tinha para com a Administração, sendo oponível a eventuais reclamações futuras do respectivo cumprimento.

3. No Orçamento do Estado é anualmente inscrita uma dotação à ordem do Conselho Superior dos Tribunais Administrativos e Fiscais, afecta ao pagamento de quantias devidas a título de cumprimento de decisões jurisdicionais, a qual corresponde, no mínimo, ao montante acumulado das condenações decretadas no ano anterior e respectivos juros de mora.

4. Quando o exequente o tenha requerido, o tribunal dá conhecimento da sentença e da situação de inexecução ao Conselho Superior dos Tribunais Administrativos e Fiscais, ao qual cumpre emitir, no prazo de 30 dias, a correspondente ordem de pagamento.

5. Quando a entidade responsável pelo pagamento seja uma pessoa colectiva pertencente à Administração indirecta do Estado, as quantias pagas por ordem do Conselho Superior são descontadas nas transferências a efectuar para aquela entidade no Orçamento do Estado do ano seguinte ou, não havendo transferência, são oficiosamente inscritas no orçamento privativo de tal entidade pelo órgão tutelar ao qual caiba a aprovação do orçamento.

6. Quando a entidade responsável pertença à Administração autónoma, procede-se igualmente a desconto nas transferências orçamentais do ano seguinte e, não havendo transferência, o Estado intenta acção de regresso no tribunal competente.

7. No caso de insuficiência de dotação, o Presidente do Conselho Superior dos Tribunais Administrativos e Fiscais oficia ao Presidente da Assembleia da República e ao Primeiro-Ministro para que se promova a abertura de créditos extraordinários.

8. Sem prejuízo do disposto no número anterior, o exequente deve ser imediatamente notificado da situação de insuficiência de dotação, assistindo-lhe, nesse caso, o direito de requerer que o tribunal administrativo dê seguimento à execução, aplicando o regime da execução para pagamento de quantia certa, regulado na lei processual civil.

CAPÍTULO IV
Execução de sentenças de anulação de actos administrativos

ARTIGO 173.°
(Dever de executar)

1. Sem prejuízo do eventual poder de praticar novo acto administrativo, no respeito pelos limites ditados pela autoridade do caso julgado, a anulação de um acto administrativo constitui a Administração no dever de reconstituir a situação que existiria se o acto anulado não tivesse sido praticado, bem como de dar cumprimento aos deveres que não tenha cumprido com fundamento no acto entretanto anulado, por referência à situação jurídica e de facto existente no momento em que deveria ter actuado.

2. Para efeitos do disposto no número anterior, a Administração pode ficar constituída no dever de praticar actos dotados de eficácia retroactiva que não envolvam a imposição de deveres, a aplicação de sanções ou a restrição de direitos ou interesses legalmente protegidos, bem como no dever de remover, reformar ou substituir actos jurídicos e alterar situações de facto que possam ter surgido na pendência do processo e cuja manutenção seja incompatível com a execução da sentença de anulação.

3. Os beneficiários de actos consequentes praticados há mais de um ano que desconheciam sem culpa a precariedade da sua situação têm direito a ser indemnizados pelos danos que sofram em consequência da anulação, mas a sua situação jurídica não pode ser posta em causa se esses danos forem de difícil ou impossível reparação e for manifesta a desproporção existente entre o seu interesse na manutenção da situação e o interesse na execução da sentença anulatória.

4. Quando à reintegração ou recolocação de um funcionário que tenha obtido a anulação de um acto administrativo se oponha a existência de terceiros interessados na manutenção de situações incompatíveis, constituídas em seu favor por acto administrativo praticado há mais de um ano, o funcionário que obteve a anulação tem direito a ser provido em lugar de categoria igual ou equivalente àquela em que deveria ser colocado, ou, não sendo isso possível, à primeira vaga que venha a surgir na categoria correspondente, exercendo transitoriamente funções fora do quadro até à integração neste.

ARTIGO 174.°
(Competência para a execução)

1. O cumprimento do dever de executar a que se refere o artigo anterior é da responsabilidade do órgão que tenha praticado o acto anulado.

2. Se a execução competir, cumulativa ou exclusivamente, a outro ou outros órgãos, deve o órgão referido no número anterior enviar-lhes os elementos necessários para o efeito.

3. Extinto o órgão ao qual competiria dar execução à sentença ou tendo-lhe sido retirada a competência na matéria, o dever recai sobre o órgão que lhe sucedeu ou sobre aquele ao qual tenha sido atribuída aquela competência.

ARTIGO 175.°
(Prazo para a execução e causas legítimas de inexecução)

1. Salvo ocorrência de causa legítima de inexecução, o dever de executar deve ser integralmente cumprido no prazo de três meses.

2. A existência de causa legítima de inexecução deve ser invocada segundo o disposto no artigo 163.°, mas não se exige, neste caso, que as circunstâncias invocadas sejam supervenientes.

3. Sem prejuízo do disposto no artigo 177.°, quando a execução da sentença consista no pagamento de uma quantia pecuniária, não é invocável a existência de causa legítima de inexecução e o pagamento deve ser realizado no prazo de 30 dias.

ARTIGO 176.°
(Petição de execução)

1. Quando a Administração não dê execução à sentença de anulação no prazo estabelecido no n.° 1 do artigo anterior, pode o interessado fazer valer o seu direito à execução perante o tribunal que tenha proferido a sentença em primeiro grau de jurisdição.

2. A petição, que é autuada por apenso aos autos em que foi proferida a sentença de anulação, deve ser apresentada no prazo de seis meses contado desde o termo do prazo do n.° 1 do artigo anterior ou da notificação da invocação de causa legítima de inexecução a que se refere o mesmo preceito.

3. Na petição, o autor deve especificar os actos e operações em que considera que a execução deve consistir, podendo, para o efeito, pedir a condenação da Administração ao pagamento de quantias pecuniárias, à entrega de coisas, à prestação de factos ou à prática de actos administrativos.

4. Na petição, o autor também pode pedir a fixação de um prazo para o cumprimento do dever de executar e a imposição de uma sanção pecuniária compulsória aos titulares dos órgãos incumbidos de proceder à execução, segundo o disposto no artigo 169.°

5. Quando for caso disso, o autor pode pedir ainda a declaração de nulidade dos actos desconformes com a sentença, bem como a anulação daqueles que mantenham, sem fundamento válido, a situação constituída pelo acto anulado.

6. Quando a Administração tenha invocado a existência de causa legítima de inexecução, segundo o disposto no n.° 3 do artigo 163.°, deve o autor deduzir, se for caso disso, as razões da sua discordância e juntar cópia da notificação a que se refere aquele preceito.

7. No caso de concordar com a invocação da existência de causa legítima de inexecução, o autor pode solicitar, no prazo estabelecido no n.° 2, a fixação da indemnização devida, sendo, nesse caso, aplicável o disposto no artigo 166.°

ARTIGO 177.°
(Tramitação do processo)

1. Apresentada a petição, é ordenada a notificação da entidade ou entidades requeridas, bem como dos contra-interessados a quem a satisfação da pretensão possa prejudicar, para contestarem no prazo de 20 dias.

2. Havendo contestação, o autor é notificado para replicar no prazo de 10 dias.

3. No caso de concordar com a existência de causa legítima de inexecução apenas invocada na contestação, o autor pode pedir a fixação da indemnização devida, seguindo-se os termos prescritos no artigo 166.°

4. Junta a réplica do autor ou expirado o respectivo prazo sem que ele tenha manifestado a sua concordância com a eventual contestação apresentada pela Administração, o tribunal ordena as diligências instrutórias que considere necessárias, findo o que se segue a abertura de vista simultânea aos juízes-adjuntos, caso se trate de tribunal colegial.

5. O tribunal decide no prazo máximo de 20 dias.

6. Caso não exista verba ou cabimento orçamental que permita o pagamento imediato de quantia devida, a entidade obrigada deve dar conhecimento da situação ao tribunal, que convida as partes a chegarem a acordo, no prazo de 20 dias, quanto aos termos em que se pode proceder a um pagamento escalonado da quantia em dívida.

7. Na ausência do acordo referido no número anterior, seguem-se os trâmites dos n.os 3 e seguintes do artigo 172.°

ARTIGO 178.°
(Indemnização por causa legítima de inexecução)

1. Quando julgue procedente a invocação da existência de causa legítima de inexecução, o tribunal ordena a notificação da Administração e do requerente para, no prazo de 20 dias, acordarem no montante da indemnização devida pelo facto da inexecução, podendo o prazo ser prorrogado quando seja previsível que o acordo se possa vir a concretizar em momento próximo.

2. Na falta de acordo, seguem-se os trâmites previstos no artigo 166.°

3. Se a Administração não ordenar o pagamento devido no prazo de 30 dias contado a partir da data do acordo ou da notificação da decisão judicial que tenha fixado a indemnização devida, seguem-se os termos do processo executivo para pagamento de quantia certa.

ARTIGO 179.°
(Decisão judicial)

1. Quando julgue procedente a pretensão do autor, o tribunal especifica, no respeito pelos espaços de valoração próprios do exercício da função administrativa, o conteúdo dos actos e operações a adoptar para dar execução à sentença e identifica o órgão ou os órgãos administrativos responsáveis pela sua adopção, fixando ainda, segundo critérios de razoabilidade, o prazo em que os referidos actos e operações devem ser praticados.

2. Sendo caso disso, o tribunal também declara a nulidade dos actos desconformes com a sentença e anula os que mantenham, sem fundamento válido, a situação ilegal.

3. Quando tal se justifique, o tribunal condena ainda os titulares dos órgãos incumbidos de executar a sentença ao pagamento de uma sanção pecuniária compulsória, segundo o disposto no artigo 169.°

4. Quando seja devido o pagamento de uma quantia, o tribunal determina que o pagamento seja realizado no prazo de 30 dias, seguindo-se, em caso de incumprimento, os termos do processo executivo para pagamento de quantia certa.

5. Quando, estando em causa a prática de um acto administrativo legalmente devido de conteúdo vinculado, expire o prazo a que se refere o n.° 1 sem que a Administração o tenha praticado, pode o interessado requerer ao tribunal a emissão de sentença que produza os efeitos do acto ilegalmente omitido.

6. Quando, estando em causa a prestação de um facto infungível, expire o prazo a que se refere o n.° 1 sem que a Administração tenha cumprido, pode o interessado requerer ao tribunal a fixação da indemnização que lhe é devida, a título de responsabilidade civil pela inexecução ilícita da sentença, seguindo-se os trâmites estabelecidos no artigo 166.°

TÍTULO IX
Tribunal arbitral e centros de arbitragem

ARTIGO 180.°
(Tribunal arbitral)

1. Sem prejuízo do disposto em lei especial, pode ser constituído tribunal arbitral para o julgamento de:

a) Questões respeitantes a contratos, incluindo a apreciação de actos administrativos relativos à respectiva execução;

b) Questões de responsabilidade civil extracontratual, incluindo a efectivação do direito de regresso;

c) Questões relativas a actos administrativos que possam ser revogados sem fundamento na sua invalidade, nos termos da lei substantiva.

d) Litígios emergentes de relações jurídicas de emprego público, quando não estejam em causa direitos indisponíveis e quando não resultem de acidente de trabalho ou de doença profissional (1).

2. Excepcionam-se do disposto no número anterior os casos em que existam contra-interessados, salvo se estes aceitarem o compromisso arbitral.

ARTIGO 181.°
(Constituição e funcionamento)

1. O tribunal arbitral é constituído e funciona nos termos da lei sobre arbitragem voluntária, com as devidas adaptações.

2. Para os efeitos do número anterior, e sem prejuízo do disposto em lei especial, as referências que na mencionada lei são feitas ao tribunal de relação e ao respectivo presidente consideram-se reportadas ao Tribunal Central Administrativo e ao seu Presidente e as referências ao tribunal de comarca consideram-se feitas ao tribunal administrativo de círculo.

ARTIGO 182.°
(Direito à outorga de compromisso arbitral)

O interessado que pretenda recorrer à arbitragem no âmbito dos litígios previstos no artigo 180.° pode exigir da Administração a celebração de compromisso arbitral, nos termos da lei.

ARTIGO 183.°
(Suspensão de prazos)

A apresentação de requerimento ao abrigo do disposto no artigo anterior suspende os prazos de que dependa a utilização dos meios processuais próprios da jurisdição administrativa.

---

(1) Aditada pela Lei n.° 59/2008, de 11 de Setembro, que aprovou o Regime do Contrato de Trabalho em Funções Públicas.

ARTIGO 184.°
(Competência para outorgar compromisso arbitral)

1. A outorga de compromisso arbitral por parte do Estado é objecto de despacho do ministro da tutela, a proferir no prazo de 30 dias, contado desde a apresentação do requerimento do interessado.

2. Nas demais pessoas colectivas de direito público, a competência prevista no número anterior pertence ao presidente do respectivo órgão dirigente.

3. No caso das Regiões Autónomas e das autarquias locais, a competência referida nos números anteriores pertence, respectivamente, ao governo regional e ao órgão autárquico que desempenha funções executivas.

ARTIGO 185.°
(Exclusão da arbitragem)

Não pode ser objecto de compromisso arbitral a responsabilidade civil por prejuízos decorrentes de actos praticados no exercício da função política e legislativa ou da função jurisdicional.

ARTIGO 186.°
(Impugnação da decisão arbitral)

1. As decisões proferidas por tribunal arbitral podem ser anuladas pelo Tribunal Central Administrativo com qualquer dos fundamentos que, na lei sobre arbitragem voluntária, permitem a anulação da decisão dos árbitros.

2. As decisões proferidas por tribunal arbitral também podem ser objecto de recurso para o Tribunal Central Administrativo, nos moldes em que a lei sobre arbitragem voluntária prevê o recurso para o tribunal da Relação, quando o tribunal arbitral não tenha decidido segundo a equidade.

ARTIGO 187.°
(Centros de arbitragem)

1. O Estado pode, nos termos da lei, autorizar a instalação de centros de arbitragem permanente destinados à composição de litígios no âmbito das seguintes matérias:

a) Contratos;
b) Responsabilidade civil da Administração;
c) Relações jurídicas de emprego público (1);
d) Sistemas públicos de protecção social;
e) Urbanismo.

2. A vinculação de cada ministério à jurisdição de centros de arbitragem depende de portaria conjunta do Ministro da Justiça e do ministro da tutela, que estabelece o tipo e o valor máximo dos litígios abrangidos, conferindo aos interessados o poder de se dirigirem a esses centros para a resolução de tais litígios.

3. Aos centros de arbitragem previstos no n.° 1 podem ser atribuídas funções de conciliação, mediação ou consulta no âmbito de procedimentos de impugnação administrativa.

TÍTULO X
Disposições finais e transitórias

ARTIGO 188.°
(Informação anual à Comissão das Comunidades Europeias)

1. Até 1 de Março de cada ano, o Estado Português informa a Comissão das Comunidades Europeias sobre os processos principais e cautelares que tenham sido intentados durante o ano anterior, no âmbito do contencioso pré-contratual regulado neste Código e relativamente aos quais tenha sido suscitada a questão da violação de disposições comunitárias, bem como das decisões que tenham sido proferidas nesses processos.

(1) Redacção da Lei n.° 59/2008, de 11 de Setembro, que aprovou o Regime do Contrato de Trabalho em Funções Públicas.

2. A recolha dos elementos a que se refere o número anterior compete ao serviço do Ministério da Justiça responsável pelas relações com a União Europeia.

ARTIGO 189.°
(Custas)

1. O Estado e as demais entidades públicas estão sujeitos ao pagamento de custas.

2. O regime das custas na jurisdição administrativa e fiscal é objecto de regulação própria no Código das Custas Judiciais.

ARTIGO 190.°
(Prazo para os actos judiciais)

Enquanto não tenha sido fixado pelo Conselho Superior dos Tribunais Administrativos e Fiscais, ao abrigo do disposto no artigo 29.°, o prazo máximo admissível para os actos processuais dos magistrados e funcionários judiciais para os quais a lei não estabelece prazo, vale o prazo geral supletivo de 10 dias.

ARTIGO 191.°
(Recurso contencioso de anulação)

A partir da data da entrada em vigor deste Código, as remissões que, em lei especial, são feitas para o regime do recurso contencioso de anulação de actos administrativos consideram-se feitas para o regime da acção administrativa especial.

ARTIGO 192.° (1)
(Extensão da aplicabilidade)

Sem prejuízo do disposto em lei especial, os processos em matéria jurídico-administrativa cuja competência seja atribuída a tribunais pertencentes a outra ordem jurisdicional regem-se pelo disposto no presente Código, com as necessárias adaptações.

---

(1) Aditado pela Lei n.° 4-A/2003.

Lei n.° 34/2007

de 13 de Agosto

Estabelece o regime especial dos processos relativos a actos administrativos de aplicação de sanções disciplinares previstas no Regulamento de Disciplina Militar

A Assembleia da República decreta, nos termos da alínea *c*) do artigo 161.° da Constituição, o seguinte:

ARTIGO 1.°
(Objecto)

1. A presente lei estabelece o regime especial dos processos relativos a actos administrativos de aplicação de sanções disciplinares previstas no Regulamento de Disciplina Militar.

2. Aos processos referidos no número anterior aplica-se o disposto no Código de Processo nos Tribunais Administrativos, com as modificações resultantes da presente lei.

ARTIGO 2.°
(Regime especial de suspensão cautelar de eficácia dos actos administrativos em matéria de disciplina militar)

Quando seja requerida a suspensão de eficácia de um acto administrativo praticado ao abrigo do Regulamento de Disciplina Militar, não há lugar à proibição automática de executar o acto administrativo, prevista no artigo 128.° do Código de Processo nos Tribunais Administrativos.

ARTIGO 3.°
(Critério especial de decisão de providências cautelares em matéria de disciplina militar)

Sem prejuízo do disposto nos n.ºs 2, 3 e 5 do artigo 120.° do Código de Processo nos Tribunais Administrativos, as providências cautelares em matéria de disciplina militar, nomeadamente as que envolvam a suspensão de eficácia de actos de aplicação de penas ou sanções disciplinares, só podem ser decretadas quando haja fundado receio da constituição de uma situação de facto consumado e seja evidente a procedência da pretensão, formulada ou a formular no processo principal, por se tratar de:

a) Acto manifestamente ilegal;

b) Acto de aplicação de norma já anteriormente anulada;

c) Acto materialmente idêntico a outro já anteriormente anulado ou declarado nulo ou inexistente.

ARTIGO 4.°
(Decretamento provisório de providências cautelares em matéria de disciplina militar)

1. O decretamento provisório das providências cautelares de suspensão de eficácia de actos administrativos que apliquem as sanções disciplinares previstas no Regulamento de Disciplina Militar depende do preenchimento dos critérios definidos no artigo anterior, averiguados sumariamente.

2. A decisão sobre o decretamento provisório das providências cautelares referidas no número anterior é obrigatoriamente precedida de audição da entidade requerida, podendo a mesma ser efectuada por qualquer meio expedito, preferencialmente por telefax ou correio electrónico.

ARTIGO 5.°
(Intimação para protecção de direitos, liberdades e garantias)

1. Para efeitos do artigo 109.° do Código de Processo nos Tribunais Administrativos, a não verificação dos pressupostos do decretamento provisório de uma providência cautelar, nos termos do artigo anterior, não equivale à impossibilidade ou insuficiência do decretamento provisório.

2. Nas situações de especial urgência previstas no artigo 111.° do Código de Processo nos Tribunais Administrativos, relacionadas com matéria de disciplina militar, qualquer decisão é obrigatoriamente precedida da audição do requerido, podendo a mesma ser efectuada por qualquer meio expedito, preferencialmente por telefax ou correio electrónico.

ARTIGO 6.°
(Competência jurisdicional em função da matéria)

Compete à secção de contencioso administrativo de cada tribunal central administrativo conhecer, em 1.ª instância, dos processos relativos a actos administrativos de aplicação das sanções disciplinares de detenção ou mais gravosas.

ARTIGO 7.°
(Juízes militares e assessores militares)

O Governo deve, no prazo de 90 dias, propor as medidas legislativas tendentes a prever a forma de intervenção de juízes militares e de assessores militares do Ministério Público junto dos tribunais referidos no artigo anterior.

ARTIGO 8.°
(Entrada em vigor)

A presente lei entra em vigor no dia seguinte ao da sua publicação.

Lei n.° 79/2009

de 13 de Agosto

Regula a forma de intervenção dos juízes militares e dos assessores militares do Ministério Público junto dos tribunais administrativos, no âmbito de aplicação da Lei n.° 34/2007, de 13 de Agosto

A Assembleia da República decreta, nos termos da alínea *c*) do artigo 161.° da Constituição, o seguinte:

ARTIGO 1.°
(Objecto)

A presente lei regula a forma de intervenção dos juízes militares e dos assessores militares do Ministério Público junto dos tribunais administrativos, no âmbito da aplicação da Lei n.° 34/2007, de 13 de Agosto.

ARTIGO 2.°
(Nomeação de juízes militares e de assessores militares do Ministério Público)

1. Os juízes militares nomeados para os tribunais da relação, nos termos previstos na Lei n.° 101/2003, de 15 de Novembro, são, por inerência, nomeados para o tribunal central administrativo da mesma circunscrição.

2. A estrutura de assessoria militar ao Ministério Público, criada nos termos previstos na Lei n.° 101/2003, de 15 de Novembro, exerce, por inerência, as funções correspondentes quando se trate de processos abrangidos pela Lei n.° 34/2007, de 13 de Agosto.

3. Pelo exercício de funções em regime de inerência não é devida qualquer remuneração adicional.

ARTIGO 3.°
(Intervenção de juízes militares)

No âmbito de processos abrangidos pela Lei n.° 34/2007, de 13 de Agosto, a secção de contencioso administrativo de cada tribunal central administrativo é formada nos termos previstos no artigo 35.° do Estatuto dos Tribunais Administrativos e Fiscais, aprovado pela Lei n.° 13/2002, de 19 de Fevereiro, sendo um dos juízes-adjuntos juiz militar.

ARTIGO 4.°
(Intervenção dos assessores militares)

1. A intervenção dos assessores militares dá-se nos termos previstos na Lei n.° 101/2003, de 15 de Novembro, com as devidas adaptações.

2. Os assessores militares emitem parecer prévio, não vinculativo, em particular relativamente aos seguintes actos:

a) Requerimento de intimação para protecção de direitos, liberdades e garantias;

b) Requerimento para adopção de providências cautelares;

c) Decisão que ponha termo ao processo.

3. O parecer referido no número anterior é emitido no prazo de 10 dias a contar da notificação, promovida oficiosamente pela secretaria, da apresentação dos requerimentos referidos nas alíneas *a*) e *b*) do número anterior ou da adopção da decisão referida na alínea *c*) do número anterior, sob a forma oral, sendo oportunamente reduzido a escrito para apensação aos autos.

ARTIGO 5.°
(Entrada em vigor)

A presente lei entra em vigor no prazo de 30 dias após a sua publicação.

RESPONSABILIDADE CIVIL DO ESTADO E DEMAIS ENTIDADES PÚBLICAS

Lei n.° 67/2007

de 31 de Dezembro

A Assembleia da República decreta, nos termos da alínea *c*) do artigo 161.° da Constituição, o seguinte:

ARTIGO 1.°
(Aprovação)

É aprovado o Regime da Responsabilidade Civil Extracontratual do Estado e Demais Entidades Públicas, que se publica em anexo à presente lei e que dela faz parte integrante.

ARTIGO 2.°
(Regimes especiais)

1. O disposto na presente lei salvaguarda os regimes especiais de responsabilidade civil por danos decorrentes do exercício da função administrativa.

2. A presente lei prevalece sobre qualquer remissão legal para o regime de responsabilidade civil extracontratual de direito privado aplicável a pessoas colectivas de direito público.

ARTIGO 3.°
(Pagamento de indemnizações)

1. Quando haja lugar ao pagamento de indemnizações devidas por pessoas colectivas pertencentes à administração indirecta do Estado ou à administração autónoma e a competente sentença judicial não seja espontaneamente executada no prazo máximo de 30 dias, o crédito indemnizatório só pode ser satisfeito por conta da dotação orçamental inscrita à ordem do Conselho Superior dos Tribunais Administrativos e Fiscais (CSTAF) a título subsidiário quando, através da aplicação do regime da execução para pagamento de quantia certa regulado na lei processual civil, não tenha sido possível obter o respectivo pagamento junto da entidade responsável.

2. O disposto no número anterior não prejudica a possibilidade de o interessado solicitar directamente a compensação do seu crédito com eventuais dívidas que o onerem para com a mesma pessoa colectiva, nos termos do artigo 170.° do Código de Processo nos Tribunais Administrativos, sem necessidade de solicitar previamente a satisfação do seu crédito indemnizatório através da aplicação do regime da execução para pagamento de quantia certa previsto na lei processual civil.

3. Nas situações previstas no n.° 1, caso se mostrem esgotadas as providências de execução para pagamento de quantia certa previstas na lei processual civil sem que tenha sido possível obter o respectivo pagamento através da entidade responsável, a secretaria do tribunal notifica imediatamente o CSTAF para que emita a ordem de pagamento da indemnização, independentemente de despacho judicial e de tal ter sido solicitado, a título subsidiário, na petição de execução.

4. Quando ocorra a satisfação do crédito indemnizatório por via do Orçamento do Estado, nos termos do n.° 1, o Estado goza de direito de regresso, incluindo juros de mora, sobre a entidade responsável, a exercer mediante uma das seguintes formas:

a) Desconto nas transferências a efectuar para a entidade em causa no Orçamento do Estado do ano seguinte;

b) Tratando-se de entidade pertencente à Administração indirecta do Estado, inscrição oficiosa no respectivo orçamento privativo pelo órgão tutelar ao qual caiba a aprovação do orçamento; ou

c) Acção de regresso a intentar no tribunal competente.

ARTIGO 4.°
(Sexta alteração ao Estatuto do Ministério Público)

O artigo 77.° do Estatuto do Ministério Público (Lei n.° 47/86, de 15 de Outubro, rectificada no *Diário da República*, 1.ª série, n.° 263, de 14 de Novembro de 1986, e alterada pelas Leis n.os 2/90, de 20 de Janeiro, 23/92, de 20 de Agosto, 33-A/96, de 26 de Agosto, 60/98, de 27 de Agosto, e 42/2005, de 29 de Agosto), passa a ter a seguinte redacção:

«**ARTIGO 77.°**

[...]

Fora dos casos em que a falta constitua crime, a responsabilidade civil apenas pode ser efectivada, mediante acção de regresso do Estado, em caso de dolo ou culpa grave.»

ARTIGO 5.°
(Norma revogatória)

São revogados o Decreto-Lei n.° 48 051, de 21 de Novembro de 1967, e os artigos 96.° e 97.° da Lei n.° 169/99, de 18 de Setembro, na redacção da Lei n.° 5-A/2002, de 11 de Janeiro.

ARTIGO 6.°
(Entrada em vigor)

A presente lei entra em vigor no prazo de 30 dias após a data da sua publicação.

REGIME DA RESPONSABILIDADE CIVIL EXTRACONTRATUAL DO ESTADO E DEMAIS ENTIDADES PÚBLICAS [1]

CAPÍTULO I
Disposições gerais

ARTIGO 1.°
(Âmbito de aplicação)

1. A responsabilidade civil extracontratual do Estado e das demais pessoas colectivas de direito público por danos resultantes do exercício da função legislativa, jurisdicional e administrativa rege-se pelo disposto na presente lei, em tudo o que não esteja previsto em lei especial.

2. Para os efeitos do disposto no número anterior, correspondem ao exercício da função administrativa as acções e omissões adoptadas no exercício de prerrogativas de poder público ou reguladas por disposições ou princípios de direito administrativo.

3. Sem prejuízo do disposto em lei especial, a presente lei regula também a responsabilidade civil dos titulares de órgãos, funcionários e agentes públicos por danos decorrentes de acções ou omissões adoptadas no exercício das funções administrativa e jurisdicional e por causa desse exercício.

4. As disposições da presente lei são ainda aplicáveis à responsabilidade civil dos demais trabalhadores ao serviço das entidades abrangidas, considerando-se extensivas a estes as referências feitas aos titulares de órgãos, funcionários e agentes.

5. As disposições que, na presente lei, regulam a responsabilidade das pessoas colectivas de direito público, bem como dos titulares dos seus

---

(1) Anexo à Lei n.° 67/2007, de 31 de Dezembro.

órgãos, funcionários e agentes, por danos decorrentes do exercício da função administrativa, são também aplicáveis à responsabilidade civil de pessoas colectivas de direito privado e respectivos trabalhadores, titulares de órgãos sociais, representantes legais ou auxiliares, por acções ou omissões que adoptem no exercício de prerrogativas de poder público ou que sejam reguladas por disposições ou princípios de direito administrativo.

ARTIGO 2.°
(Danos ou encargos especiais e anormais)

Para os efeitos do disposto na presente lei, consideram-se especiais os danos ou encargos que incidam sobre uma pessoa ou um grupo, sem afectarem a generalidade das pessoas, e anormais os que, ultrapassando os custos próprios da vida em sociedade, mereçam, pela sua gravidade, a tutela do direito.

ARTIGO 3.°
(Obrigação de indemnizar)

1. Quem esteja obrigado a reparar um dano, segundo o disposto na presente lei, deve reconstituir a situação que existiria se não se tivesse verificado o evento que obriga à reparação.

2. A indemnização é fixada em dinheiro quando a reconstituição natural não seja possível, não repare integralmente os danos ou seja excessivamente onerosa.

3. A responsabilidade prevista na presente lei compreende os danos patrimoniais e não patrimoniais, bem como os danos já produzidos e os danos futuros, nos termos gerais de direito.

ARTIGO 4.°
(Culpa do lesado)

Quando o comportamento culposo do lesado tenha concorrido para a produção ou agravamento dos danos causados, designadamente por não ter utilizado a via processual adequada à eliminação do acto jurídico lesivo, cabe ao tribunal determinar, com base na gravidade das culpas de ambas as partes e nas consequências que delas tenham resultado, se a indemnização deve ser totalmente concedida, reduzida ou mesmo excluída.

ARTIGO 5.°
(Prescrição)

O direito à indemnização por responsabilidade civil extracontratual do Estado, das demais pessoas colectivas de direito público e dos titulares dos respectivos órgãos, funcionários e agentes bem como o direito de regresso prescrevem nos termos do artigo 498.° do Código Civil, sendo-lhes aplicável o disposto no mesmo Código em matéria de suspensão e interrupção da prescrição.

ARTIGO 6.°
(Direito de regresso)

1. O exercício do direito de regresso, nos casos em que este se encontra previsto na presente lei, é obrigatório, sem prejuízo do procedimento disciplinar a que haja lugar.

2. Para os efeitos do disposto no número anterior, a secretaria do tribunal que tenha condenado a pessoa colectiva remete certidão da sentença, logo após o trânsito em julgado, à entidade ou às entidades competentes para o exercício do direito de regresso.

CAPÍTULO II
Responsabilidade civil por danos decorrentes do exercício da função administrativa

SECÇÃO I
Responsabilidade por facto ilícito

ARTIGO 7.°
(Responsabilidade exclusiva do Estado e demais pessoas colectivas de direito público)

1. O Estado e as demais pessoas colectivas de direito público são exclusivamente responsáveis pelos danos que resultem de acções ou omissões ilícitas, cometidas com culpa leve, pelos titulares dos seus órgãos, funcionários ou agentes, no exercício da função administrativa e por causa desse exercício.

2. É concedida indemnização às pessoas lesadas por violação de norma ocorrida no âmbito de procedimento de formação dos contratos referidos no artigo 100.° do Código de Processo nos Tribunais Administrativos, de acordo com os requisitos da responsabilidade civil extracontratual definidos pelo direito comunitário (1).

3. O Estado e as demais pessoas colectivas de direito público são ainda responsáveis quando os danos não tenham resultado do comportamento concreto de um titular de órgão, funcionário ou agente determinado, ou não seja possível provar a autoria pessoal da acção ou omissão, mas devam ser atribuídos a um funcionamento anormal do serviço.

4. Existe funcionamento anormal do serviço quando, atendendo às circunstâncias e a padrões médios de resultado, fosse razoavelmente exigível ao serviço uma actuação susceptível de evitar os danos produzidos.

ARTIGO 8.°
(Responsabilidade solidária em caso de dolo ou culpa grave)

1. Os titulares de órgãos, funcionários e agentes são responsáveis pelos danos que resultem de acções ou omissões ilícitas, por eles cometidas com dolo ou com diligência e zelo manifestamente inferiores àqueles a que se encontravam obrigados em razão do cargo.

2. O Estado e as demais pessoas colectivas de direito público são responsáveis de forma solidária com os respectivos titulares de órgãos, funcionários e agentes, se as acções ou omissões referidas no número anterior tiverem sido cometidas por estes no exercício das suas funções e por causa desse exercício.

3. Sempre que satisfaçam qualquer indemnização nos termos do número anterior, o Estado e as demais pessoas colectivas de direito público gozam de direito de regresso contra os titulares de órgãos, funcionários ou agentes responsáveis, competindo aos titulares de poderes de direcção, de supervisão, de superintendência ou de tutela adoptar as pro-

(1) Na redacção da Lei n.° 31/2008, de 17 de Julho, que, segundo o seu artigo 2.°, produz efeitos desde a entrada em vigor da Lei n.° 67/2007, de 31 de Dezembro.

vidências necessárias à efectivação daquele direito, sem prejuízo do eventual procedimento disciplinar.

4. Sempre que, nos termos do n.° 2 do artigo 10.°, o Estado ou uma pessoa colectiva de direito público seja condenado em responsabilidade civil fundada no comportamento ilícito adoptado por um titular de órgão, funcionário ou agente, sem que tenha sido apurado o grau de culpa do titular de órgão, funcionário ou agente envolvido, a respectiva acção judicial prossegue nos próprios autos, entre a pessoa colectiva de direito público e o titular de órgão, funcionário ou agente, para apuramento do grau de culpa deste e, em função disso, do eventual exercício do direito de regresso por parte daquela.

ARTIGO 9.°
(Ilicitude)

1. Consideram-se ilícitas as acções ou omissões dos titulares de órgãos, funcionários e agentes que violem disposições ou princípios constitucionais, legais ou regulamentares ou infrinjam regras de ordem técnica ou deveres objectivos de cuidado e de que resulte a ofensa de direitos ou interesses legalmente protegidos.

2. Também existe ilicitude quando a ofensa de direitos ou interesses legalmente protegidos resulte do funcionamento anormal do serviço, segundo o disposto no n.° 3 do artigo 7.°.

ARTIGO 10.°
(Culpa)

1. A culpa dos titulares de órgãos, funcionários e agentes deve ser apreciada pela diligência e aptidão que seja razoável exigir, em função das circunstâncias de cada caso, de um titular de órgão, funcionário ou agente zeloso e cumpridor.

2. Sem prejuízo da demonstração de dolo ou culpa grave, presume-se a existência de culpa leve na prática de actos jurídicos ilícitos.

3. Para além dos demais casos previstos na lei, também se presume a culpa leve, por aplicação dos princípios gerais da responsabilidade civil, sempre que tenha havido incumprimento de deveres de vigilância.

4. Quando haja pluralidade de responsáveis, é aplicável o disposto no artigo 497.° do Código Civil.

SECÇÃO II
Responsabilidade pelo risco

ARTIGO 11.°
(Responsabilidade pelo risco)

1. O Estado e as demais pessoas colectivas de direito público respondem pelos danos decorrentes de actividades, coisas ou serviços administrativos especialmente perigosos, salvo quando, nos termos gerais, se prove que houve força maior ou concorrência de culpa do lesado, podendo o tribunal, neste último caso, tendo em conta todas as circunstâncias, reduzir ou excluir a indemnização.

2. Quando um facto culposo de terceiro tenha concorrido para a produção ou agravamento dos danos, o Estado e as demais pessoas colectivas de direito público respondem solidariamente com o terceiro, sem prejuízo do direito de regresso.

CAPÍTULO III
Responsabilidade civil por danos decorrentes do exercício da função jurisdicional

ARTIGO 12.°
(Regime geral)

Salvo o disposto nos artigos seguintes, é aplicável aos danos ilicitamente causados pela administração da justiça, designadamente por violação do direito a uma decisão judicial em prazo razoável, o regime da responsabilidade por factos ilícitos cometidos no exercício da função administrativa.

ARTIGO 13.°
(Responsabilidade por erro judiciário)

1. Sem prejuízo do regime especial aplicável aos casos de sentença penal condenatória injusta e de privação injustificada da liberdade, o Estado é civilmente responsável pelos danos decorrentes de decisões jurisdicionais manifestamente inconstitucionais ou ilegais ou injustificadas por erro grosseiro na apreciação dos respectivos pressupostos de facto.

2. O pedido de indemnização deve ser fundado na prévia revogação da decisão danosa pela jurisdição competente.

ARTIGO 14.°
(Responsabilidade dos magistrados)

1. Sem prejuízo da responsabilidade criminal em que possam incorrer, os magistrados judiciais e do Ministério Público não podem ser directamente responsabilizados pelos danos decorrentes dos actos que pratiquem no exercício das respectivas funções, mas, quando tenham agido com dolo ou culpa grave, o Estado goza de direito de regresso contra eles.

2. A decisão de exercer o direito de regresso sobre os magistrados cabe ao órgão competente para o exercício do poder disciplinar, a título oficioso ou por iniciativa do Ministro da Justiça.

CAPÍTULO IV
Responsabilidade civil por danos decorrentes do exercício da função político-legislativa

ARTIGO 15.°
(Responsabilidade no exercício da função político-legislativa)

1. O Estado e as regiões autónomas são civilmente responsáveis pelos danos anormais causados aos direitos ou interesses legalmente protegidos dos cidadãos por actos que, no exercício da função político-legislativa, pratiquem, em desconformidade com a Constituição, o direito internacional, o direito comunitário ou acto legislativo de valor reforçado.

2. A decisão do tribunal que se pronuncie sobre a inconstitucionalidade ou ilegalidade de norma jurídica ou sobre a sua desconformidade com convenção internacional, para efeitos do número anterior, equivale, para os devidos efeitos legais, a decisão de recusa de aplicação ou a decisão de aplicação de norma cuja inconstitucionalidade, ilegalidade ou desconformidade com convenção internacional haja sido suscitada durante o processo, consoante o caso.

3. O Estado e as regiões autónomas são também civilmente responsáveis pelos danos anormais que, para os direitos ou interesses legalmente protegidos dos cidadãos, resultem da omissão de providências legislativas necessárias para tornar exequíveis normas constitucionais.

4. A existência e a extensão da responsabilidade prevista nos números anteriores são determinadas atendendo às circunstâncias concretas de cada caso e, designadamente, ao grau de clareza e precisão da norma violada, ao tipo de inconstitucionalidade e ao facto de terem sido adoptadas ou omitidas diligências susceptíveis de evitar a situação de ilicitude.

5. A constituição em responsabilidade fundada na omissão de providências legislativas necessárias para tornar exequíveis normas constitucionais depende da prévia verificação de inconstitucionalidade por omissão pelo Tribunal Constitucional.

6. Quando os lesados forem em tal número que, por razões de interesse público de excepcional relevo, se justifique a limitação do âmbito da obrigação de indemnizar, esta pode ser fixada equitativamente em montante inferior ao que corresponderia à reparação integral dos danos causados.

CAPÍTULO V
Indemnização pelo sacrifício

ARTIGO 16.°
(Indemnização pelo sacrifício)

O Estado e as demais pessoas colectivas de direito público indemnizam os particulares a quem, por razões de interesse público, imponham encargos ou causem danos especiais e anormais, devendo, para o cálculo da indemnização, atender-se, designadamente, ao grau de afectação do conteúdo substancial do direito ou interesse violado ou sacrificado.

ARBITRAGEM VOLUNTÁRIA

Lei n.° 31/86

de 29 de Agosto

A Assembleia da República decreta, nos termos dos artigos 164.°, alínea *a*), 168.°, n.° 1, alínea *q*), e 169.°, n.° 2, da Constituição, o seguinte:

CAPÍTULO I

ARTIGO 1.°
(Convenção de arbitragem)

1. Desde que por lei especial não esteja submetido exclusivamente a tribunal judicial ou a arbitragem necessária, qualquer litígio que não respeite a direitos indisponíveis pode ser cometido pelas partes, mediante convenção de arbitragem, à decisão de árbitros.

2. A convenção de arbitragem pode ter por objecto um litígio actual, ainda que se encontre afecto a tribunal judicial (compromisso arbitral), ou litígios eventuais emergentes de uma determinada relação jurídica contratual ou extracontratual (cláusula compromissória).

3. As partes podem acordar em considerar abrangidas no conceito de litígio, para além das questões de natureza contenciosa em sentido estrito, quaisquer outras, designadamente as relacionadas com a necessidade de precisar, completar, actualizar ou mesmo rever os contratos ou as relações jurídicas que estão na origem da convenção de arbitragem.

4. O Estado e outras pessoas colectivas de direito público podem celebrar convenções de arbitragem, se para tanto forem autorizados por lei especial ou se elas tiverem por objecto litígios respeitantes a relações de direito privado.

ARTIGO 2.°
(Requisitos da convenção; revogação)

1. A convenção de arbitragem deve ser reduzida a escrito.

2. Considera-se reduzida a escrito a convenção de arbitragem constante ou de documento assinado pelas partes, ou de troca de cartas, *telex,* telegramas ou outros meios de telecomunicação de que fique prova escrita, quer esses instrumentos contenham directamente a convenção, quer deles conste cláusula de remissão para algum documento em que uma convenção esteja contida.

3. O compromisso arbitral deve determinar com precisão o objecto do litígio; a cláusula compromissória deve especificar a relação jurídica a que os litígios respeitem.

4. A convenção de arbitragem pode ser revogada, até à pronúncia da decisão arbitral, por escrito assinado pelas partes.

ARTIGO 3.°
(Nulidade da convenção)

É nula a convenção de arbitragem celebrada com violação do disposto nos artigos 1.°, n.ºs 1 e 4, e 2.°, n.ºs 1 e 2.

ARTIGO 4.°
(Caducidade da convenção)

1. O compromisso arbitral caduca e a cláusula compromissória fica sem efeito, quanto ao litígio considerado:

a) Se algum dos árbitros designados falecer, se escusar ou se impossibilitar permanentemente para o exercício da função ou se a designação ficar sem efeito, desde que não seja substituído nos termos previstos no artigo 13.°;

b) Se, tratando-se de tribunal colectivo, não puder formar-se maioria na deliberação dos árbitros;

c) Se a decisão não for proferida no prazo estabelecido de acordo com o disposto no artigo 19.°.

2. Salvo convenção em contrário, a morte ou extinção das partes não faz caducar a convenção de arbitragem nem extinguir a instância no tribunal arbitral.

ARTIGO 5.°
(Encargos do processo)

A remuneração dos árbitros e dos outros intervenientes no processo, bem como a sua repartição entre as partes, deve ser fixada na convenção de arbitragem ou em documento posterior subscrito pelas partes, a menos que resultem dos regulamentos de arbitragem escolhidos nos termos do artigo 15.°.

CAPÍTULO II
Dos árbitros e do tribunal arbitral

ARTIGO 6.°
(Composição do tribunal)

1. O tribunal arbitral poderá ser constituído por um único árbitro ou por vários, em número ímpar.

2. Se o número de membros do tribunal arbitral não for fixado na convenção de arbitragem ou em escrito posterior assinado pelas partes, nem deles resultar, o tribunal será composto por três árbitros.

ARTIGO 7.°
(Designação dos árbitros)

1. Na convenção de arbitragem ou em escrito posterior por elas assinado, devem as partes designar o árbitro ou árbitros que constituirão o tribunal, ou fixar o modo por que serão escolhidos.

2. Se as partes não tiverem designado o árbitro ou os árbitros nem fixado o modo da sua escolha, e não houver acordo entre elas quanto a essa designação, cada uma indicará um árbitro, a menos que acordem em que cada uma delas indique mais de um em número igual, cabendo aos árbitros assim designados a escolha do árbitro que deve completar a constituição do tribunal.

ARTIGO 8.°
(Árbitros: requisitos)

Os árbitros devem ser pessoas singulares e plenamente capazes.

ARTIGO 9.°
(Liberdade de aceitação; escusa)

1. Ninguém pode ser obrigado a funcionar como árbitro; mas, se o encargo tiver sido aceite, só será legítima a escusa fundada em causa superveniente que impossibilite o designado de exercer a função.

2. Considera-se aceite o encargo sempre que a pessoa designada revele a intenção de agir como árbitro ou não declare, por escrito dirigido a qualquer das partes, dentro dos dez dias subsequentes à comunicação da designação, que não quer exercer a função.

3. O árbitro que, tendo aceitado o encargo, se escusar injustificadamente ao exercício da sua função responde pelos danos a que der causa.

ARTIGO 10.°
(Impedimentos e recusas)

1. Aos árbitros não nomeados por acordo das partes é aplicável o regime de impedimentos e escusas estabelecido na lei de processo civil para os juízes.

2. A parte não pode recusar o árbitro por ela designado, salvo ocorrência de causa superveniente de impedimento ou escusa, nos termos do número anterior.

ARTIGO 11.°
(Constituição do tribunal)

1. A parte que pretende instaurar o litígio no tribunal arbitral deve notificar desse facto a parte contrária.

2. A notificação é feita por carta registada com aviso de recepção.

3. A notificação deve indicar a convenção de arbitragem e, se ele não resultar já determinado da convenção, precisar o objecto do litígio, sem prejuízo da sua aplicação pela parte contrária.

4. Se às partes couber designar um ou mais árbitros, a notificação conterá a designação do árbitro ou árbitros pela parte que se propõe instaurar a acção, bem como o convite dirigido à outra parte para designar o árbitro ou árbitros que lhe cabe indicar.

5. Se o árbitro único deve ser designado por acordo das duas partes, a notificação conterá a indicação do árbitro proposto e o convite à outra parte para que o aceite.

6. Caso pertença a terceiro a designação de um ou mais árbitros e tal designação não haja ainda sido feita, será o terceiro notificado para a efectuar e a comunicar a ambas as partes.

ARTIGO 12.°
(Nomeação de árbitros pelo presidente do tribunal da relação)

1. Em todos os casos em que falte nomeação de árbitro ou árbitros, em conformidade com o disposto nos artigos anteriores, caberá essa nomeação ao presidente do tribunal da Relação do lugar fixado para a arbitragem ou, na falta de tal fixação, do domicílio do requerente.

2. A nomeação pode ser requerida passado um mês sobre a notificação prevista no artigo 11.°, n.° 1, no caso contemplado nos n.os 4 e 5 desse artigo, ou no prazo de um mês a contar da nomeação do último dos árbitros a quem compete a escolha, no caso referido no artigo 7.°, n.° 2.

3. As nomeações feitas nos termos dos números anteriores não são susceptíveis de impugnação.

4. Se a convenção de arbitragem for manifestamente nula, deve o presidente do tribunal da relação declarar não haver lugar à designação de árbitros; da decisão cabe reclamação para a conferência, precedendo distribuição, e do acórdão que esta proferir cabe recurso, nos termos gerais.

ARTIGO 13.°
(Substituição dos árbitros)

Se algum dos árbitros falecer, se escusar ou se impossibilitar permanentemente para o exercício das funções ou se a designação ficar sem efeito, proceder-se-á à sua substituição segundo as regras aplicáveis à nomeação ou designação, com as necessárias adaptações.

ARTIGO 14.°
(Presidente do tribunal arbitral)

1. Sendo o tribunal constituído por mais de um árbitro, escolherão eles entre si o presidente, a menos que as partes tenham acordado, por escrito, até à aceitação do primeiro árbitro, noutra solução.

2. Não sendo possível a designação do presidente nos termos do número anterior, caberá a escolha ao presidente do tribunal da Relação.

3. Compete ao presidente do tribunal arbitral preparar o processo, dirigir a instrução, conduzir os trabalhos das audiências e ordenar os debates, salvo convenção em contrário.

CAPÍTULO III
Do funcionamento da arbitragem

ARTIGO 15.°
(Regras de processo)

1. Na convenção de arbitragem ou em escrito posterior, até à aceitação do primeiro árbitro, podem as partes acordar sobre as regras de processo a observar na arbitragem, bem como sobre o lugar onde funcionará o tribunal.

2. O acordo das partes sobre a matéria referida no número anterior pode resultar da escolha de um regulamento de arbitragem emanado de uma das entidades a que se reporta o artigo 38.° ou ainda da escolha de uma dessas entidades para a organização da arbitragem.

3. Se as partes não tiverem acordado sobre as regras de processo a observar na arbitragem e sobre o lugar de funcionamento do tribunal, caberá aos árbitros essa escolha.

ARTIGO 16.°
(Princípios fundamentais a observar no processo)

Em qualquer caso, os trâmites processuais da arbitragem deverão respeitar os seguintes princípios fundamentais:

a) As partes serão tratadas com absoluta igualdade;

b) O demandado será citado para se defender;

c) Em todas as fases do processo será garantida a estreita observância do princípio do contraditório;

d) Ambas as partes devem ser ouvidas, oralmente ou por escrito, antes de ser proferida a decisão final.

ARTIGO 17.°
(Representação das partes)

As partes podem designar quem as represente ou assista em tribunal.

ARTIGO 18.°
(Provas)

1. Pode ser produzida perante o tribunal arbitral qualquer prova admitida pela lei de processo civil.

2. Quando a prova a produzir dependa da vontade de uma das partes ou de terceiro e estes recusem a necessária colaboração, pode a parte interessada, uma vez obtida autorização do tribunal arbitral, requerer ao tribunal judicial que a prova seja produzida perante ele, sendo os seus resultados remetidos àquele primeiro tribunal.

CAPÍTULO IV
Da decisão arbitral

ARTIGO 19.°
(Prazo para a decisão)

1. Na convenção de arbitragem ou em escrito posterior, até à aceitação do primeiro árbitro, podem as partes fixar o prazo para a decisão do tribunal arbitral ou o modo de estabelecimento desse prazo.

2. Será de seis meses o prazo para a decisão, se outra coisa não resultar do acordo das partes, nos termos do número anterior.

3. O prazo a que se referem os n.os 1 e 2 conta-se a partir da data da designação do último árbitro, salvo convenção em contrário.

4. Por acordo escrito das partes, poderá o prazo da decisão ser prorrogado até ao dobro da sua duração inicial.

5. Os árbitros que injustificadamente obstarem a que a decisão seja proferida dentro do prazo fixado respondem pelos danos causados.

ARTIGO 20.°
(Deliberação)

1. Sendo o tribunal composto por mais de um membro, a decisão é tomada por maioria de votos, em deliberação em que todos os árbitros devem participar, salvo se as partes, na convenção de arbitragem ou em acordo escrito posterior, celebrado até à aceitação do primeiro árbitro, exigirem uma maioria qualificada.

2. Podem ainda as partes convencionar que, não se tendo formado a maioria necessária, a decisão seja tomada unicamente pelo presidente ou que a questão se considere decidida no sentido do voto do presidente.

3. No caso de não se formar a maioria necessária apenas por divergências quanto ao montante de condenação em dinheiro, a questão considera-se decidida no sentido do voto do presidente, salvo diferente convenção das partes.

ARTIGO 21 °
(Decisão sobre a própria competência)

1. O tribunal arbitral pode pronunciar-se sobre a sua própria competência, mesmo que para esse fim seja necessário apreciar a existência, a validade ou a eficácia da convenção de arbitragem ou do contrato em que ela se insira, ou a aplicabilidade da referida convenção.

2. A nulidade do contrato em que se insira uma convenção de arbitragem não acarreta a nulidade desta, salvo quando se mostre que ele não teria sido concluído sem a referida convenção.

3. A incompetência do tribunal só pode ser arguida até à apresentação da defesa quanto ao fundo da causa, ou juntamente com esta.

4. A decisão pela qual o tribunal arbitral se declara competente só pode ser apreciada pelo tribunal judicial depois de proferida a decisão sobre o fundo da causa e pelos meios especificados nos artigos 27.° e 31.°.

ARTIGO 22.°
(Direito aplicável; recurso à equidade)

Os árbitros julgam segundo o direito constituído, a menos que as partes, na convenção de arbitragem ou em documento subscrito até à aceitação do primeiro árbitro, os autorizem a julgar segundo a equidade.

ARTIGO 23 °
(Elementos da decisão)

1. A decisão final do tribunal arbitral é reduzida a escrito e dela constará:

a) A identificação das partes;

b) A referência à convenção de arbitragem;

c) O objecto do litígio;

d) A identificação dos árbitros;

e) O lugar da arbitragem e o local e a data em que a decisão foi proferida;

f) A assinatura dos árbitros;

g) A indicação dos árbitros que não puderem ou não quiserem assinar.

2. A decisão deve conter um número de assinaturas pelo menos igual ao da maioria dos árbitros e incluirá os votos de vencido, devidamente identificados.

3. A decisão deve ser fundamentada.

4. Da decisão constará a fixação e repartição pelas partes dos encargos resultantes do processo.

ARTIGO 24.°
(Notificação e depósito da decisão)

1. O presidente do tribunal mandará notificar a decisão a cada uma das partes, mediante a remessa de um exemplar dela, por carta registada.

2. O original da decisão é depositado na secretaria do tribunal judicial do lugar da arbitragem, a menos que na convenção de arbitragem ou em escrito posterior as partes tenham dispensado tal depósito ou que, nas arbitragens institucionalizadas, o respectivo regulamento preveja outra modalidade de depósito.

3. O presidente do tribunal notificará as partes do depósito da decisão.

ARTIGO 25.°
(Extinção do poder dos árbitros)

O poder jurisdicional dos árbitros finda com a notificação do depósito da decisão que pôs termo ao litígio ou, quando tal depósito seja dispensado, com a notificação da decisão às partes.

ARTIGO 26.°
(Caso julgado e força executiva)

1. A decisão arbitral, notificada às partes e, se for caso disso, depositada no tribunal judicial nos termos do artigo 24.°, considera-se transitada em julgado logo que não seja susceptível de recurso ordinário.

2. A decisão arbitral tem a mesma força executiva que a sentença do tribunal judicial de 1.ª instância.

CAPÍTULO V
Impugnação da decisão arbitral

ARTIGO 27 °
(Anulação da decisão)

1. A sentença arbitral só pode ser anulada pelo tribunal judicial por algum dos seguintes fundamentos:

a) Não ser o litígio susceptível de resolução por via arbitral;

b) Ter sido proferida por tribunal incompetente ou irregularmente constituído;

c) Ter havido no processo violação dos princípios referidos no artigo 16.°, com influência decisiva na resolução do litígio;

d) Ter havido violação do artigo 23.°, n.ºs 1, alínea *f*), 2 e 3;

e) Ter o tribunal conhecido de questões de que não podia tomar conhecimento, ou ter deixado de pronunciar-se sobre questões que devia apreciar.

2. O fundamento de anulação previsto na alínea *b*) do número anterior não pode ser invocado pela parte que dele teve conhecimento no decurso da arbitragem e que, podendo fazê-lo, não o alegou oportunamente.

3. Se da sentença arbitral couber recurso e ele for interposto, a anulabilidade só poderá ser apreciada no âmbito desse recurso.

ARTIGO 28.°
(Direito de requerer a anulação; prazo)

1. O direito de requerer a anulação da decisão dos árbitros é irrenunciável.

2. A acção de anulação pode ser intentada no prazo de um mês a contar da notificação da decisão arbitral.

ARTIGO 29.°
(Recursos)

1. Se as partes não tiverem renunciado aos recursos, da decisão arbitral cabem para o tribunal da Relação os mesmos recursos que caberiam da sentença proferida pelo tribunal de comarca.

2. A autorização dada aos árbitros para julgarem segundo a equidade envolve a renúncia aos recursos.

CAPÍTULO VI
Execução da decisão arbitral

ARTIGO 30.°
(Execução da decisão)

A execução da decisão arbitral corre no tribunal de 1.ª instância, nos termos da lei de processo civil.

ARTIGO 31.°
(Oposição à execução)

O decurso do prazo para intentar a acção de anulação não obsta a que se invoquem os seus fundamentos em via de oposição à execução da decisão arbitral.

CAPÍTULO VII
Da arbitragem internacional

ARTIGO 32.°
(Conceito de arbitragem internacional)

Entende-se por arbitragem internacional a que põe em jogo interesses de comércio internacional.

ARTIGO 33.°
(Direito aplicável)

1. As partes podem escolher o direito a aplicar pelos árbitros, se os não tiverem autorizado a julgar segundo a equidade.

2. Na falta de escolha, o tribunal aplica o direito mais apropriado ao litígio.

ARTIGO 34.°
(Recursos)

Tratando-se de arbitragem internacional, a decisão do tribunal não é recorrível, salvo se as partes tiverem acordado a possibilidade de recurso e regulado os seus termos.

ARTIGO 35.°
(Composição amigável)

Se as partes lhe tiverem confiado essa função, o tribunal poderá decidir o litígio por apelo à composição das partes na base do equilíbrio dos interesses em jogo.

CAPÍTULO VIII
Disposições finais

ARTIGO 36.°
(Alterações ao Código de Processo Civil)

São alterados e substituídos nos termos deste artigo os seguintes preceitos do Código de Processo Civil:

. . . .

«ARTIGO 90.°
(Competência para a execução fundada em sentença)

1. Para a execução que se funde em decisão proferida por tribunais portugueses, é competente o tribunal de 1.ª instância em que a causa foi julgada.

2. Se a decisão tiver sido proferida por árbitros em arbitragem que tenha tido lugar em território português, é competente para a execução o tribunal da comarca do lugar da arbitragem.

3. A execução corre por apenso ao processo onde a decisão foi proferida, ou no traslado se o processo tiver entretanto subido em recurso.

. . . .

ARTIGO 814.°
(Execução baseada em decisão arbitral)

1. São fundamentos de oposição à execução baseada em sentença arbitral não só os previstos no artigo anterior mas também aqueles em que pode basear-se a anulação judicial da mesma decisão.

2. O tribunal indeferirá oficiosamente o pedido de execução quando reconhecer que o litígio não podia ser cometido à decisão por árbitros, quer por estar submetido, por lei especial, exclusivamente a tribunal judicial ou a arbitragem necessária, quer por o direito litigioso não ser disponível pelo seu titular.»

. . . .

ARTIGO 37.°
(Âmbito de aplicação no espaço)

O presente diploma aplica-se às arbitragens que tenham lugar em território nacional.

ARTIGO 38.°
(Arbitragem institucionalizada)

O Governo definirá, mediante decreto-lei, o regime da outorga de competência a determinadas entidades para realizarem arbitragens voluntárias institucionalizadas, com especificação, em cada caso, do carácter especializado ou geral de tais arbitragens, bem como as regras de reapreciação e eventual revogação das autorizações concedidas, quando tal se justifique.

ARTIGO 39.°
(Direito Revogado)

1. É revogado o Decreto-Lei n.° 243/84, de 17 de Julho.
2. É revogado o artigo 55.° do Código das Custas Judiciais.
3. É revogado o título I do Livro IV, «Do tribunal arbitral voluntário», do Código de Processo Civil.

ARTIGO 40.°
(Entrada em vigor)

O presente diploma entra em vigor três meses após a sua publicação.

DIREITO DE PARTICIPAÇÃO PROCEDIMENTAL E ACÇÃO POPULAR

Lei n.° 83/95,

de 31 de Agosto

A Assembleia da República decreta, nos termos dos artigos 52.°, n.° 3, 164.°, alínea *d*), e 169.°, n.° 3, da Constituição, o seguinte:

CAPÍTULO I
Disposições gerais

ARTIGO 1.°
(Âmbito da presente lei)

1. A presente lei define os casos e termos em que são conferidos e podem ser exercidos o direito de participação popular em procedimentos administrativos e o direito de acção popular para a prevenção, a cessação ou a perseguição judicial das infracções previstas no n.° 3 do artigo 52.° da Constituição.

2. Sem prejuízo do disposto no número anterior, são designadamente interesses protegidos pela presente lei a saúde pública, o ambiente, a qualidade de vida, a protecção do consumo de bens e serviços, o património cultural e o domínio público.

ARTIGO 2.°
(Titularidade dos direitos de participação procedimental e do direito de acção popular)

1. São titulares do direito procedimental de participação popular e do direito de acção popular quaisquer cidadãos no gozo dos seus direitos civis e políticos e as associações e fundações defensoras dos interesses previstos no artigo anterior, independentemente de terem ou não interesse directo na demanda.

2. São igualmente titulares dos direitos referidos no número anterior as autarquias locais em relação aos interesses de que sejam titulares residentes na área da respectiva circunscrição.

ARTIGO 3.°
(Legitimidade activa das associações e fundações)

Constituem requisitos da legitimidade activa das associações e fundações:

a) A personalidade jurídica;

b) O incluírem expressamente nas suas atribuições ou nos seus objectivos estatutários a defesa dos interesses em causa no tipo de acção de que se trate;

c) Não exercerem qualquer tipo de actividade profissional concorrente com empresas ou profissionais liberais.

CAPÍTULO II
Direito de participação popular

ARTIGO 4.°
(Dever de prévia audiência na preparação de planos ou na localização e realização de obras e investimentos públicos)

1. A adopção de planos de desenvolvimento das actividades da Administração Pública, de planos de urbanismo, de planos directores e de ordenamento do território e a decisão sobre a localização e a realização de obras públicas ou de outros investimentos públicos com impacte relevante no ambiente ou nas condições económicas e sociais e da vida em geral das populações ou agregados populacionais de certa área do território nacional devem ser precedidos, na fase de instrução dos respectivos procedimentos, da audição dos cidadãos interessados e das entidades defensoras dos interesses que possam vir a ser afectados por aqueles planos ou decisões.

2. Para efeitos desta lei, considera-se equivalente aos planos a preparação de actividades coordenadas da Administração a desenvolver com vista à obtenção de resultados com impacte relevante.

3. São consideradas como obras públicas ou investimentos públicos com impacte relevante para efeitos deste artigo os que se traduzam em custos superiores a um milhão de contos ou que, sendo de valor inferior, influenciem significativamente as condições de vida das populações de determinada área, quer sejam executados directamente por pessoas colectivas públicas quer por concessionários.

ARTIGO 5.°
(Anúncio público do início do procedimento para elaboração dos planos ou decisões de realizar as obras ou investimentos)

1. Para a realização da audição dos interessados serão afixados editais nos lugares de estilo, quando os houver, e publicados anúncios em dois jornais diários de grande circulação, bem como num jornal regional, quando existir.

2. Os editais e anúncios identificarão as principais características do plano, obra ou investimento e seus prováveis efeitos e indicarão a data a partir da qual será realizada a audição dos interessados.

3. Entre a data do anúncio e a realização da audição deverão mediar, pelo menos, 20 dias, salvo casos de urgência devidamente justificados.

ARTIGO 6.°
(Consulta dos documentos e demais actos do procedimento)

1. Durante o período referido no n.° 3 do artigo anterior, os estudos e outros elementos preparatórios dos projectos dos planos ou das obras deverão ser facultados à consulta dos interessados.

2. Dos elementos preparatórios referidos no número anterior constarão obrigatoriamente indicações sobre eventuais consequências que a adopção dos planos ou decisões possa ter sobre os bens, ambiente e condições de vida das pessoas abrangidas.

3. Poderão também durante o período de consulta ser pedidos, oralmente ou por escrito, esclarecimentos sobre os elementos facultados.

ARTIGO 7.°
(Pedido de audiência ou de apresentação de observações escritas)

1. No prazo de cinco dias a contar do termo do período da consulta, os interessados deverão comunicar à autoridade instrutora a sua pretensão de serem ouvidos oralmente ou de apresentarem observações escritas.

2. No caso de pretenderem ser ouvidos, os interessados devem indicar os assuntos sobre que pretendem intervir e qual o sentido geral da sua intervenção.

ARTIGO 8.°
(Audição dos interessados)

1. Os interessados serão ouvidos em audiência pública.

2. A autoridade encarregada da instrução prestará os esclarecimentos que entender úteis durante a audiência, sem prejuízo do disposto nos artigos seguintes.

3. Das audiências serão lavradas actas assinadas pela autoridade encarregada da instrução.

ARTIGO 9.°
(Dever de ponderação e de resposta)

1. A autoridade instrutora ou, por seu intermédio, a autoridade promotora do projecto, quando aquela não for competente para a decisão, responderá às observações formuladas e justificará as opções tomadas.

2. A resposta será comunicada por escrito aos interessados, sem prejuízo do disposto no artigo seguinte.

ARTIGO 10.°
(Procedimento colectivo)

1. Sempre que a autoridade instrutora deva proceder a mais de 20 audições, poderá determinar que os interessados se organizem de modo a escolherem representantes nas audiências a efectuar, os quais serão indicados no prazo de cinco dias a contar do fim do período referido no n.° 1 do artigo 7.°.

2. No caso de os interessados não se fazerem representar, poderá a entidade instrutora escolher, de entre os interessados, representantes de posições afins, de modo a não exceder o número de 20 audições.

3. As observações escritas ou os pedidos de intervenção idênticos serão agrupados a fim de que a audição se restrinja apenas ao primeiro interessado que solicitou a audiência ou ao primeiro subscritor das observações feitas.

4. No caso de se adoptar a forma de audição através de representantes, ou no caso de a apresentação de observações escritas ser em número superior a 20, poderá a autoridade instrutora optar pela publicação das respostas aos interessados em dois jornais diários e num jornal regional, quando exista.

ARTIGO 11.°
(Aplicação do Código do Procedimento Administrativo)

São aplicáveis aos procedimentos e actos previstos no artigo anterior as pertinentes disposições do Código do Procedimento Administrativo.

CAPÍTULO III
Do exercício da acção popular

ARTIGO 12.°
(Acção procedimental administrativa e acção popular civil)

1. A acção procedimental administrativa compreende a acção para defesa dos interesses referidos no artigo 1.° e o recurso contencioso com fundamento em ilegalidade contra quaisquer actos administrativos lesivos dos mesmos interesses.
2. A acção popular civil pode revestir qualquer das formas previstas no Código de Processo Civil.

ARTIGO 13.°
(Regime especial de indeferimento da petição inicial)

A petição deve ser indeferida quando o julgador entenda que é manifestamente improvável a procedência do pedido, ouvido o Ministério Público e feitas preliminarmente as averiguações que o julgador tenha por justificadas ou que o autor ou o Ministério Público requeiram.

ARTIGO 14.°
(Regime especial de representação processual)

Nos processos de acção popular, o autor representa por iniciativa própria, com dispensa de mandato ou autorização expressa, todos os demais titulares dos direitos ou interesses em causa que não tenham exercido o direito de auto-exclusão previsto no artigo seguinte, com as consequências constantes da presente lei.

ARTIGO 15.°
(Direito de exclusão por parte de titulares dos interesses em causa)

1. Recebida petição de acção popular, serão citados os titulares dos interesses em causa na acção de que se trate, e não intervenientes nela, para o efeito de, no prazo fixado pelo juiz, passarem a intervir no processo a título principal, querendo, aceitando-o na fase em que se encontrar, e para declararem nos autos se aceitam ou não ser representados pelo autor ou se, pelo contrário, se excluem dessa representação, nomeadamente para o efeito de lhes não serem aplicáveis as decisões proferidas, sob pena de a sua passividade valer como aceitação, sem prejuízo do disposto no n.° 4.

2. A citação será feita por anúncio ou anúncios tornados públicos através de qualquer meio de comunicação social ou editalmente, consoante estejam em causa interesses gerais ou geograficamente localizados, sem obrigatoriedade de identificação pessoal dos destinatários, que poderão ser referenciados enquanto titulares dos mencionados interesses, e por referência à acção de que se trate, à identificação de pelo menos o primeiro autor, quando seja um entre vários, do réu ou réus e por menção bastante do pedido e da causa de pedir.

3. Quando não for possível individualizar os respectivos titulares, a citação prevista no número anterior far-se-á por referência ao respectivo universo, determinado a partir de circunstância ou qualidade que lhes seja comum, da área geográfica em que residam ou do grupo ou comunidade que constituam, em qualquer caso sem vinculação à identificação constante da petição inicial, seguindo-se no mais o disposto no número anterior.

4. A representação referida no n.° 1 é ainda susceptível de recusa pelo representado até ao termo da produção de prova ou fase equivalente, por declaração expressa nos autos.

ARTIGO 16.°
(Ministério Público)

1. O Ministério Público fiscaliza a legalidade e representa o Estado quando este for parte na causa, os ausentes, os menores e demais incapazes, neste último caso quer sejam autores ou réus.

2. O Ministério Público poderá ainda representar outras pessoas colectivas públicas quando tal for autorizado por lei.

3. No âmbito da fiscalização da legalidade, o Ministério Público poderá, querendo, substituir-se ao autor em caso de desistência da lide, bem como de transacção ou de comportamentos lesivos dos interesses em causa.

ARTIGO 17.°
(Recolha de provas pelo julgador)

Na acção popular e no âmbito das questões fundamentais definidas pelas partes, cabe ao juiz iniciativa própria em matéria de recolha de provas, sem vinculação à iniciativa das partes.

ARTIGO 18.°
(Regime especial de eficácia dos recursos)

Mesmo que determinado recurso não tenha efeito suspensivo, nos termos gerais, pode o julgador, em acção popular, conferir-lhe esse efeito, para evitar dano irreparável ou de difícil reparação.

ARTIGO 19.°
(Efeitos do caso julgado)

1. As sentenças transitadas em julgado proferidas em acções ou recursos administrativos ou em acções cíveis, salvo quando julgadas improcedentes por insuficiência de provas, ou quando o julgador deva decidir por forma diversa fundado em motivações próprias do caso concreto, têm eficácia geral, não abrangendo, contudo, os titulares dos direitos ou interesses que tiverem exercido o direito de se auto-excluírem da representação

2. As decisões transitadas em julgado são publicadas a expensas da parte vencida e sob pena de desobediência, com menção do trânsito em julgado, em dois dos jornais presumivelmente lidos pelo universo dos interessados no seu conhecimento, à escolha do juiz da causa, que poderá determinar que a publicação se faça por extracto dos seus aspectos essenciais, quando a sua extensão desaconselhar a publicação por inteiro.

ARTIGO 20.°
(Regime especial de preparos e custas)

1. Pelo exercício do direito de acção popular não são exigíveis preparos.

2. O autor fica isento do pagamento de custas em caso de procedência parcial do pedido.

3. Em caso de decaimento total, o autor interveniente será condenado em montante a fixar pelo julgador entre um décimo e metade das custas que normalmente seriam devidas, tendo em conta a sua situação económica e a razão formal ou substantiva da improcedência.

4. A litigância de má-fé rege-se pela lei geral.

5. A responsabilidade por custas dos autores intervenientes é solidária, nos termos gerais.

ARTIGO 21.°
(Procuradoria)

O juiz da causa arbitrará o montante da procuradoria, de acordo com a complexidade e o valor da causa.

CAPÍTULO IV
Responsabilidade civil e penal

ARTIGO 22.°
(Responsabilidade civil subjectiva)

1. A responsabilidade por violação dolosa ou culposa dos interesses previstos no artigo 1.° constitui o agente causador no dever de indemnizar o lesado ou lesados pelos danos causados.

2. A indemnização pela violação de interesses de titulares não individualmente identificados é fixada globalmente

3. Os titulares de interesses identificados têm direito à correspondente indemnização nos termos gerais da responsabilidade civil.

4. O direito à indemnização prescreve no prazo de três anos a contar do trânsito em julgado da sentença que o tiver reconhecido.

5. Os montantes correspondentes a direitos prescritos serão entregues ao Ministério da Justiça, que os escriturará em conta especial e os afectará ao pagamento da procuradoria, nos termos do artigo 21.°, e ao apoio no acesso ao direito e aos tribunais de titulares de direito de acção popular que justificadamente o requeiram.

ARTIGO 23.°
(Responsabilidade civil objectiva)

Existe ainda a obrigação de indemnização por danos independentemente de culpa sempre que de acções ou omissões do agente tenha resultado ofensa de direitos ou interesses protegidos nos termos da presente lei e no âmbito ou na sequência de actividade objectivamente perigosa.

ARTIGO 24.°
(Seguro de responsabilidade civil)

Sempre que o exercício de uma actividade envolva risco anormal para os interesses protegidos pela presente lei, deverá ser exigido ao respectivo agente seguro da correspondente responsabilidade civil como condição do início ou da continuação daquele exercício, em termos a regulamentar.

ARTIGO 25.°
(Regime especial de intervenção no exercício da acção penal dos cidadãos e associações)

Aos titulares do direito de acção popular é reconhecido o direito de denúncia, queixa ou participação ao Ministério Público por violação dos interesses previstos no artigo 1.° que revistam natureza penal, bem como o de se constituírem assistentes no respectivo processo, nos termos previstos nos artigos 68.°, 69.° e 70.° do Código de Processo Penal.

CAPÍTULO V
Disposições finais e transitórias

ARTIGO 26.°
(Dever de cooperação das entidades públicas)

1. É dever dos agentes da administração central, regional e local, bem como dos institutos, empresas e demais entidades públicas, cooperar com o tribunal e as partes intervenientes em processo de acção popular.

2. As partes intervenientes em processo de acção popular poderão, nomeadamente, requerer às entidades competentes as certidões e informações que julgarem necessárias ao êxito ou à improcedência do pedido, a fornecer em tempo útil.

3. A recusa, o retardamento ou a omissão de dados e informações indispensáveis, salvo quando justificados por razões de segredo de Estado ou de justiça, fazem incorrer o agente responsável em responsabilidade civil e disciplinar.

ARTIGO 27.°
(Ressalva de casos especiais)

Os casos de acção popular não abrangidos pelo disposto na presente lei regem-se pelas normas que lhes são aplicáveis.

ARTIGO 28.°
(Entrada em vigor)

A presente lei entra em vigor no 60.° dia seguinte ao da sua publicação.

COMUNICAÇÃO POR TELECÓPIA E MEIOS TELEMÁTICOS

Decreto-Lei n.° 28/92,

de 27 de Fevereiro

Visa o presente diploma introduzir alguns ajustamentos à disciplina dos actos processuais, contribuindo para, através do recurso às novas tecnologias – no caso concreto a utilização da telecópia –, desburocratizar e modernizar os serviços judiciais e facilitar o contacto destes com os respectivos utentes.

Desde logo, permite-se o recurso à telecópia na transmissão de quaisquer mensagens entre serviços judiciais ou entre estes e serviços públicos, estendendo-lhes o regime que o Decreto-Lei n.° 54/90, de 13 de Fevereiro, já havia instituído para os serviços dos registos e do notariado.

Importava, porém, ir mais além e, nomeadamente, facultar às partes e aos intervenientes em processos judiciais de qualquer natureza o uso da telecópia para a prática de actos processuais, evitando os custos e demoras resultantes de deslocações às secretarias judiciais.

Procurando conciliar estes objectivos com as indispensáveis cautelas que a natureza dos processos judiciais impõe, prevê-se um regime de «autenticação» das comunicações realizadas mediante telecópia particular de advogado, sociedade de advogados ou solicitador, consagrando que aqueles que pretendam servir-se de tal meio de comunicação para a prática de actos em processos comunicá-lo-ão à Ordem dos Advogados ou à Câmara dos Solicitadores, conforme os casos, enviando estas entidades a lista à Direcção-Geral dos Serviços Judiciários, que a circulará por todos os tribunais.

Tal regime permite fundamentar a força probatória que às telecópias é atribuída.

Afigurou-se, por outro lado, indispensável providenciar pela posterior remessa a juízo dos originais dos articulados e documentos autênticos ou autenticados apresentados, dada a especial relevância e força probatória que lhes cabe no processo. Relativamente aos demais actos e documentos optou-se por atribuir às partes o dever de conservação dos respectivos originais, com vista a obviar à sobrecarga burocrática que resultaria da sua remessa sistemática, garantindo, todavia, a possibilidade de realizar a todo o tempo a confrontação prevista no artigo 385.° do Código Civil.

Alguma complexidade podem apresentar questões relacionadas com a possível desconformidade entre a telecópia e os originais, a impossibilidade de transmitir a totalidade do documento, a ilegibilidade da telecópia recebida e, em geral, todos os incidentes de fiabilidade do sistema. Crê-se, todavia, que a solução das questões daí decorrentes deverá, por agora, encontrar-se por recurso às normas civis e processuais vigentes, nomeadamente as relativas ao erro, à culpa e ao justo impedimento.

A experiência prática resultante da adopção deste sistema e a análise ponderada das questões e problemas que dela decorram hão-de permitir minorar os riscos e inconvenientes e explorar todas as vantagens, de celeridade, de eficácia e de acrescida acessibilidade aos tribunais, que a telecópia pode oferecer à boa administração da justiça. Para isso, o Governo propõe-se acompanhar de perto a aplicação do diploma.

Foram ouvidos o Conselho Superior da Magistratura, a Procuradoria-Geral da República, a Ordem dos Advogados e a Câmara dos Solicitadores.

Assim:

Nos termos da alínea *a*) do n.° 1 do artigo 201.° da Constituição, o Governo decreta o seguinte:

ARTIGO 1.°
(Requisição de informações ou envio de documentos)

Pode efectuar-se por telecópia a transmissão de documentos, cartas precatórias e quaisquer solicitações, informações ou mensagens entre os serviços judiciais ou entre estes e outros serviços ou organismos dotados de equipamento de telecópia, aplicando-se, com as necessárias adaptações, o preceituado no artigo 3.° do Decreto-Lei n.° 54/90, de 13 de Fevereiro.

ARTIGO 2.°
(Recurso à telecópia na prática de actos das partes ou intervenientes processuais)

1. As partes ou intervenientes no processo e respectivos mandatários podem utilizar, para a prática de quaisquer actos processuais:

a) Serviço público de telecópia;

b) Equipamento de telecópia do advogado ou solicitador, constante da lista a que se refere o número seguinte.

2. A Ordem dos Advogados e a Câmara dos Solicitadores organização listas oficiais dos advogados e solicitadores que pretendam utilizar, na comunicação e recepção de mensagens com os serviços judiciais, telecópia, donde constarão os respectivos números.

3. A Ordem dos Advogados e a Câmara dos Solicitadores remeterão as listas referidas no número anterior à Direcção-Geral dos Serviços Judiciários, que as fará circular por todos os tribunais.

4. A Direcção-Geral dos Serviços Judiciários informará a Ordem dos Advogados e a Câmara dos Solicitadores da remessa aos tribunais das listas a que se referem os números anteriores.

ARTIGO 3.°
(Utilização da telecópia no âmbito do processo penal)

1. O disposto nos artigos anteriores é também aplicável aos actos praticados em processos de natureza criminal, desde que se mostre compatível com a observância dos princípios do processo penal, designadamente do disposto no artigo 86.° do Código de Processo Penal.

2. A utilização da telecópia para acesso e transmissão de informação criminal ou do certificado do registo criminal, nos termos da Lei n.° 12/91, de 21 de Maio, pode ser conjugada com o uso de meios informáticos, observadas as garantias de segurança previstas na lei.

ARTIGO 4.°
(Força probatória)

1. As telecópias dos articulados, alegações, requerimentos e respostas, assinados pelo advogado ou solicitador, os respectivos duplicados e os demais documentos que os acompanhem, quando provenientes do aparelho com o número constante da lista oficial, presumem-se verdadeiros e exactos, salvo prova em contrário.

2. Tratando-se de actos praticados através do serviço público de telecópia, aplica-se o disposto no artigo 3.° do Decreto-Lei n.° 54/90, de 13 de Fevereiro.

3. Os originais dos articulados, bem como quaisquer documentos autênticos ou autenticados apresentados pela parte, devem ser remetidos ou entregues na secretaria judicial no prazo de sete dias contado do envio por telecópia, incorporando-se nos próprios autos.

4. Incumbe às partes conservarem até ao trânsito em julgado da decisão os originais de quaisquer outras peças processuais ou documentos remetidos por telecópia, podendo o juiz, a todo o tempo, determinar a respectiva apresentação.

5. Não aproveita à parte o acto praticado através de telecópia quando aquela, apesar de notificada para exibir os originais, o não fizer, inviabilizando culposamente a incorporação nos autos ou o confronto a que alude o artigo 385.° do Código Civil.

6. A data que figura na telecópia recebida no tribunal fixa, até prova em contrário, o dia e hora em que a mensagem foi efectivamente recebida na secretaria judicial.

ARTIGO 5.°
(Entrada em vigor)

O presente diploma, com excepção do artigo 1.°, entra em vigor 90 dias após a data da sua publicação, devendo, neste prazo, a Ordem dos Advogados, a Câmara dos Solicitadores e a Direcção-Geral dos Serviços Judiciários providenciar pelo cumprimento do disposto nos n.ºs 2, 3 e 4 do artigo 2.°

Decreto-Lei n.° 202/2003,

de 10 de Setembro

O Decreto-Lei n.° 38/2003, de 8 de Março, procedeu a uma alteração profunda do regime da acção executiva, que se traduziu, entre outras inovações, na criação da figura processual do agente de execução.

Tal função será exercida, primacialmente, por solicitadores de execução, profissionais que exercerão competências até hoje atribuídas às secretarias judiciais, sendo assim investidos de competência para a prática de actos próprios de um oficial público.

A efectiva melhoria do funcionamento dos tribunais e a maior celeridade da tramitação desta espécie de acções depende não só da alteração legislativa já efectuada mas também do recurso a meios expeditos para a comunicação entre o solicitador de execução e as secretarias judiciais, devendo estas duas entidades funcionar em estreita colaboração.

Assim, introduz-se com o presente diploma, pela primeira vez, uma regulamentação do disposto no n.° 5 do artigo 176.° do Código de Processo Civil relativamente às comunicações por meios telemáticos a efectuar pelas secretarias judiciais. Na verdade, até hoje, tal matéria das comunicações só havia sido regulamentada no que respeita à telecópia, por meio do Decreto-Lei n.° 28/92, de 27 de Fevereiro.

As comunicações assim efectuadas permitirão uma mais célere transmissão dos actos praticados, ficando as reproduções em papel de tais comunicações por meios telemáticos a ter o valor probatório de certidões dos documentos transmitidos por tal via.

Por razões de prudência, impõe-se ainda que, no que respeita aos documentos relativos ao acto de citação, o solicitador de execução deve proceder à junção dos respectivos originais, independentemente da sua comunicação por meios telemáticos.

Por último, e como forma de assegurar a conformidade das reproduções transmitidas com os respectivos originais, confere-se ao juiz a faculdade de exigir a apresentação dos mesmos.

Considerando o disposto no n.° 5 do artigo 176.° do Código de Processo Civil.

Foi ouvida a Câmara dos Solicitadores.

Assim:

Nos termos da alínea *a*) do n.° 1 do artigo 198.° da Constituição, o Governo decreta o seguinte:

ARTIGO 1.°
(Objecto)

O presente decreto-lei estabelece o regime das comunicações por meios telemáticos entre a secretaria judicial e o solicitador de execução, no âmbito das competências a exercer por este último como agente de execução em sede de processo executivo.

ARTIGO 2.°
(Utilização dos meios telemáticos)

1. Sempre que os meios técnicos assim o permitam, na transmissão de quaisquer documentos, informações, notificações ou outras mensagens dirigidas ao solicitador de execução, deve a secretaria judicial utilizar meios telemáticos que garantam a segurança das comunicações, designadamente as respectivas confidencialidade e fiabilidade, bem como a identificação inequívoca do transmissor e do destinatário.

2. Na transmissão de quaisquer documentos, informações ou outras mensagens dirigidas à secretaria judicial, deve o solicitador de execução utilizar os mesmos meios telemáticos referidos no número anterior, sempre que os meios técnicos assim o permitam.

3. Os meios telemáticos utilizados devem ainda garantir a manutenção de um registo das comunicações efectuadas, com identificação do respectivo emissor e destinatário, data de transmissão e número de processo a que a transmissão se refere.

4. Os meios telemáticos a utilizar devem ser previamente aprovados por despacho do director-geral da Administração da Justiça, depois de ouvida a Câmara dos Solicitadores.

ARTIGO 3.°
(Requisitos da transmissão)

1. Os meios telemáticos a utilizar devem assegurar que o conteúdo das comunicações seja susceptível de representação como declaração escrita.

2. Podem ser transmitidas:

a) Reproduções dos originais dos documentos que se pretende dar a conhecer;

b) Meras reproduções narrativas do teor dos documentos que se pretende dar a conhecer.

3. A secretaria judicial deve juntar aos autos uma reprodução em papel do conteúdo da comunicação efectuada por meios telemáticos, que deve ser assinada pelo oficial de justiça.

4. O solicitador de execução deve conservar no seu domicílio profissional, pelo prazo de 10 anos, os originais dos documentos cuja comunicação seja efectuada por meios telemáticos.

5. No que respeita a quaisquer documentos respeitantes à efectivação do acto de citação, a comunicação por meios telemáticos não dispensa a junção aos autos pelo solicitador de execução dos respectivos originais.

ARTIGO 4.°
(Força probatória)

A reprodução em papel da comunicação efectuada por meios telemáticos nos termos do artigo anterior tem o valor de certidão do documento reproduzido, podendo tal força probatória ser invalidada ou modificada nos termos do artigo 385.° do Código Civil.

ARTIGO 5.°
(Dever de apresentação)

O juiz pode determinar, a todo o tempo, oficiosamente ou a requerimento de qualquer das partes, a apresentação, pelo solicitador de execução, do original do documento transmitido por meios telemáticos.

ARTIGO 6.º
(Entrada em vigor)

O presente diploma entra em vigor no dia 15 de Setembro de 2003, aplicando-se aos processos instaurados a partir desta data.

ÍNDICE

CONSTITUIÇÃO DA REPÚBLICA PORTUGUESA 5

PROCEDIMENTO ADMINISTRATIVO 13

Decreto-Lei n.° 442/91 15

Decreto-Lei n.° 6/96 25

Código do Procedimento Administrativo 29

Parte I – Princípios Gerais 29

Capítulo I – Disposições preliminares 29
Capítulo II – Princípios gerais 30

Parte II – Dos Sujeitos 35

Capítulo I – Dos órgãos administrativos 35
Secção I – Generalidades 35
Secção II – Dos órgãos colegiais 35
Secção III – Da competência 40
Secção IV – Da delegação de poderes e da substituição 43
Secção V – Dos conflitos de jurisdição, de atribuições e de competência 45
Secção VI – Das garantias de imparcialidade 46
Capítulo II – Dos interessados 49

Parte III – Do Procedimento Administrativo 51

Capítulo I – Princípios gerais 51
Capítulo II – Do direito à informação 53
Capítulo III – Das notificações e dos prazos 55
Secção I – Das notificações 55
Secção II – Dos prazos 57
Capítulo IV – Da marcha do procedimento 58
Secção I – Do início 58

Secção II – Das medidas provisórias 62
Secção III – Da instrução 63
Subsecção I – Disposições gerais 63
Subsecção II – Dos exames e outras diligências 66
Subsecção III – Dos pareceres 67
Subsecção IV – Da audiência dos interessados 68
Secção IV – Da decisão e outras causas de extinção 70

Parte IV – Da Actividade Administrativa 73

Capítulo I – Do regulamento 73
Capítulo II – Do acto administrativo 75
Secção I – Da validade do acto administrativo 75
Secção II – Da eficiência do acto administrativo 78
Secção III – Da invalidade do acto administrativo 80
Secção IV – Da revogação do acto administrativo 82
Secção V – Da execução do acto administrativo 85
Secção VI – Da reclamação e dos recursos administrativos 88
Subsecção I – Generalidades 88
Subsecção II – Da reclamação 89
Subsecção III – Do recurso hierárquico 91
Subsecção IV – Do recurso hierárquico impróprio e do recurso tutelar 94
Capítulo III – Do contrato administrativo 95

PROCESSO ADMINISTRATIVO 99

Lei n.° 13/2002 101

Lei n.° 4-A/2003 107

Lei n.° 107-D/2003 111

Decreto-Lei n.° 325/2003 113

Decreto-Lei n.° 166/2009 129

Estatuto dos Tribunais Administrativos e Fiscais 133

Título I – Tribunais administrativos e fiscais 133

Capítulo I – Disposições gerais 133
Capítulo II – Organização e funcionamento dos tribunais administrativos e fiscais 137
Capítulo III – Supremo Tribunal Administrativo 139
Secção I – Disposições gerais 139

Secção II – Secção de Contencioso Administrativo 144
Secção III – Secção de Contencioso Tributário 145
Secção IV – Plenário 146
Capítulo IV – Tribunais centrais administrativos 147
Secção I – Disposições gerais 147
Secção II – Secção de Contencioso Administrativo 150
Secção III – Secção de Contencioso Tributário 151
Capítulo V – Tribunais administrativos de círculo 151
Capítulo VI – Tribunais tributários 155
Capítulo VII – Ministério Público 161
Capítulo VIII – Fazenda Pública 162
Capítulo IX – Serviços administrativos 163

Título II – Estatuto dos juízes 165

Capítulo I – Disposições gerais 165
Capítulo II – Recrutamento e provimento 166
Secção I – Disposições comuns 166
Secção II – Supremo Tribunal Administrativo 168
Secção III – Tribunais centrais administrativos 171
Secção IV – Tribunais administrativos de círculo e tribunais tributários 173

Título III – Conselho Superior dos Tribunais Administrativos e Fiscais 174

Título IV – Disposições finais e transitórias 179

Lei n.° 15/2002 183

Portaria n.° 1417/2003 187

Código de Processo nos Tribunais Administrativos 191

Título I – Parte geral 191

Capítulo I – Disposições fundamentais 191
Capítulo II – Das partes 196
Capítulo III – Da competência 199
Secção I – Disposições gerais 199
Secção II – Da competência territorial 200
Capítulo IV – Dos actos processuais 202
Capítulo V – Do valor das causas e das formas do processo 206
Secção I – Do valor das causas 206
Secção II – Das formas de processo 208

Título II – Da acção administrativa comum 209

Título III – Da acção administrativa especial 214

Capítulo I – Disposições gerais 214

Capítulo II – Disposições particulares 217
Secção I – Impugnação de actos administrativos 217
Subsecção I – Do acto administrativo impugnável. 218
Subsecção II – Da legitimidade 219
Subsecção III – Dos prazos de impugnação. 221
Subsecção IV – Da instância. 223
Secção II – Condenação à prática de acto devido 225
Secção III – Impugnação de normas e declaração de ilegalidade por omissão 228
Capítulo III – Marcha do processo 230
Secção I – Dos articulados. 230
Secção II – Saneamento, instrução e alegações 236
Secção III – Julgamento. 240

Título IV – Dos processos urgentes 243
Capítulo I – Das impugnações urgentes. 243
Secção I – Contencioso eleitoral. 243
Secção II – Contencioso pré-contratual 244
Capítulo II – Das intimações 246
Secção I – Intimação para a prestação de informações, consulta de processos ou passagem de certidões 246
Secção II – Intimação para protecção de direitos, liberdades e garantias 248

Título V – Dos processos cautelares 250
Capítulo I – Disposições comuns 250
Capítulo II – Disposições particulares 259

Título VI – Dos conflitos de competência jurisdicional e de atribuições. . . . 263

Título VII – Dos recursos jurisdicionais 265
Capítulo I – Disposições gerais. 265
Capítulo II – Recursos ordinários. 269
Capítulo III – Recurso de revisão 272

Título VIII – Do processo executivo. 273
Capítulo I – Disposições gerais. 273
Capítulo II – Execução para prestação de factos ou de coisas. 276
Capítulo III – Execução para pagamento de quantia certa 281
Capítulo IV – Execução de sentenças de anulação de actos administrativos 284

Título IX – Tribunal arbitral e centros de arbitragem 288

Título X – Disposições finais e transitórias 291

Lei n.° 34/2007 293

Lei n.° 79/2009 297

Responsabilidade Civil do Estado e Demais Entidades Públicas 299

Lei n.° 67/2007 299

Regime da Responsabilidade Civil Extracontratual do Estado e Demais Entidades Públicas 303

Arbitragem Voluntária 311

Direito de Participação Procedimental e Acção Popular 325

Comunicação por Telecópia e Meios Telemáticos 337

Decreto-Lei n.° 28/92 337

Decreto-Lei n.° 202/2003 341

ÍNDICE 345